자본시장
형법

이상돈
조영석

박영사

머리말

자본시장은 부를 일구는 기회의 땅이다. 개인들은 그런 기회의 땅에서 작은 돈으로 큰 부를 일구고픈 열망으로 자본시장에 참여한다. 부동산취득이나 근로를 통해서는 더 이상 자신들이 욕망하는 부를 얻기 어렵다고 생각할수록 사람들은 자본시장에 관심을 돌리고, 적극적으로 투자를 한다. 하지만 일반투자자들은 자본시장에서 성공하기보다 실패하기 쉽다. 수많은 사람들의 실패경험이 이를 명확하게 말해준다. 그처럼 자본시장에서 투자가 실패하기 쉽다는 인식이 퍼질수록, 그리고 그 실패가 시장이 공정하지 않기 때문이라는 인식이 퍼질수록, 투자자들은 자본시장에 참여하기를 꺼리게 되고, 종국에는 자본시장을 이탈하게 된다. 그처럼 투자자들의 시장이탈이 광범위해지면 자본시장은 위축되고, 기업은 자본조달에 심각한 어려움을 겪게되며, 심지어 자본시장의 붕괴와 경제위기로 치달아갈 수도 있다. 이처럼 자본시장은 가장 자유로운 기회의 시장이지만 수요의 탄력성이 매우 크고, '공정성'이란 상징에 투자자들이 매우 민감하게 반응하는 시장인 것이다. 그렇기에 자본시장의 공정성을 확보하는 역할은 형벌이라는 강력한 제재를 지닌 형법에 맡길 수밖에 없다. 형법은 공정한 자본시장을 지키는 리바이어던(Leviathan : 욥기 41장)인 것이다.

이 리바이어던은 주가조작, 내부자거래, 그리고 미국 증권법의 영향 아래 도입된 사기적 부정거래를 주요 먹이로 삼는다. 이 책은 주가조작, 내부자거래, 사기적 부정거래의 특성을 사회과학적으로 자세히 분석하고, 리바이어던이 이들 먹이 이외에 다른 사적 자본거래

를 잡아먹어 자본시장을 오히려 위축시키지 않도록, 증권범죄의 조사
와 수사절차를 포함하여 리바이어던을 구속하는 다양한 이론과 실천
적인 법리를 만들고자 한다. 또한 이 책은 자본시장형법에 관한 학문
적 소통과 실무적 유용성을 높이기 위해, 최근까지 발표된 많은 논문
들을 분석하고 참조하였으며 중요판례들을 빠짐없이 다루고 있다.

끝으로 이 책의 많은 내용들은 그 실질이 이상돈의『증권형법』
(법문사, 2011)과 조영석의『증권 불공정거래 범죄의 부당이득에 관한
형법적 문제의 연구』(고려대 박사학위논문, 2021), 그리고 저자들이 쓴
개별 논문들로부터 형성된 것임을 밝혀둔다. 이 책의 공동형성을 통
해 저자들의 사제관계도 더욱 아름다운 학문공동체로 발전하기를 기
대해본다. 아울러 자본시장의 중요한 법적 문제를 다루는 실무가들이
아무쪼록 이 책을 즐겨 사용하여 사건해결의 열쇠를 찾고, 학자들도
이 책을 면밀하게 애용하여 자본시장형법학의 기초를 다질 수 있게
되기를 바란다.

이 자리를 빌려 한결같이 조영석을 응원해준 아내 한나래 발레
리나에게 깊은 사랑과 고마운 마음을 전하고자 한다.

2021년 5월

이 상 돈 · 조 영 석

차례

제 1 장   주가조작죄

제 2 장   내부자거래죄

제 3 장 사기적 부정거래행위죄

제 4 장　증권범죄의 조사와 수사

제1장
주가조작죄

주가조작죄

Ⅰ. 주가조작죄의 현황

증권시장은 부를 일구는 기회의 땅이다. 기업은 증권시장을 통해 자본을 직접 조달할 수도 있고, 때로는 생산성의 향상과 무관하게 기업의 가치를 높일 수도 있다. 투자자들도 작은 재산으로 기업의 주인이 될 수 있을 뿐만 아니라, 재산을 빠른 속도로 증식시킬 수 있는 가능성을 갖는다. 하지만 증권시장에서 한 사람의 투자 성공은 다른 사람의 투자 실패를 전제로 할 때가 적지 않다. 장기적인 관점에서 보면 상장기업들의 실질적인 생산력이 향상되고 실물경제가 성장하고, 그에 힘입어 증권시장의 규모 자체가 성장하지 않는다면, 증권거래는 윈윈(win-win)게임이 아니라 제로섬(zero-sum)게임이 될 수 있다. 그러나 제로섬게임의 증권시장도 붕괴되어서는 안 된다. 증권시장의 붕괴는 다시 실물경제의 위기로 이어지기 때문이다. 그런데 증권시장의 붕괴는 실물경제의 위기에서 비롯되기도 하지만, 일반인들이 증권시장의 건전성이나 투자가치성에 대해 신뢰를 하지 않아 투자를 그만두는 시장이탈의 현상에 의해 초래될 수도 있다.

1. 주가조작죄의 법제

2009.2.부터 시행된 「자본시장과 금융투자업에 관한 법률」(약칭:

자본시장법)[1]은 그런 이탈을 막고, 증권시장에의 참여 동기와 가치
를 유지하기 위해 시장의 공정성(Fairness)을 어지럽히는 일탈행위
의 하나로서 다양한 유형의 주가조작죄를 설정하고 무겁게 처벌하고
있다.

> 「자본시장과 금융투자업에 관한 법률」 제443조(벌칙) ① 다음 각 호의
> 어느 하나에 해당하는 자는 1년 이상의 유기징역 또는 그 위반행위로
> 얻은 이익 또는 회피한 손실액의 3배 이상 5배 이하에 상당하는 벌금
> 에 처한다. 다만, 그 위반행위로 얻은 이익 또는 회피한 손실액이 없
> 거나 산정하기 곤란한 경우 또는 그 위반행위로 얻은 이익 또는 회피
> 한 손실액의 5배에 해당하는 금액이 5억원 이하인 경우에는 벌금의
> 상한액을 5억원으로 한다.
> 4호~7호(제176조 위반행위),
> 8호~9호(제178조 위반행위)
> ② 제1항 각 호(제10호는 제외한다)의 위반행위로 얻은 이익 또는 회
> 피한 손실액이 5억원 이상인 경우에는 제1항의 징역을 다음 각 호의
> 구분에 따라 가중한다. 〈개정 2018.3.27., 2021.1.5.〉
> 1. 이익 또는 회피한 손실액이 50억원 이상인 경우에는 무기 또는
>   5년 이상의 징역
> 2. 이익 또는 회피한 손실액이 5억원 이상 50억원 미만인 경우에는
>   3년 이상의 유기징역
> ③ 제1항 또는 제2항에 따라 징역에 처하는 경우에는 10년 이하의 자
> 격정지를 병과(竝科)할 수 있다.

(1) 주가조작죄의 행위유형   현행법이 정하는 주가조작죄의
행위유형은 상장증권 또는 장내파생상품(부정거래행위죄는 장외파생상
품 포함)의 거래와 관련한 다음의 7가지로 유형화할 수 있다. 2013년

---

1 자본시장법은 종래의 증권거래법, 선물거래법, 한국증권선물거래소법, 신탁업법,
   간접투자자산운용업법, 종합금융회사에 관한 법률 등 6개의 금융 관련 법률을 통
   합하여 제정된 법률(법률 제8635호)로서 2009년 2월 4일부터 시행되었다.

5월 개정 자본시장법²은 연계시세조종의 규제대상을 종전의 "상장증권 또는 장내파생상품"에 한정하지 않고 "증권, 파생상품 또는 그 증권·파생상품의 기초자산 중 어느 하나가 거래소에 상장되거나 그 밖에 이에 준하는 경우"로 넓히고 있으며(제176조 제4항), 이에 따라 주가연계증권(Equity-Linked Securities: ELS) 등과 같은 비상장증권이나 장외파생상품 등을 이용한 연계시세조종이 규제되고 있다.³

　－ 유형 ⓐ: 통정·가장매매의 시세조종죄(제443조 제1항 4호)　　거래가 성황을 이루고 있는 듯이 잘못 알게 하거나 기타 타인으로 하여금 그릇된 판단을 하게 할 목적으로, ① 사전에 거래상대방과 통정한 후 매도·매수하거나(제176조 제1항 1, 2호) ② 권리이전을 목적으로 하지 아니하는 가장된 매매(3호) 또는 ③ 이런 행위들의 위탁·수탁을 하는 행위(4호)

　－ 유형 ⓑ: 현실거래의 시세조종죄(제443조 제1항 5호)　　매매를 유인할 목적으로 매매거래가 성황을 이루고 있는 듯이 잘못 알게 하거나 그 시세를 변동시키는 매매거래 또는 그 위탁이나 수탁을 하는 행위(제176조 제2항 1호)

　－ 유형 ⓒ: 시장조작유포의 시세조종죄(제443조 제1항 5호)　　매매를 유인할 목적으로 자기 또는 타인의 시장조작에 의해 시세가 변동한다는 말을 유포하는 행위(제176조 제2항 2호)

　－ 유형 ⓓ: 허위·오해유발표시의 시세조종(제443조 제1항 5호)　　매매를 함에 있어 중요한 사실에 관하여 허위의 표시 또는 오해를 유발하게 하는 표시를 하는 행위(제176조 제2항 3호)

　－ 유형 ⓔ: 탈법적 시세안정(제443조 제1항 6호)　　대통령령으로 정

2　2013년 5월 28일 개정 법률 제11845호.

3　2013년 개정 전에는 제176조 제4항 각 호 외의 부분에서 "상장증권 또는 장내파생상품의 매매와 관련하여"라고 규정하여 ELS와 기초자산 간의 연계시세조종행위의 성립이 가능한지 여부에 관하여 논란이 있었는데, 2013년 5월 개정 자본시장법은 연계시세조종행위가 금지되는 규제대상을 확대함으로써 이 문제를 입법적으로 해결하였다.

한 경우(안정조작과 시장조성 및 그 위탁과 수탁)가 아닌데도 시세를 고정시키거나 안정시킬 목적으로 매매거래 또는 그 위탁이나 수탁을 하는 행위(제176조 제3항)

- 유형 ⓕ: 부당이익취득목적의 시세변동·고정(제443조 제1항 7호) ① 파생상품 혹은 파생상품의 기초자산의 매매 등4에서 부당한 이익을 얻거나 제삼자에게 부당한 이익을 얻게 할 목적으로 각각 그 파생상품의 기초자산 혹은 파생상품의 시세를 변동 또는 고정시키는 행위(제176조 제4항 1, 2호), ② 증권 혹은 증권의 기초자산의 매매 등에서 부당한 이익을 얻거나 제삼자에게 부당한 이익을 얻게 할 목적으로 각각 증권 또는 그 증권의 기초자산 혹은 그 증권의 시세를 변동 또는 고정시키는 행위(제176조 제4항 3, 4호), ③ 파생상품의 매매 등에서 부당한 이익을 얻거나 제삼자에게 부당한 이익을 얻게 할 목적으로 그 파생상품과 기초자산이 동일하거나 유사한 파생상품의 시세를 변동 또는 고정시키는 행위(제176조 제4항 5호)

이와 같은 넓은 의미의 시세조종행위에 더하여 이 구성요건들보다 그 가벌성의 단계를 앞당기고, 그 적용영역을 증권을 넘어 모든 금융투자상품의 거래영역으로 확장하는 새로운 범죄구성요건으로 부정거래행위죄도 법제화되었다.

- 유형 ⓖ: 부정거래행위죄(제443조 제1항 8, 9호)   금융투자상품(증권, 장내파생상품, 장외파생상품)의 거래에서 부정한 수단, 계획 또는 기교를 사용하거나(제178조 제1항 1호) 중요사항에 관하여 거짓의 기재 또는 표시를 하거나 타인에게 오해를 유발시키지 아니하기 위하여 필요한 중요사항의 기재 또는 표시가 누락된 문서, 그 밖의 기재 또는 표시를 사용하여 금전, 그 밖의 재산상의 이익을 얻고자 하는 행위(제178조 제1항 2호), 거래를 유인할 목적으로 거짓의 시세를 이용하는 행위(제178조 제1항 3호), 거래를 할 목적이나 그 시세의

---

4 2013년 5월 개정 자본시장법 제176조 제4항은 매매에 한정하지 아니하고 매매, 그 밖의 거래라는 '매매등'의 개념을 사용하고 있다.

변동을 도모할 목적으로 풍문의 유포, 위계의 사용, 폭행 또는 협박을 하는 행위(제178조 제2항)

(2) 시세조종행위의 동기와 주문형태　　　시세조종행위를 유발하는 일반적인 동기는 보유중인 증권가격을 인위적으로 상승시키고, 이를 시장에서 일반 투자자에게 매도하는 행위를 통해 그에 따른 시세차익을 얻는 것이다. 이러한 시세조종행위에 해당할 수 있는 다양한 유형의 주문형태 및 구체적인 양태를 살펴보면 다음과 같다.

- 유형 ㉠: 고가 매수주문　　　'고가 매수주문'은 직전체결가 또는 상대호가와 비교하여 고가 매수주문을 반복적으로 내어 인위적으로 주가를 상승시키는 것을 말하는데, 고가주문을 통하여 체결가격을 직접적으로 상승시키는 동시에 거래량과 거래횟수를 증가시켜 매매거래가 성황을 이루고 있는 듯한 외관을 창출하거나 특정 매수세력이 유입되는 등 주식의 가격이 급격히 상승을 하고 있는 것과 같은 혼동을 유발하여 시장의 일반 투자자들이 그릇된 판단을 하게 만듦으로써 매매거래를 유인하는 것이다.[5] 한편, 시세조종행위와 관련하여 시세를 인위적으로 조작하는 행위가 이어지는 경우에는 당해 행위가 전체적으로 시세를 변동시킬 수 있는 것인지 여부가 중요한 것이지 실제로 시세의 변동을 유발시킬 필요는 없는 것이므로, 직전체결가와 동일한 가격의 매수주문이나 호가관여율이 적은 경우라고 할지라도, 일련의 행위를 종합적으로 고려하여 시세조종에 해당할 수 있다고 보아야 한다.
- 유형 ㉡: 물량소진 매수주문　　　'물량소진 매수주문'은 매도1호가에 나온 매도물량을 소화하기 위하여 반복적으로 매수주문을 하여 일반 투자자들에게 지속적으로 매수세가 유입되는 것처럼 잘못된 판단을 하게 하여 매매거래를 유인하는 것이다.[6] 매도1호가의 수량을 모두 매수하지 못하는 경우라도 매도1호가의 변화를 가져오지는 못하지

5　박정호·김영삼·이경훈·이수창·이상민, *증권범죄론* (형설출판사, 2012), 77쪽.

6　서울고등법원 2009.1.6. 선고·2008노1506 판결.

만, 매도1호가의 수량을 지속적으로 흡수함으로써 거래량이 늘어나고 주가가 매도1호가 아래로 떨어지지 않은 채 인위적으로 지지되는 것이어서 시세조종행위에 해당될 수 있다.[7]

- 유형 ⓒ: 시가 및 종가 관여 매수주문   '시가 관여 매수주문' 및 '종가 관여 매수주문'은 시가를 결정하기 위한 호가 접수시간과 종가를 결정하기 위한 호가 접수시간에 각 호가와 주문의 수량은 공개되지 않고 예상 체결가격 및 수량만 공개되는 상황에서, 공개된 예상 체결가격보다 높은 가격에 주문을 하여 그러한 예상 체결가격을 상승시켜 주가가 상승하는 것과 같은 허위의 외관을 창출하고 일반 투자자들로 하여금 매수를 유인하여 시가 혹은 종가가 높은 가격으로 결정되도록 하는 주문을 의미한다.[8] 만약 예상 체결가격과 동일한 가격에 매수주문을 한 경우를 가정해 보더라도 예상 체결수량 또는 매수호가 잔량을 증가시켜 일반 투자자들에게 매수세가 유입되는 혼동을 유발할 수 있으므로 예상 체결가격보다 높은 가격에 주문을 하지 않고, 동일한 가격으로 매수주문을 한 것만으로 시세조종행위에 해당하지 않는 것으로 단정하기는 어렵다.

- 유형 ⓓ: 상한가 매수주문   '상한가 매수주문'은 주가가 상한가를 시현하고 있을 때 상한가로 대량의 매수주문을 내어 상한가가 지속되도록 하는 것인데, 매도주문이 없는 상태에서 상한가 매수주문을 한 경우에도 매도물량이 나오게 되면 이를 지속적으로 흡수함으로써 거래량이 늘어나고, 이에 따라 주가가 상한가에서 인위적으로 지지되는 것이므로 일련의 행위 전체에 비추어 시세조종행위에 해당할 가능성이 존재한다.[9]

---

7 조두영, *증권범죄의 이론과 실무* (박영사, 2018), 107쪽.

8 서울고등법원 2009.1.6. 선고 2008노1506 판결.

9 변제호·홍성기·김종훈·김성진·엄세용·김유석, *자본시장법* (지원출판사, 2015), 717쪽.

2. 처벌강화의 흐름과 비범죄화의 대립

이런 시세조종행위들의 범죄화가 타당한가에 대해 두 가지 큰 근본관점이 대립한다.

(1) **범죄화와 처벌강화의 관점**　　　한편에서는 자본시장의 공정성을 실현하기 위해 그런 행위들을 형벌로 위협하고, 또한 집행을 철저히 해야 한다는 관점을 펼친다. 이 관점에 의하면 현재까지 주가조작죄가 보여 온 집행결손은 잘못된 현실로서 지양되어야 한다.[10] 더나아가 자본시장의 세계화 흐름은 현재의 주가조작죄보다도 더 강력한 처벌을 요구한다고 이해되기도 한다. 이 점은 EU의 경제적 통합에 따른 법적 동화의 과정에서 이루어진 주가조작의 범죄화와 처벌강화 현상을 보면 쉽게 알 수 있다. 또한 1997년 경제위기 이후 주가조작죄가 빈번하게 집행되고, 처벌되었던 우리나라의 현실도 이와 같은 맥락에 서 있다. 즉, 당시 경제위기의 주된 원인은 낙후된 금융체계에 있었고, 증권시장의 불공정성은 그런 낙후성을 가져오는데 적지 않은 기여를 했으며, 주가조작은 내부자거래와 함께 바로 그런 시장의 불공정성을 가져온 대표적인 일탈행위이다. IMF 관리체제의 극복과정이 국경을 넘은 자본교류를 원활하게 만드는 자본시장의 세계화였고, 주가조작의 처벌강화는 그런 세계화를 위한 형사정책의 하나가 되었다.

10　예컨대 구 증권거래법 제188조의4 제4항(허위사실 유포 및 위계사용·부실표시문서사용에 의한 시세조종)을 미국식의 '사기적 증권거래행위'를 처벌하는 규정으로 운용할 수 있다는 박준, "시세조종행위의 규제", *인권과 정의* (제230호, 1995.10), 79~89쪽; 미국의 1934년 증권거래법(Securities Exchange Act of 1934) Section 10(b) 및 SEC Rule 10b-5처럼 부당한 이득의 취득이나 재산상의 이익 취득을 (필자의 이해로는 이를 행위의 목적으로 규정하는 우리나라 증권거래법에서는 목적조항마저) 주가조작죄의 요건으로 삼지 않음으로써 일반적 불공정거래금지조항을 형성하자는 주장으로 임재연, *증권거래법* (2002), 456쪽 참조. 이런 관점은 현행 자본시장법 제178조에 법제화되었다고 볼 수 있다.

(2) **비범죄화의 관점**   그러나 다른 한편 위와 같은 시세조종
행위들의 범죄성에 대해 근본적인 회의를 제기하는 관점도 있다.[11]
이 관점은 주가조작죄에 해당하는 시세조종행위가 통상적인 주식거
래행위와 명확하게 구별하기 어렵고, 형사불법을 구성할 만큼 시세조
종행위의 반도덕적 성격이 강하지 않다고 본다. 즉, 시세조종의 규제
가 불필요하다는 관점은 시세조종행위에 대한 일반적이고 관념적인
정의를 내리는 것이 가능할지라도 이는 매우 복잡하고 기술적인 특
성을 지니고 있어 시세조종행위를 구성하는 개념들의 정확한 의미를
특정하기 어려우므로, 이러한 한계를 극복하기 어려운 이상 시세조종
을 범죄로서 규제하는 것이 바람직하지 않다고 말한다.[12] 이러한 비
범죄화의 관점은 시세조종행위의 불법은 형사불법으로 보기 어렵고,
다만 자본시장의 공정한 거래질서를 저해하는 행정불법의 영역에 속
한다고 해석한다. 더 나아가 주가조작죄는 장기적으로는 오히려 시장
참여자들의 경제적 이익과 증권시장의 효율성을 해치는 역기능을 발
휘할 수도 있다는 우려도 이런 관점을 지탱하고 있다. 이런 관점에서
보면 지양되어야 할 것은 '주가조작죄의 집행결손'이 아니라 '집행결
손의 주가조작죄'가 된다.

(3) **형법이론적 과제**   현실적으로는 처벌강화론이 힘을 얻는
다. 특히 투자에 실패한 일반시민들은 자신의 실패가 누군가의 일탈
행위에 기인하는 측면이 있다는 사실만으로도 강력한 처벌욕구를 갖

11 대표적으로 임철희, *시세조종행위의 형법적 문제에 관한 연구* (한국형사정책연구원, 2002) 참조.
12 시세조종행위 규제의 불필요성에 관한 주장으로 시세조종행위의 정의를 구성하는 '개입(interference)'의 개념이 불분명하고, '거래 유인(inducement of trading)'의 개념도 그 범위가 지나치게 넓다는 점 등을 지적하며, 시세조종행위를 구성하는 개념들에 대한 만족스러운 정의가 제공되지 않았다고 말하는 Daniel R. Fischel/David J. Ross, "Should the Law Prohibit 'Manipulation' in Financial Markets?", *Harvard Law Review* (Vol. 105, 1991), 553쪽.

고, 그런 일탈행위가 또다시 일어난다면 자신들의 투자성공 가능성이
사라진다는 위기의식을 느끼기 때문이다. 또한 처벌 없이는 시세조종
행위가 더 많이 빈번하게 일어날 것이라는 우려도 처벌강화론에 손
을 들게 한다. 하지만 주가조작죄가 형법이론적으로 정당성을 충분히
창출할 수 있는지에 관해서는 여전히 다양한 의문이 있다. 시세조종
의 처벌이 정말 증권시장의 기능을 보호해줄 수 있는지, 민사제재나
과징금, 영업정지 등과 같은 제재만으로는 시세조종을 효율적으로 통
제할 수 없는지, 더 나아가 처벌의 강도도 이미 과잉금지원칙에 위배
되고 있는 것은 아닌지 등 많은 형법이론적 의문이 제기될 수 있다.

그러면 앞으로 주가조작에 대한 형법정책은 어떤 방향으로 나아
가야 하는 것일까? 이 물음에 올바르게 답하기 위해서는 이와 같은
처벌강화론과 비범죄화이론, 현실과 이론 사이를 왔다 갔다 하며 주
가조작죄의 합리성을 성찰할 필요가 있다. 아래서는 그런 성찰의 과
정으로 주가조작행위의 불법유형(Unrechtstypus)을 해명하고(Ⅱ), 그 불
법유형이 형사불법이 되기 위한 주가조작죄의 요건을 구체화한다(Ⅲ).
그리고 범죄구성요건의 일부로서 주가조작죄에 관한 형사처벌의 수
준에 중대한 영향을 미치는 이득액[13] 산정방법의 구체적 내용과 개선
방안 등을 살펴보는 한편, 형법의 공범이론과 죄수론에 입각하여 공
범의 이득액 산정과 복합적인 거래의 이득산정에 대해 검토한다(Ⅳ).
마지막으로 주가조작죄의 입법과 해석에서 나침반이 될 수 있는 법

---

[13] 자본시장법은 불공정거래행위 금지규정을 위반한 자를 상대로 형사제재를 부과함
에 있어 그 법정형을 "위반행위로 얻은 이익 또는 회피한 손실액"과 연동시키고
있다(제443조). 이하에서 언급하는 이득액(額)은 불공정거래행위 금지규정을 위반
한 자가 그 "위반행위로 얻은 이익 또는 회피한 손실액"을 의미한다. 부당이득은
판례(예: 대판 2017.12.5, 2014도6910)에 따른 용어이지만, 민법상 부당이득(민법
제741조)을 말하는 것이 아니라 불공정거래행위, 즉 위법한 행위로 얻은 이익이므
로, 불법이득이라는 개념이 더 적절하다. 하지만, 이 책에서는 판례와 학계의 용어
사용을 고려하여 부당이득, 불법이득, 이득액 등을 같은 의미로 사용하기로 한다.

정책의 방향을 설계해보기로 한다(Ⅴ).

Ⅱ. 주가조작의 불법유형

주가조작에 대해 어떤 법적 통제를 가해야 마땅한지를 정하려면
먼저 주가조작이라는 일탈행위의 불법구조가 해명되어야 한다.

1. 사기죄와의 유비성 도그마

흔히 주가조작의 불법은 표현의 차이는 있지만 대체로 ① 허위정
보의 창출,[14] ② 투자판단의 그르침,[15] ③ 인위적인 증권가격의 형성[16]
의 세 요소로 구성되어 있다고 이해된다. 이는 주가조작이 자본시장
의 유통에 대한 일종의 사기죄라고 보는 관점이 전제되어 있다. 이런
관점은 입법적으로 표현되기도 한다. 예컨대 주가조작을 규율하는
독일법제들은 '자본투자사기'(Kapitalanlagebetrug), '시세사기'(Kursbetrug)
처럼 주가조작의 현상을 일종의 사기죄(Betrug)로 바라본다.

★ 독일의 주가조작죄 법제   독일법에서 주가조작죄는 크게 3가지 법제
에 의해 규율된다. 2차 경제형법개정을 통해 형법전(StGB) 제264조a[17]에

---

14 이상복, "인터넷 증권사기의 현황 및 그 대응방안", *주식* (제389호, 2000.1), 21쪽.
15 김주영·김태선, "주가조작에 따른 손해배상청구사건에 있어서 배상액의 산정방법
    에 관한 고찰", *증권법연구* (제2권 제1호, 2001), 116쪽; Santa Fe Industries, Inc. v.
    Green, 430 U.S. 462 (1977).
16 장영민·조영관, "증권범죄의 현황과 형법적 대응", *형사정책연구* (제6권 제2호,
    1995), 44쪽; 김정수, "시세조종 규제의 이론과 실제", *주식* (제395호, 2001.7), 6
    쪽 아래; 이형기, "증권거래법상의 민사책임에 관한 고찰", *인권과 정의* (제277호,
    1999.9), 58쪽 아래 참조; Tiedemann, *Wirtschaftsstrafrecht und Wirtschaftskriminalität*
    2, BT., (1976), 140쪽.
17 StGB § 264a Kapitalanlagebetrug: (1) Wer im Zusammenhang mit 1. dem Vertrieb
    von Wertpapieren, Bezugsrechten oder von Anteilen, die eine Beteiligung an dem
    Ergebnis eines Unternehmens gewähren sollen, oder 2. dem Angebot, die Einlage

신설된 자본투자사기죄와 이 규정의 제정을 계기로 재정비된 증권법
(Börsengesetz) 제88조[18]의 시세사기죄 그리고 유가증권거래법(Wertpapier
handelsgesetz) 제39조에서 질서위반범으로 다루는 제20조a의 유통가격과
시장가격조작죄(Kurs– und Marktpreismanipulation) 등이 그것이다. 자본
투자사기죄나 시세사기죄 모두 3년 이하의 자유형 또는 벌금형에 처한다.
독일에서는 투자자의 재산을 침해하는 주가조작행위에 대해서는 우선적
으로 형법전 제263조의 사기죄(Betrug) 규정의 적용을 검토한다.[19]

(1) **사기죄불법과의 유비성**　　하지만 이런 개념정의는 사기죄
해석론의 도그마에 빠져있는 데서 비롯된다. 즉, 〈기망 → 착오 → 재
산처분 → 손해발생 → 재산상 이득〉이라는 사기죄의 불법구조에서 기

---

auf solche Anteile zu erhöhen, in Prospekten oder in Darstellungen oder Übersichten
über den Vermögensstand hinsichtlich der für die Entscheidung über den Erwerb
oder die Erhöhung erheblichen Umstände gegenüber einem größeren Kreis von
Personen unrichtige vorteilhafte Angaben macht oder nachteilige Tatsachen
verschweigt, wird mit Freiheitsstrafe bis zu drei Jahren oder mit Geldstrafe bestraft.
(2) Absatz 1 gilt entsprechend, wenn sich die Tat auf Anteile an einem Vermögen
bezieht, das ein Unternehmen im eigenen Namen, jedoch für fremde Rechnung
verwaltet. (3) Nach den Absätzen 1 und 2 wird nicht bestraft, wer freiwillig
verhindert, daß auf Grund der Tat die durch den Erwerb oder die Erhöhung
bedingte Leistung erbracht wird. Wird die Leistung ohne Zutun des Täters nicht
erbracht, so wird er straflos, wenn er sich freiwillig und ernsthaft bemüht, das
Erbringen der Leistung zu verhindern.

18　Börsengesetz §88 Wer zur Einwirkung auf den Börsen– oder Marktpreis von
Wertpapieren, Bezugsrechten, ausländischen Zahlungsmitteln, Waren, Anteilen, die
eine Beteiligung am Ergebnis eines Unternehmens gewähren sollen, oder von
Derivaten im Sinne des §2 Abs. 2 des Wertpapierhandelsgesetzes 1. unrichtige
Angaben über Umstände macht, die für die Bewertung der Wertpapiere,
Bezugsrechte, ausländischen Zahlungsmittel, Waren, Anteile oder Derivate erheblich
sind, oder solche Umstände entgegen bestehenden Rechtsvorschriften verschweigt
oder 2. sonstige auf Täuschung berechnete Mittel anwendet, wird mit Freiheitsstrafe
bis zu drei Jahren oder mit Geldstrafe bestraft.

19　이런 설명으로 Armin Nack, Müller–Gugenberger/Bieneck (Hrsg.), *Wirtschaftsstrafrecht*,
3.Auflage (Aschendorff, 2000), §63–9 참조.

망은 허위정보의 창출로, 착오와 재산처분은 투자판단의 그르침으로, 손해발생과 재산상 이득은 인위적인 증권가격의 형성(과 그로 인한 투자실패)으로 각각 주가조작의 개념 속으로 유추된 것이다.

(2) **사기죄와의 차별성**   그러나 이런 유비(類比)적 이해는 사기죄가 증권거래영역에서도 발생할 수 있긴 하다는 점에서 의미가 있으나 사기죄가 적용될 수 없는 주가조작행위의 영역에서는 적절하지 못하다. 그 이유로는 먼저 주가조작죄는 증권시장의 공정성과 그것에 대한 거래참여자들의 신뢰라는 '보편적 법익'을 보호하는 경제범이고, 사기죄는 '개인적 법익'에 대한 범죄로서 재산범의 하나라는 점을 들 수 있다. 그러나 이보다 더 중요한 이유는 그런 개념정의로써는 형사불법이 인정될 만한 주가조작행위(manipulating)와 그렇지 않은 시세조종행위(예: 주가안정화 stabilization나 주가부양 boosting), 심지어는 보통의 주식거래행위 사이의 경계가 분명하게 구분될 수 없다는 데에 있다.

★ **사기죄의 기망과 주가조작죄의 오해유발의 차이**   주가조작죄가 사기죄에 비해 희석된 불법을 갖는다는 점은 핵심적인 주가조작행위의 반도덕적 행위양태에서도 확인된다. 사기죄의 행위반가치를 구성하는 핵심은 기망(Täuschung)에 있다. 주가조작죄도 "거짓의 표시", '거짓'매매나 '통정'매매 등의 기망적인 행위양태에 의해 성립하기도 한다. 그러나 주가조작죄의 행위반가치는 여기서 더 나아가 '오해유발'이나 (시장조작을) 유포하는 행위 등과 같이 형법상 사기죄의 기망에 해당하지 않는 양태의 행위에 의해서도 구성된다. 따라서 사기죄처럼 기망의 대상은 '사실'(Tatsache)일 필요는 없고, 견해나 가치판단도 무방한 것이다.[20]

그 결과 주가조작죄의 구성요건은 명확성원칙에 위배된다는 평

---

20 이 점은 독일 증권법(Börsengesetz) 제88조의 해석에서도 마찬가지이다. 이에 관해 Eberhard Schwark, *Börsengesetz* (C.H. Beck, 2004), §88-5 참조.

결[21]을 받고 적어도 이론적으로는 모두 비범죄화 되어야 한다는 주장
도 가능하다.

2. 주가조작의 불법 구조

그러나 이와 같은 비범죄화의 이론적 요청은 오히려 정반대의
현실, 특히 자본시장의 세계화를 위해 주가조작은 형법적으로도 더욱
더 광범위하게 통제되어야 한다는 현실론에 부딪히고 있다. 이 현실
론은 주가조작이 포섭되는 미국 연방증권법상의 **시장에 대한 사기**
(fraud on market)의 표상을 형법전(제347조 제1항)의 사기죄(Betrug)에다
완전히 오버랩핑시킨다.

★ **미국의 포괄적인 증권범죄**   포괄적 사기금지조항(general anti-fraud
provision[22])으로는 미국의 1934년 증권거래법(Securities Exchange Act of
1934) Section 10(b)[23]와 그 위임에 의해 공포된 SEC Rule 10(b)-5[24]를

---

21 이점을 탁월하게 분석해내는 임철희, *시세조종행위의 형법적 문제에 관한 연구*
(한국형사정책연구원, 2002), 29~39쪽.

22 포괄조항(general provision)의 개념은 이에 관해 William B. Herlands, "Criminal
Law Aspects of the Securities Exchange Act of 1934", *Virginia Law Review* (Vol.
21, No. 2, 1934), 141, 143쪽 참조.

23 SECURITIES EXCHANGE ACT OF 1934 SEC. 10. It shall be unlawful for any
person, directly or indirectly, by the use of any means or instrumentality of
interstate commerce or of the mails, or of any facility of any national securities
exchange — ⋯⋯ (b) To use or employ, in connection with the purchase or sale
of any security registered on a national securities exchange or any security not so
registered, or any securities-based swap agreement, any manipulative or
deceptive device or contrivance in contravention of such rules and regulations as
the Commission may prescribe as necessary or appropriate in the public interest
or for the protection of investors.

24 SEC Rule 10b-5 (Employment of Manipulative and Deceptive Devices): It shall be
unlawful for any person, directly or indirectly, by the use of any means or
instrumentality of interstate commerce, or of the mails or of any facility of any
national securities exchange, To employ any device, scheme, or artifice to

들 수 있다.[25] 이 법 Section 32(a)[26]는 "누구든지 이 법 또는 이 법에 의해 그에 대한 위반이 불법으로 되거나 그에 대한 준수가 요구되는 규정 및 규칙의 조항을 고의로 위반한 자"에게 5백만 달러 이하 또는 20년 이하의 징역 또는 양자의 병과에 처하고 있다. 또한 1933년 증권법(Securities Act of 1933) Section 24("누구든지 이 법 또는 이 법의 규정에 따른 권한으로 SEC가 제정한 규정 및 규칙의 조항을 고의로 위반한 자"에게 1만달러 이하 또는 5년 이하의 징역 또는 양자의 병과에 처함)도 주가조작을 처벌할 수 있는 법규정이 된다. 이런 규정을 포괄조항("catch-all" Section)이라고 개념화[27]할 수 있다. 이런 입법태도는 주가조작죄의 행위유형을 유형화하여 열거하는 우리나라 자본시장법 제443조 제1항과 대비된다.

이런 상황 속에서 앞의 유비적 이해는 비범죄화가 아니라 더 강력한 범죄화의 요청으로 전환된다. 이런 요청은 실제로 자본시장법에 부정거래행위죄(제178조, 제443조 제1항 8, 9호)로 실현되었다.[28] 그러나 주가조작의 당벌적 구조(Strafwürdigkeit)를 올바르게 규제하려면, 한편으로는 다소 관념적 주장인 주가조작의 (전면 또는 광범위한) 비범죄화 주장에 대해 실용적인 거리를 두어야 하지만, 다른 한편으로는 너무

---

defraud, To make any untrue statement of a material fact or to omit to state a material fact necessary in order to make the statements made, in the light of the circumstances under which they were made, not misleading, or To engage in any act, practice, or course of business which operates or would operate as a fraud or deceit upon any person, in connection with the purchase or sale of any security.

25　이 포괄적 사기금지조항의 요건과 적용에 관해 자세히는 최승재, "자본시장법상 불공정거래에 대한 규제", *한국금융법학회 2009년 하계 학술발표회* (2009.9.29.) 발표문 참조.

26　Sec. 32(b), (c)도 주가조작죄를 통제하는 규정이지만 (a)에 비해 실무적 중요성이 현저히 적다.

27　이런 개념사용에 대해 Paul, Hastings, Janofsky & Walker, LLP, *Securities Law Claims: A Practical Guide* (Oceana Publications, Inc., 2004), 228쪽.

28　이런 이해로 성희활, "사기적 부정거래에서 "위계"의 적용 문제", *증권법연구* (제8권 제1호, 2007), 81쪽.

현실적인 주장, 주가조작의 과도한 범죄화와 강력한 처벌에 대해서도 이성적인 거리를 두어야 한다. 이런 거리두기는 단지 부정거래행위죄에서뿐만 아니라 다른 주가조작죄의 모든 유형에서 요구된다. 이를 위해 먼저 주가조작을 막연히 사기죄와 같게 이해하는 도그마를 깨뜨릴 필요가 있다.

(1) **고양된 주가형성력**　　　이를 위해서는 먼저 주가조작이라고 부르는 행위뿐만 아니라 보통의 주식거래도 시장가격을 형성하는 구성력이 있다는 점에 주목해야 한다. 즉, 특정 가격의 주식을 거래(매수, 매도)하면, 바로 그 거래행위는 그 주식의 가격을 변화(상승, 하락)시킨다. 주식거래의 가격형성력은 그 크기에서만 차이가 있을 뿐, 모든 주식거래에 공통되어 있다. 그 크기의 차이를 다음과 같이 〈형성→ 조종→ 조작〉의 3단계로 나누어 유형화 할 수 있다.

시장의 가격결정 기능 위태화	×	×	●	
(가격결정의) 인위성	×	●	●	
가격형성력	●	●	●	
구조요소 ╲ 유형	형 성	조 종	조 작	
보기	– 일반투자자의 소액거래	– 대량의 자전거래 – 주가안정화 – 자기주식취득·소각 ⓔ 탈법적 시세안정	**규범적 의미** ⓐ 통정·가장매매 시세조종죄 ⓒ 시장조작유포 시세조종죄 ⓓ 허위·오해유발 표시의 시세조종 ⓕ 부당이익취득목적 시세변동·고정	**사실적 의미** ⓑ 현실거래 시세조종죄
	ⓖ 부정거래행위죄			

1) 형 성   여기서 가격형성력이란 경쟁적 자유시장인 증권시장을 전제한다. 누구나 증권시장에 자유로이 참여할 기회를 공평히 누리고, 투자정보도 모든 시장참여자들에게 대칭적으로 분배되어 있는 상태에서 주식가격은 그 증권에 대한 수요와 공급이 균형을 이루는 지점에서 형성된다. 이런 '경쟁적 자유시장'의 이상은 모든 증권거래가 적어도 그것이 수요와 공급의 일부가 되는 한, 똑같은 가격형성력을 갖는다는 것이다.

2) 조 종   이에 비해 현실의 증권시장에서는 가격형성력에 차이가 있을 수 있다.

㈎ 기관투자자의 대량거래   예컨대 기관투자자의 대량거래는 그 자체로서 단기간에도 큰 폭으로 주가의 등락을 가져올 수 있다. 그래서 오히려 일정량의 주식을 동일가격으로 시간외매매로 거래하는 것이 공정할 수 있다. 하지만 이때 거래는 대량의 주식거래를 순차적으로 할 때 각 거래가 갖는 가격형성력을 증권시장의 공정성을 위하여 인위적으로 유보시킨 셈이 된다. 이처럼 증권거래가 큰 틀에서는 시장의 가격결정기능에 따라 좌우되지만 그 가격결정은 — 완전히 자유로운 경쟁적 시장구조에서의 가격형성에 비해 — 인위적이라고 부를 수 있다.

㈏ 주가부양정책   주가부양(boosting)을 위해 각종 연금공단이 정책적으로 증권을 대량으로 매입해가거나 저평가된 주식가치를 실질화하기 위해 자기주식을 대량으로 취득하여 소각하는 거래도 마찬가지이다. 이런 행위들은 주가형성이 인위적이긴 하지만 시장의 가격결정메커니즘을 여전히 작동시킨다는 점에서 주가조작과 구별하여 주가를 '조종'한다(control, steuern)고 말할 수 있다.

㈐ 탈법적 시세안정   주가의 조종은 시장의 수요와 공급을 인위적으로 조절할 뿐 시장의 가격결정메커니즘 자체를 건드리지는

않는다. 이런 점에서 유형 ⓔ의 탈법적 시세안정(제443조 제1항 6호)도 주가조종에 속한다. 유형 ⓔ의 탈법적 시세안정죄의 불법은 주가 '조종'이 법정의 절차에 따라 이루어지지 않은 데 있을 뿐이다.

3) 조 작 그러므로 인위적인 가격형성이 시장의 가격결정 메커니즘 자체를 위태화하는 단계에 이른 경우는 주가의 형성 및 조종과 구별하여 **주가조작**(Kurs-manipulation)이라고 구별 지을 필요가 있다. 자본시장법 제443조 제1, 2항이 설정하는 범죄구성요건들은 이런 의미의 주가조작을 대상으로 하여야 한다. 왜냐하면 시세조작과 구별되는 시세조종은 그 구성요건들이 정하는 법정형에 "비례적인" 형사불법을 갖고 있지 않기 때문이다. 그러므로 자본시장법 제2장의 시세 '조종' 개념은 이론적으로는 주가 '조작'으로 이해되어야 한다.

> 법 제176조 제2항 2호에서는 "그 증권 또는 장내파생상품의 시세가 자기 또는 타인의 시장 조작에 의하여 변동한다는 말을 유포하는 행위"라고 하여 "조작"이라는 표현을 사용하고 있다. 그러나 조종과 조작의 개념이 체계적으로 구분되어 사용되고 있지는 못하다.

⑺ 행위반가치가 강한 시장기능위태화행위 시장의 가격결정 메커니즘은 규범적으로 또는 사실적으로 위태화될 수 있다. 도덕적으로 일탈행위라고 볼 수 있는 증권거래(예: 유형 ⓐⓒⓓ)는 비록 양적으로 시장지배력이나 시장영향력을 갖지 못한다 할지라도 시장의 가격결정메커니즘을 위태화한다고 말할 수 있다. 왜냐하면 시장참여자들은 다른 참여자가 그와 같은 반도덕적 행위를 한다면 자본시장의 가격결정기능에 모종의 장애가 발생할 수 있다는 두려움을 갖기 때문이다. 물론 이런 위태화가 자본시장기능의 현실적 붕괴로 이어질 것인지는 확정적으로 말하기 어렵다. 그럼에도 불구하고 이와 같은 일탈행위들이 반복되어 누적되면 자본시장기능이 '현실적으로' 붕괴될 개연성이 발생할 수 있다. 이런 의미에서 반도덕적 증권거래행위는

시장기능을 위태화하는 **'적성'**(Eignung)이 있다고 말할 수 있다. 여기서 적성은 주가조작죄의 결과반가치적 요소가 된다. 이런 의미에서 주가조작죄는 단순히 추상적 위험범이 아니라 **적성범**適性犯이 되며, 이 적성에 대한 합리적 판단 여부가 이런 유형의 주가조작죄 성립 여부를 좌우하게 된다.

(내) **결과반가치가 강한 시장기능위태화행위**   이에 비해 가격결정력을 독·과점할 정도로 또는 적어도 '감지할 만한' 시장영향력을 지닌 (단기의) 대량거래(예: 유형 ⓑⓕ)는 실질적으로 시장의 가격결정메커니즘을 위태화할 수 있다. 즉, 그런 거래는 자본시장의 가격결정기능을 침해할 적성을 그 자체로서 이미 갖고 있다. 그러나 이런 유형의 거래는 실제의 거래라는 점에서 반도덕적인 행위의 요소가 없거나 미미하다. 그러므로 이런 유형의 행위가 주가조작의 불법을 가질 수 있으려면 최소한 거래행위자에게 조작의 강한 의도와 같은 반도덕적 요소(행위반가치)가 확인될 수 있어야 한다.

(대) **시장기능위태화가 매우 미약한 행위**   탈법적 시세안정죄(유형 ⓔ)는 주가조작죄로 처벌하기에는 결과반가치도 구조적으로 부족하고, 행위반가치도 존재론적으로 결핍되어 있다. 설령 이 유형의 행위로 투자유인, 투자유발의 효과가 발생하였음이 패턴분석으로 입증되더라도 이런 행위는 주가조작이 아니라 법정의 절차에 의하지 않은 주가조종이라는 점에서 형벌이 아니라 과태료나 과징금에 의한 제재가 적정하다. 따라서 탈법적 시세안정죄는 비범죄화되어야 한다.

(래) **반도덕적 시장참여행위**   자본시장법에서 처음 도입된 (유형 ⓖ)의 부정거래행위죄(제443조 제1항 8, 9호)는 자본시장의 가격결정기능을 보호법익으로 보기 어렵다.

ㄱ) 시장기능이 아닌 시장참여행위의 도덕성 보호   그 이유는 **첫째**, 부정거래행위는 자본시장의 수요와 공급을 변화시키기 보다는 투자자들의 투자의사결정에 영향을 미치는 행위로서 자본시장의 가격결

정기능을 위태시키는 적성(Eignung)을 인정하기 어렵다. 예컨대 주식
공모를 하면서 증권신고서나 사업설명서에 일부 허위기재를 하는 행
위는 주식을 매입하는 투자자들의 재산영역에 위법하게 침범해 들어
가는 것이지만, 그 행위가 곧바로 공모가격의 결정을 왜곡하는 것은
아니다.

　　하지만 부정거래행위들은 자본시장의 기능에 대한 추상적인 위
험을 띤 행위라고 말할 수는 있다. 즉, 부정거래행위죄의 보호법익은
여전히 자본시장이다. 이 점에서 사기죄와 구별된다. 여기서 추상적
위험이란 구체적 위험이든 적성(구체적−추상적 위험)이든 자본시장의
기능을 훼손할 '현실적' 가능성에는 못미치는 '**사유적' 가능성**을 의미
한다. 다시 말해 부정거래행위죄는 **시장기능에 대해 단지 위험스러운**
(risky, riskant) **행동**일 뿐이다. 이 점에서 시장기능의 현실적 위태화 적
성을 지닌 범죄(적성범)로서 주가조작죄와 구별된다. 불공정거래행위죄
는 주가조작죄의 전단계를 범죄화(Vorfeldkriminalisierung) 하는 셈이다.[29]

　　물론 제178조는 미국의 1934년 증권거래법 Section 10(b) 및 SEC
Rule 10b−5의 포괄적 사기금지규정에 영향을 받은 것이다. 그러나
미국의 포괄적 사기금지규정은 우리나라 법에서 보편적 법익에 대한
범죄로서 주가조작죄와 개인적 법익범죄로서 불공정거래행위죄를 '포
괄'하는 구성요건임에 주의할 필요가 있다. 이를 독일식의 개념으로
표현한자면 포괄구성요건(Auffangstatbestand)인 셈이다.

　　ㄴ) 체계적 이유　　　둘째, 부정거래행위는 다른 자본시장참가자
들의 자유와 재산, 명예와 업무, 생명과 신체를 침해하는 개인적 법
익에 대한 범죄의 성격이 강하다. 주가조작의 다른 유형들은 자본시
장법 제4편 제2장(제176조~제177조)에서 규율하는 반면, 부정거래행위

29　같은 취지로 내가 지도한 박사논문인, 지유미, *M&A에 대한 형법정책의 방향* (고
　　려대 박사학위논문, 2009), 55쪽 참조.

죄는 제3장(제178조~제180조의5)에서 따로 규정하고 있는 점도 이를 뒷받침한다. 물론 부정거래행위죄도 주가조작죄 그리고 내부자거래 죄와 함께 제4편(불공정거래의 규제)에 규정되어 있다는 점에서 보호법 익을 같게 볼 여지는 있다. 그러나 제4편은 보편적 법익인 자본시장 기능을 보호하는 내부자거래죄와 주가조작죄 그리고 불공정거래행위 죄를 포괄하는 상위개념으로 설정된 것이라는 점에서 같은 편에 규 정되어 있다고 하여 보호법익이 같다는 결론이 도출되지는 않는다.

ㄷ) 손해발생영역의 구조적 차이   셋째, 더 결정적인 점은 시세조 종행위에 따른 배상책임은 "그 **위반행위로 인하여 형성된 가격**에 의 하여 해당 증권 또는 파생상품에 관한 매매 등을 하거나 그 위탁을 한 자가 그 매매 등 또는 위탁**으로 인하여 입은 손해**"(제177조 제1항) 에 대한 것인 반면, 부정거래행위죄에 따른 배상책임은 "그 위반행위 로 인하여 금융투자상품의 매매, 그 밖의 **거래를 한 자가** 그 매매, 그 밖의 **거래와 관련하여 입은 손해**"(제179조 제1항)에 대한 것이다. 즉, 시세조종행위들은 시장의 가격결정기능을 왜곡하고, 그 왜곡으로 인 해 발생한 손해에 대한 배상책임을 가져오지만, 부정거래행위는 그 거래의 상대방이 입은 손해에 대한 배상책임을 가져오는 것이다.

ㄹ) 일반적 도덕적 행위규범   그렇기 때문에 부정거래행위죄는 자본시장에 참여하는 사람들이 지켜야 할 도덕적 행위규범을 구축하 는 일반조항이고, 그 규범의 준수를 형벌로 위협하는 처벌법규인 것 이다. 또한 이 도덕적 행위규범은 반드시 특정 피해자를 전제하고 있 는 것은 아니다. "부정한 수단을 사용하는" 금융투자상품의 거래는 피해자 없는 범죄(opferloser Verbrechen)가 될 수도 있다.

(2) **반도덕적 요소**   사기죄의 도그마에 갇힌 주가조작의 개념 이해는 또 다른 주가조작의 개념적 요소로 — 주가조작(시세조종) 개 념의 불명확성을 고려하여 더 핵심적인 요소로 — 주가조작행위자의

'나쁜 의도'를 제시한다.[30]

1) **주가조작죄의 목적조항의 기능**　　이 의도는 투자판단을 그르치게 하고, 매매거래를 유인하고, 그에 따라 해당 증권에 대한 수요와 공급의 상태가 변화하고, 그 결과 자신이 큰 차익을 취득하려는 내적 성향을 가리킨다.

⑺ **현행 주가조작죄의 목적조항들**　　이런 내적 성향을 현행 자본시장법은 각종 '목적' 개념에 담고 있다.

범죄유형	목적의 내용
ⓐ 통정·가장매매 시세조종죄	"매매가 성황을 이루고 있는 듯이 잘못 알게 하거나, 그 밖에 타인에게 그릇된 판단을 하게 할 목적으로"
ⓑ 현실거래 시세조종죄	"매매를 유인할 목적으로"
ⓒ 시장조작유포 시세조종죄	
ⓓ 허위오해유발표시 시세조종죄	
ⓔ 탈법적 시세안정죄	"시세를 고정시키거나 안정시킬 목적으로"
ⓕ 부당이익취득목적의 시세변동·고정	"부당한 이익을 얻거나 제삼자에게 부당한 이익을 얻게 할 목적으로"
ⓖ 부정거래행위죄	"매매, 그 밖의 거래를 유인할 목적으로" (제178조 제1항 3호)
	"매매, 그 밖의 거래를 할 목적이나 그 시세의 변동을 도모할 목적으로"(제178조 제2항)

---

30 서종남, *증권거래의 시세조종의 규제에 관한 연구 ― 미국의 연방증권법을 중심으로* (건국대 박사학위논문, 1999), 235쪽; 바로 그렇기 때문에 주가조작의 범죄화에 대해 비판적인 시각으로 임철희, *시세조종행위의 형법적 문제에 관한 연구* (한국형사정책연구원, 2002), 41~42쪽.

(나) **주가조작죄 불법 부족분의 보충**   이러한 목적조항들은 각 유형들이 주가조작죄의 불법을 완전하게 구비하지 못한 부족분을 메워주기 위한 것이다. ① 첫째, 반도덕적인 행위양태를 띤 시세조종행위(유형 ⓐⓒⓓ)에서 목적조항은 사안에 따라 확증되지 못한 결과반가치, 즉 자본시장의 가격결정기능을 왜곡시키는 적성의 부족분을 메우기 위해 행위반가치요소를 더 한층 강화시키는 조항이다. ② 둘째, 현실거래의 시세조종행위(유형 ⓑ)에서 목적조항은 결핍된 행위반가치 부분을 메워주기 위한 것이다. ③ 셋째, 탈법적 시세안정죄(유형 ⓔ)에서 목적조항은 행위반가치와 결과반가치 모두가 부족한 부분을 메워주기 위한 것이다. ④ 넷째, 부정거래행위죄에서 목적조항은 보호법익에 대한 공격의 미약함(추상적 위험)에도 불구하고 시세조종죄들과 같은 정도로 무겁게 처벌할 수 있도록 그 부족한 불법을 메워주기 위한 것이다.

2) **목적 없는 목적조항들**   그러나 목적조항의 이와 같은 기획이 실제로 각 유형에서 주가조작죄의 불법으로서 부족한 부분을 메워줄 수 있는지는 매우 의문이다.

(가) **불법의 실질을 추가하지 않는 목적조항들**   자세히 들여다보면 위의 목적조항들은 그와 같이 불법의 실질을 추가하는 요소를 갖고 있지 않기 때문이다.

ㄱ) 형법상 목적범에서 행위외재적 목적   이 점은 형법상 목적범의 불법추가기능과 대비하면 분명하게 알 수 있다. 예컨대 내란목적살인(형법 제88조)에서 내란목적은 실행행위(예: 살인)를 수단으로 달성하려는 행위에 외재하는 목표(예: 국토를 참절하거나 국헌을 문란할 목적으로)이다. 그런 외재적 목표를 달성하려는 (주관적) 의도는 살인이라는 실행행위의 불법에 새로운 불법의 실질을 '추가'시킨다. 물론 주가조작죄 가운데에도 부당이득취득목적의 주가조작죄(제443조 제1항 7호)는

목적조항이 주가조작죄에 불법을 실질적으로 추가하는 기능을 수행한다. 예컨대 "파생상품의 매매 등에서 부당한 이익을 얻거나 제3자에게 얻게 할 목적"을 위하여 "그 파생상품의 기초자산의 시세를 변동 또는 고정시키는 행위"(제176조 제4항 1호)를 하는 것이므로 시세조작행위의 목적은 그 행위에 외재적인 목표이다. 여기서 부당한 이익의 취득은 단지 "유가증권의 처분으로 인한 행위자의 개인적이고 유형적인 '경제적 이익'에 한정되지 않고" — 이 점에서 형법상 불법이득의사의 불법이득(Bereicherung)과 구별되는데 — "기업의 경영권 획득, 지배권 확보, 회사 내에서의 지위 상승 등 무형적 이익 및 적극적 이득뿐 아니라 손실을 회피하는 경우와 같은 소극적 이득, 아직 현실화되지 않는 장래의 이득도 모두 포함하는 포괄적인 개념으로 해석"[31] 할 수 있다.

　　ㄴ) 주가조작의 행위내재적 목적　　　그러나 그 밖의 주가조작죄에서 목적조항은 주가조작의 실행행위에 '내재된' (행위)목표에 불과하고, 이에 대한 인식은 고의의 내용이 될 뿐이다. 따라서 목적이라는 표현을 생략하고, '**~하게 하려고**'라든지 '~할 의도로'라는 표현을 써도 무방하다. 여기서 의도란 주가조작고의이며, 그 대상은 그릇된 판단을 일으키거나, 거래를 유인하는 등의 주가조작 실행행위의 양태이다.[32]

　　⑷ **입증의 완화**　　　그런데도 판례는 목적을 미필적 고의로 해석함으로써 수사와 재판에서 유죄입증의 부담을 덜어주는 경향을 보인다.

31　이런 해석은 구 증권거래법 제188조의4 제4항 1호에 관한 판례(대판 2009.7.9, 2009도1374)의 입장이지만, 준용가능한 해석이다. 앞의 인용문도 같은 판례의 내용임.

32　이런 점에서 "부당한 이득을 얻기 위하여"란 목적조항을 제외하고 다른 목적조항들은 행위의 특수성을 설명하는 요소로 이해하기도 한다. 이런 입장으로 장영민·조영관, *증권범죄에 관한 연구* (한국형사정책연구원, 1996), 118쪽; 사법연수원, *경제범죄론* (2002), 166쪽; 임재연, *증권거래법* (2002), 458쪽 참조.

★ **판례의 주가조작죄 목적해석**   판례는 ① 통정·가장매매의 주가조작
죄가 성립하기 위해서는 "통정매매 또는 가장매매 사실 외에 주관적 요
건으로 '거래가 성황을 이루고 있는 듯이 잘못 알게 하거나 기타 타인으
로 하여금 그릇된 판단을 하게 할 목적'이 있어야 하는데, 이러한 목적은
다른 목적과의 공존 여부나 어느 목적이 주된 것인지는 문제되지 아니
하고, 그 **목적에 대한 인식**의 정도는 적극적 의욕이나 확정적 인식임을
요하지 아니하고 **미필적 인식**이 있으면 족하며, 투자자의 오해를 실제로
유발하였는지 여부나 타인에게 손해가 발생하였는지 여부 등은 문제가
되지 아니한다"[33]고 보며, 또한 ② 현실거래에 의한 주가조작죄의 목적
인 "매매거래를 유인할 목적이라 함은 인위적인 조작을 가하여 시세를
변동시킴에도 불구하고 투자자에게는 그 시세가 유가증권시장에서의 자
연적인 수요·공급의 원칙에 의하여 형성된 것으로 오인시켜 유가증권의
매매거래에 끌어들이려는 목적을 말하고, 그 제1호 소정의 '유가증권의
매매거래가 성황을 이루고 있는 듯이 잘못 알게 하거나 그 시세를 변동
시키는 매매거래'라 함은 본래 정상적인 수요·공급에 따라 자유경쟁시
장에서 형성될 시세 및 거래량을 시장요인에 의하지 아니한 다른 요인
으로 인위적으로 변동시킬 가능성이 있는 거래를 말하는 것으로서, 이에
해당하는지의 여부는 그 유가증권의 성격과 발행된 유가증권의 총수, 매
매거래의 동기와 유형, 그 유가증권 가격의 동향, 종전 및 당시의 거래상
황 등을 종합적으로 고려하여 판단하여야 하는 것이다"[34]

ㄱ) 목적의 사실상 추정   그러나 실천적으로 더 중요한 문제점
은 목적의 개념정의보다 그 입증방법에 있다. 실무는 주가조작의 객
관적 구성요건 충족이 입증되면 목적의 존재를 사실상 추정하는데,
이때 객관적 구성요건의 충족사실은 금융감독원이 **거래패턴을 분석
하여** 주가폭등과 폭락 등의 원인을 설명할 합리적 이유가 없음이 밝
히는 방법으로 입증한다.

---

33 대판 2001.11.27, 2001도3567; 대판 2005.11.10, 2004도1164.
34 대판 2001.6.26, 99도2282; 대판 2004.3.26, 2003도7112; 대판 2005.11.10, 2004도1164.

★ **미국의 prima facie case**　　미국에서도 주식거래에 직접 금전적 이익
이 있는 사람이 주가상승을 위해 외형상 주가조작의 행위양태에 해당하
는 적극적인 행위를 한 경우를 일응 증명케이스(prima facie case)라고
하여 목적의 존재를 추정하고 입증책임을 피고에게 전환시킨다. 이때 적
극적인 행위는 매매거래의 패턴이 정상적이지 않은 거래라는 간접사실
(정황증거)에 의해 판단한다.[35]

ㄴ) **추정을 위한 간접사실의 불충분성**　　그러나 이런 추정은 매우
문제가 있다. 왜냐하면 객관적 구성요건에 외재적인 목적의 경우(예:
내란목적 살인죄)에는 그 목적과 관련된 (객관적 요건 입증증거와 별개의
증거인) 간접사실이 매우 많은 데에 비해, 주가조작죄처럼 내재적 목
적에 관련한 간접사실은 상대적으로 적어서, 그 추정의 합리성이 담
보되기 어렵기 때문이다. 거래패턴의 분석이 사실상 간접증거의 전부
인 상황에서는 주가조작행위와 통상의 주식거래 사이의 구분도 쉽지
가 않다. 하물며 그런 분석만으로 목적을 추론하는 것이 더더욱 합리
성을 갖기 어렵다.

★ **현실거래의 주가조작죄에서 목적의 추정**　　H증권(주)은 같은 그룹 계열
사 H전자(주)의 주식 300만주와 전환사채를 2,500억원 가량 보유하고 있
었다. H증권 대표이사 甲은 이를 처분하기로 결정했다. 甲의 지시로
1998.5.26.~1998.11.12. 사이에 H증권에 개설된 H중공업(주)과 H상선
(주) 명의의 계좌로 H전자의 주식을 매매하였는데, ⓐ 그 과정에서 종가
결정을 위한 동시호가시간대에 53회에 걸쳐 1,425,680주의 고가매수주문
을 냈고, ⓑ 1023회에 걸쳐 3,472,180주에 직전체결가 및 상대호가 대비
고가매수주문을 냈으며, ⓒ 567회에 걸쳐 2,103,290주에 대해 장중접속
매매시 매매체결가능성이 없는 허위의 대량매수주문을 내었다. ⓓ 또한
60회에 걸쳐 302,070주에 대해 시초가 형성을 위한 동시호가시 호가잔량
만 공개되고 매매체결가능성은 없는 낮은 가격의 허위매수주문을 냈다.

35　자세히는 김정수, *현대증권법원론* (박영사, 2002), 719~720쪽 참조.

이 거래를 통해 H증권(주)은 실현손실과 평가손익을 모두 감안할 때 최
종적으로 약 58억원의 시세차익을 취득하였다. ① (判例) 대법원은 ⓔ H
전자(주)의 총발행주식수는 H그룹 계열사가 79.47%, 기관투자자 등이
4.38%, 개인소액주주가 9.98%로서 ⓕ 유통가능한 주식물량은 최대
8,043,416주(14.36%)였던 점, ⓖ H중공업과 상선이 H전자 주식매수에 동
원한 자금 2200억원은 H전자 주식을 14,864,864주로서 유통가능물량의
1.84배에 이른 점 등을 고려할 때 甲에게 거래유인목적을 인정하고 현실
거래의 주가조작죄를 인정하였다. ② (評釋) 甲의 행위는 계획적인 허위
매수주문(위 ⓒⓓ)으로 인해 가장매매의 주가조작죄에 해당할 수 있다.
고가매수주문행위들(ⓐⓑ)은 H그룹 계열사의 총지분율이 높고(ⓔ), 거
래량이 적은 유통가능물량(ⓕ)에 비해 상당히 많다(ⓖ)는 거래특성으로
인해 투자자들이 "매매가 성황을 이루고 있는 듯이 잘못 알게 하"(제176
조 제2항 1호)는 매매에 해당할 수 있다. 즉, 현실거래의 주가조작죄의
객관적 구성요건을 충족한다. 그러나 여기서 가령 H증권의 수익률은 —
1998년도 증시의 고도상승 흐름을 고려해보면 — 이례적인 수준이 아니
었다고 본다면 甲에게 증권시장의 가격결정기능을 왜곡하는 거래유인목
적이 있었다고 단정할 수가 없다. 판례는 목적을 사실상 추정한 것이다.

3) 나쁜 심정으로서 목적   목적조항은 이처럼 불법의 실질을
추가하지 못하지만, 동기의 차원에서 바라볼 때 그런 목적성에는 윤
리적으로 비난받을 만한 나쁜 심정(Gesinnung)의 요소가 깃들어 있다.

㈎ 시장참여자들의 통상적인 매매유인의사   예컨대 현실거래
의 시세조종죄(유형 ⓑ) 행위자가 갖는 목적의식은 "매매를 유인할 목
적"이다. 이런 목적의식은 주식을 매수하는 모든 사람들이 정도의 차
이는 있지만, 자신의 매수가 다른 후속 매입을 유인하여 가격을 상승
시키고, 차익을 실현하고자 하는 의사, 정확히는 강렬한 욕망과 목표
의식을 갖고 있다. 그런데 이 차익의 실현은 하나의 증권매수가 현실
의 경쟁적 시장에서 통상적으로 (공평하게) 가질 수 있는 (미세한) 가격
상승효과의 크기보다 더 많이 상승해야 가능하고, 이를 위해서는 그
런 상승을 뒷받침할 정도로 더 많은 매수세가 유인되어야 한다. 투자

자들은 그런 유인을 의도하지 않을 수 없다. 반대로 하나의 증권매각이 현실의 경쟁적 시장에서 가질 수 있는 (미세한) 가격하락효과의 크기보다 더 많이 하락해야 하고 — 이로써 상대적으로 고가에 매도했다가 다시 저가에 매수할 수 있게 되며 — 이를 위해서는 그런 하락을 뒷받침할 정도로 더 많은 매도세가 유인되어야 한다. 투자자들은 그런 유인을 의도하지 않을 수 없다. 여기서 나쁜 의도나 심정은 주가조작자에게만 있는 것이 아니라 모든 증권시장참여자에게 있는 것이며, 시장에 참여하게 만드는 동기화의 불가결한 요소가 됨을 알 수 있다.

　(나) **심리적 차별화**　　　그렇기 때문에 이 죄의 규정에서 "매매를 유인할 목적"이란 문언은 의미론의 차원이 아니라 심리적 차원에서 읽어야만 한다. 이를테면 윤리적으로 나쁜 심정을 추단하지 않고는 현실거래의 시세조종과 통상의 증권거래행위가 구분되지 않는다.

> 가령 미국의 저명한 주식투자가 워렌 버핏(Warren Edward Buffett)이 어떤 기업의 주식을 사면, 사람들은 추격 매수를 한다. 이런 일이 반복되면, 버핏이 주식을 사면서 투자성공을 기대하는 한, 그는 이미 "매매를 유인할 목적"을 갖기 쉽다. 그런데도 그에게 현실거래의 시세조종죄가 성립하지 않는 것은 그의 주식거래에 윤리적으로 나쁜 심정을 귀속시키지 않기 때문이다.

　다른 주가조작죄의 유형에서도 이 점은 정도의 차이가 있지만 마찬가지이다. 그러므로 현행법상 주가조작죄는 ⓐ~ⓖ 유형의 행위를 한 사람들에게 해명되지 않은 '**윤리적으로 비난받을 만한 (모종의) 나쁜 심정**'을 전제하지 않고는 성립하기 어렵다고 볼 수 있다. 그러나 주가조작죄의 불법이 이처럼 윤리적으로 나쁜 (가상적인) 심정에 의해 보충되는 한, 주가조작죄는 '심정형법'(Gesinnungsstrafrecht)이라는 의혹을 벗어나기 어렵다.

3. 시장의 최소도덕으로서 공정성의 해석과제

이상의 논의에서 몇 가지 점들이 분명해졌다. 첫째, 주가조작의 불법이 형사불법이 되는 근거는 행위자의 반도덕적 인격보다는 그 행위가 자본시장의 경쟁적 구조를 왜곡하고 시장기능을 위태롭게 만드는 데에 있다. 둘째, 여기서 시장기능의 위태화가 주가조작죄의 형사불법으로 구성되려면 ― 목적조항에 숨어 있는 심정윤리가 아니라 ― 보편적 도덕과 관계되어야 한다. 셋째, 그런 도덕은 본질적으로 도덕적일 수 없는 자본시장이 사회적 통합을 달성하기 위해서 갖추어야 하는 최소한의 도덕성[36]인 공정성(Fairness)을 의미한다. 가령 현실거래에 의한 주가조작죄(유형 ⓑ)는 공정거래법상 독과점시장에서 시장지배력을 남용하는 행위와 유비적인 성격의 불법을 가질 때 비로소 성립한다고 보아야 한다.[37] 허위정보의 사용이나 위계 등의 사술(詐術)을 사용한 주가조작죄들(유형 ⓐⓒⓓⓕ)도 시장에 대한 사기(Fraud)로서 사기죄의 불법과 같은 것이 아니라 오히려 더 중한 불법을 근거지울 수 있을 때에만 비로소 성립할 수 있다.

★ **주가조작죄의 보호법익논쟁** 주가조작죄의 보호법익에 관하여 독일에서는 증권시장의 기능보호를 우선시키는 견해[38]와 투자자보호를 우선시키는 견해[39]가 첨예하게 대립한다. 우리나라에서는 양자가 대등한 것

---

36 이 도덕성은 윤리경영의 핵심표지와도 같다고 할 수 있다. 이에 관해 자세히는 이상돈, *윤리경영과 형법* (신영사, 2005) 참조.

37 그러므로 현실거래에 의한 주가조작죄가 비범죄화 되어야 하는지는 공정거래법상의 독과점지위 남용죄가 비범죄화 되어야 하는지에 대한 판단과 평행선을 달리게 된다. 이에 관해 자세히는 이상돈, "공정거래질서와 형법정책", *법제연구* (통권 제25호, 2003), 167~195쪽 참조.

38 대표적으로 Alexandra, Schmitz, "Aktuelles zum Kursbetrug gemäß §88 BörsG", *wistra* (2002), 211쪽; 지유미, *증권시장의 공정성 실현을 위한 형법정책의 방향* (고려대 석사학위논문, 2006), 6~7쪽 참조.

으로 보는 견해도 있다.[40] 이런 논란은 형법이 증권시장의 기능과 같은
보편적 법익을 보호하는 데 적합한가 하는 형법이론적, 형법정책적 근본
관점의 대립을 배후에 두고 있다. 투자자보호설은 형법의 임무를 인격적
법익의 보호에 국한시키고, 기능보호설은 형법의 임무를 현대사회의 다
양한 보편적 법익의 보호에 확장시키는 이론적 정책적 근본관점에 서기
쉽다. 그러나 자본시장법상 주가조작죄를 투자자보호를 우선시키는 법
제로 보면 형법은 오히려 무분별하게 확대되고, 법치국가적 원칙을 깨뜨
리기 쉽다. 자본시장법의 기능을 고려할 때 주가조작죄는 자본시장의
(공정한 가격결정)기능을 보호하기 위한 것으로 보되, 그 성립요건을 형
법상의 기본원칙들(책임원칙, 명확성원칙, 비례성원칙)을 최대한 충족하
는 방향으로 엄격하게 해석하는 것이 바람직하다.

여기서 어떤 요건 아래서 주가조작죄의 불법이 구성되는 것인지
가 문제로 남는다. 이는 주가조작죄의 요건을 그토록 무거운 법정형
에 비례적인 중한 불법을 구성하도록 재해석하는 과제이다. 아래(Ⅲ)
에서 이를 다룬다.

Ⅲ. 주가조작죄의 요건 재구성

주가조작의 일탈행위적 구조를 바탕으로 보면 주가조작의 불법
을 사기죄해석론의 도그마에 갇힌 채 구체화한 3가지 요건은 다음과
같이 해체적으로 재구성되어야 한다.

---

39 대표적으로 Alexander Worms, *Anlegerschutz durch Strafrecht* (1987), 259~266쪽;
우리나라에서도 김건식, *증권거래법* (두성사, 2004), 40쪽; 임재연, *증권거래법* (박
영사, 2006), 3쪽; 자본시장법도 투자자보호의 공백을 제거하는 기획을 좇는다고
보는 안수현, "불공정거래행위 규제법의 새로운 전개 — 자본시장 및 금융투자업에
관한 법률(안)의 불공정거래행위 규제를 중심으로 —", *BFL* (제22호, 2007), 42~61쪽.
40 임철희, *시세조종행위의 형법적 문제에 관한 연구* (형사정책연구원, 2002), 122~127
쪽 참조.

【사기죄】		【주가조작죄】
① 허위정보의 창출	→	① 불공정한 시장 참여
② 투자판단의 그르침	→	② 정보권침해를 통한 투자유인과 투자유발
③ 인위적인 증권가격의 형성	→	③ 증권시장의 가격결정메커니즘의 왜곡

여기에 더하여 주가조작죄는 대부분 목적범으로 구성되어 있다. 이 목적의 개념은 앞에서 나쁜 심정의 함의로써 사용된다고 했다. 아래서는 이런 나쁜 심정은 비합리적 경영으로 재해석될 것이다.

1. 불공정한 시장 참여

먼저 어떤 유형에서든 주가조작죄가 성립하려면 불공정한 시장 참여가 있어야 한다. 이러한 불공정성의 요청은 주가조작죄의 구성요건인 제176조가 위치한 제2장을 엮고 있는 제4편의 표제가 "불공정거래의 규제"인 점에서도 확인된다.

(1) **시장참여**   아무리 주가형성에 기여하는 불공정한 행위라 할지라도 주가조작죄가 성립하려면 증권시장에 대한 참여가 있어야 한다.

1) **거래 또는 그와 관련한 행위**   자본시장법은 참여를 "거래(去來)"(행위) 개념으로 표현한다. 매매는 거래의 대표적인 경우이지만 매매가 아닌 기타 거래(예: 매매의 위탁, 수탁) 더 나아가 '거래와 관련한 행위'(예: 거짓정보의 유포행위나 위계행위)까지 주가조작행위의 유형이 될 수 있다. 예를 들어 미래의 영업실적이나 경영확장에 대한 예측정보를 제공하는 행위도 주가조작의 거래가 될 수 있다. 시장참여는 꼭 증권거래(또는 그와 관련한 행위)를 '직접'하는 것을 의미하지는 않는다. 더 나아가 주가조작에 해당하는 증권거래(또는 관련행위)를 교사하거나 방조하는 경우도 포함된다.

2) 참여자 역할의 수행   거래나 그와 관련한 행위가 주가조작죄의 요건으로서 시장참여가 되려면 증권시장에 대해 관찰자(Beobachter)의 역할이 아니라 참여자(Teilnahmer)의 역할을 수행하는 것이어야 한다.

㈎ 관찰자로서 애널리스트의 분석   예컨대 증권 애널리스트의 잘못된 시황분석이나, 특정 종목이나 그 군의 시세변동에 대한 빗나간 예측은 주가조작행위에 해당하지 않는다. 그것은 그런 예측과 분석의 행위가 허위정보를 시장에 밀어 넣는 행위가 아니거나 거래와 관련된 행위가 아니기 때문이 아니다. 그보다는 시황분석에서 애널리스트들은 시장참여자의 역할을 떠맡는 것이 아니라는 점에서 주가조작범이 되지 않는 것이다. 그들은 단지 증권시장의 관찰자로서 행위를 하는 것이며, 투자자들도 바로 그렇기 때문에 시황분석의 오류에도 불구하고 그들에게 법적 책임을 귀속시키지 않는다.

㈏ 시장참여가 되는 애널리스트의 분석

ㄱ) 숫자에 의한 전망   물론 애널리스트의 시황분석이 예컨대 '전반적인 전망을 진술'하는 수준을 넘어서 '숫자로 구체화된 예측'을 내놓는 경우[41]에 그의 역할은 관찰자에서 '참여적 관찰자'(teilnehmender Beobachter)로 바뀐다고 볼 수 있다. 따라서 주가조작행위가 될 수 있다.

ㄴ) 스캘핑   또한 시황분석으로 매수추천을 하여 투자자의 관심을 끈 뒤 자신은 곧이어 매도하는 스캘핑(scalping)에서 시황분석은 숫자로 구체화된 예측이 아니었어도 시장참여로 볼 수 있다. 이런 경우에 시황분석행위는 주가조작죄의 다른 요건이 충족된다면, 그 자체로서 주가조작행위가 될 수 있다. 스캘핑은 독일증권법(Börsengesetz)

---

41 이 구별은 SEC Rule 10b-5 증권사기(securities fraud)의 적용과 관련하여 미국 법원이 행한 것인데, 전반적으로 낙관적인 진술(generally optimistic statements)은 법적으로 중요하지 않지만, 숫자화된 구체적 예측(numerically specific predictions)은 증권거래법위반이 문제될 수 있다고 한다(자세히는 Amchen/Cordova/Cicero, *Securities Fraud*, 39 American Criminal Law Review 2002, 1044쪽 참조).

제20조a와 그 시행령 제4조(§4 MaKonV)에서 명문으로 규율되고 있다. 그러나 스캘핑이 주가조작죄에 해당하려면 아래서 설명하듯 주가조작죄의 두번째 요건인 투자유발효과가 있어야 하는데, 통상적으로는 그런 효과가 미미하다. 심지어 증시에서는 애널리스트의 분석전망대로 투자하면 실패하고, 때로는 심지어 반대로 투자해야 한다는 인식도 상당히 퍼져 있다. 그러므로 주가조작죄의 두 번째 요건인 **투자유발효과**를 충족하기 어렵다.

물론 스캘핑은 우리나라 자본시장법 제178조 제1항 1호에 "기교를 사용하는 행위"에 해당할 수 있다. 그러나 뒤에서 설명하듯이 부정거래행위죄도 법정형이 주가조작죄(제176조)와 법정형이 같다는 점에서 부정거래행위죄의 적용은 구체적인 사안에서 이례적인 투자유발효과가 입증된 경우에 한정하여 적용되어야 한다고 본다.

(2) 불공정성   시장참여가 주가조작이 되려면 그 참여가 불공정한(unfair) 것이어야 한다. 이를 종래 법률해석학은 허위정보의 창출로 이해하였다. 그러나 허위정보의 창출은 실체적 요건이 아니라 불공정한 증권참여행위 가운데 단지 일부가 갖는 속성에 불과하다. 예컨대 통정매매(matched orders)나 가장매매(wash sales), 시장조작의 유포(제176조 제2항 2호)나 허위표시 또는 오해유발표시(제176조 제2항 2호), 더 나아가 위계나 부실표시문서의 사용(제178조 제1항 2호)은 넓은 의미에서 증권시장에 허위의 투자정보를 밀어 넣는 특성을 띠고 있다.

1) 필요·충분조건이 아닌 허위정보의 창출   하지만 허위정보의 창출은 주가조작죄의 필요조건도, 또한 충분조건도 아니다.

㈎ 허위정보창출 없는 주가조작   먼저 허위정보의 창출은 주가조작죄의 필요조건이 아니다. 이를테면 현실거래에 의한 주가조작(유형 ⓑ)이나 탈법적인 시세안정행위(유형 ⓔ)는 허위정보를 창출하는 행위는 아니면서도 주가조작죄의 한 유형이 되고 있기 때문이다. 물

론 현실거래의 주가조작죄는 현실거래가 거래의 성황을 "잘못 알게" (誤認) 하거나 시세를 변동시키는 것일 때에 국한된다는 점에서 부분적으로는 허위정보를 창출한다고 볼 여지가 있다. 그러나 여기서 허위정보의 창출은 판례가 동죄(제176조 제2항 1호)의 목적조항을 해석할 때 밝히고 있듯이 "인위적인 조작을 가하여 시세를 변동시킴에도 불구하고, 투자자에게 그 시세가 유가증권시장에서의 자연적인 수요·공급의 원칙에 의하여 형성된 것으로 오인시키"[42]는 측면에 관계한다. 즉 **현실거래에 의한 주가조작죄**의 법문언에 규정된 **"잘못 알게"의 개념은** 통상적인 경우보다 훨씬 — 인위적이라고 표현할 정도의 — **강력한 주가형성력**을 가리킬 뿐이다. 만일 이를 두고 거짓정보의 창출이라고 말한다면 통상적인 증권거래가 모두 허위정보를 창출한다고 말할 수 있게 된다. 왜냐하면 적은 규모의 통상적인 증권거래도 — 마치 나비효과(The Butterfly Effect)[43]처럼 — 우연히 급격한 주가변동의 계기가 되는 경우가 적지 않고, 언제 그런 계기가 되는지도 예측할 수 없는 것이 증권시장의 일반적인 속성이기 때문이다.

(나) 주가조작이 아닌 허위정보창출   다른 한편, 허위정보의 창출은 주가조작죄의 충분조건도 아니다. 왜냐하면 주가조작죄에 해당하지 않는 행위도 허위정보를 창출할 수 있는 반면, 허위정보를 창출하지 않는 증권거래행위도 주가조작죄에 해당할 수 있기 때문이다.

---

42   대판 2003.12.12, 2001도606; 대판 2002.7.26, 2001도4947; 대판 2002.6.14, 2002도1256; 대판 2001.6.26, 99도2282 등 참조. 이 판시부분은 목적조항을 해석한 것이지만 현실거래에 의한 주가조작죄의 목적조항은 고의의 내용을 서술하고 있는 것에 불과하며, 따라서 이 판시부분은 "오인"과 관계되는 '거짓정보의 창출'을 설명하고 있는 것으로 이해할 수 있다. 다만 이 판례는 구 증권거래법상 제188조의4 제2항 1호에 대해서 내린 것임에 주의하여야 한다.

43   나비효과(The Butterfly Effect)란 미국의 기상학자 에드워드 로렌츠(Edward Lorentz)가 1961년 생각해낸 이론으로서 '중국 북경에 있는 나비의 날갯짓이 미국 뉴욕에서 허리케인을 일으킬 수도 있다'는 내용이다.

예컨대 ① 허위정보를 창출하지만 주가조작으로 취급되지 않는 거래
로 기관투자자들의 시간외 매매에 이용되는 '합법적인' **'자전거래'**(cross
trading)를 들 수 있다. 이는 증권회사가 중개하여 거래상대방인 투자
자들 간에 같은 종목, 가격, 수량으로 이루어지는 매매로서 허위정보
를 창출하지만, 합법적인 거래가 된다. ② 이에 반해 외관상으로는
허위정보의 창출이 드러나지 않지만 통정매매(제176조 제1항 1, 2호)나
가장매매(3호) 및 그런 행위의 위탁이나 수탁(4호)도 '실질적으로는'
거짓된 정보를 시장에 내놓는 행위로서 주가조작으로 취급된다.

2) 불공정성의 불법유형   그러므로 허위정보의 창출은 주가
조작행위의 구성적 요소가 아니라 단지 불공정하게 시장에 참여하는
행위양태(Handlungsmodus)의 한 가지 유형으로 이해하여야 한다. 불공
정성(unfairness, unredlichkeit) 개념은 '가치충전을 필요로 하는 불확정
개념'(wertausfüllungsbedürftiger Begriff)이다. 따라서 그 개념은 허위정보
의 창출에 국한되지 않고, 다양한 방식으로 충족될 수 있다. 그 개념은
규범적·도덕적 내용으로 채워질 수도 있지만, 사실적 또는 경제적·
정책적 내용으로 채워질 수도 있으며, 절차주의의 방식으로 채워질
수도 있다.

(가) **반도덕적 행위표지**   첫째, 현행 자본시장법은 실제로 주가
에 어떤 영향을 미치는지를 불문하고, 반反도덕적(unmoral) 요소가 내
재해 있는 거래행위를 불공정한 거래행위로 구성한다.

ㄱ) 반도덕적 시세조종   예컨대 허위표시 등은 형법전에서 불법
의 표지로 널리 사용하는 반도덕적 행위표지이며, 통정매매도 민법
(제108조)[44]에서 사용되는 반도덕적 행위표지의 전형적인 경우에 속한
다. 그런 표지를 갖고 있는 증권거래는 바로 그 표지에 의해 불공정

----

44 형법전이나 민법전은 근대시민사회의 기초적인 도덕을 제도화한 법률(이에 관해
이상돈, *법학입문* (2005), 95쪽 아래)임을 염두에 둘 필요가 있다.

한 거래로 근거지어질 수 있다.

ㄴ) 약한 반도덕적 행위로서 부정거래행위   부정거래행위죄(유형 ⑧)
의 행위양태도 반도덕적인 성격을 띤다. 부정한 수단, 계획, 기교 사
용, 중요사항 기재·표시 누락문서 사용, 풍문유포 위계사용, 폭행·협
박 등이 그러하다. 다만, 이 반도덕적 행위양태는 시장의 기능에 대
항해 있는 것이기는 하지만, 그 시장기능이 간접적으로 보호하는 투
자자의 재산영역에 직접 침범해 들어가지는 않기 때문에 그 반도덕
성이 약화되어 있다.

★ **허위표시와 위계사용의 구분**   D캐피탈의 대표이사 甲은 차명(乙의 명
의)으로 146만주를 보유한 H회사를 20억 원을 차입하여 총 55억 원에 인
수하였고, 이사회를 개최하여 정관에 정보통신 및 인터넷 관련 사업을 추
가하는 결의를 하게 하였으며, 이에 관한 주총의 승인을 받았고, 공시도
적법하게 하였다. 甲의 이러한 일련의 행위는 정보통신사업을 할 준비와
능력도 없음에도 이 당시 주식시장의 테마를 형성하고 있던 A&D(인수
후 개발) 및 정보통신관련 사업체의 주식에 대한 일반 투자자의 높은 관
심을 얻어내기 위한 것이었다. 또한 甲은 경제일간지에 이런 내용을 기사
화 되도록 함으로써 마치 H회사가 A&D를 본격화하여 향후 지속적인 투
자가 진행될 것처럼 오해하게 만들었다. 언론보도가 이루어진 후 H(주)의
주가가 이틀 연속 상한가를 기록하자 바로 전량 매도하여 약 30억 원의
이익을 취득하였다. ① (判例) "허위사실을 유포하거나 허위의 표시를 하
였는지 여부는 공시내용 자체가 허위인지 여부에 의하여 판단하여야 할
것이지 피고인이 실제로 정보통신관련 등 사업에 투자를 할 의사와 능력
이 있었는지 여부에 의하여 판단할 것은 아니라고 할 것인바, …… 甲이
처음부터 정보통신관련 등 사업에 투자를 할 의사와 능력이 없었다거나
공시를 한 후 실제로 정보통신관련 등 사업을 추진하지 아니하였다 하더
라도, 위 사실을 공시하거나 기사화한 것이 허위사실을 유포하거나 허위
의 표시를 한 것으로 볼 수는 없다."[45] ② (評釋) 甲은 현행 자본시장법

---

45 대판 2003.11.14, 2003도686.

제178조 제2항(거래를 할 목적이나 그 시세의 변동을 도모할 목적으로 풍
문의 유포, 위계의 사용, 폭행 또는 협박을 하는 행위)의 부정거래행위죄
가 성립할 수 있다. 정보통신관련 사업에 투자할 의사와 능력이 없는데도
그럴 것처럼 보이게 만들었다면 허위 '표시'는 아니지만 (또한 기망에도
해당하기 어렵지만) 위계의 사용에는 해당하기 때문이다.

(나) **시장지배와 주가결정력**   둘째, 행위 자체에 반도덕적 표지
가 포함되어 있지 않더라도 거래가 경제학적 관점에서 볼 때 사실상
시장의 불공정성을 가져오거나 그럴 위험을 가져오는 경우가 있다.
예컨대 현실거래의 주가조작죄(유형 ⓑ)에서 "시세를 변동시키는 매매
또는 그 위탁이나 수탁을 하는 행위"(제176조 제2항 1호)는 그 자체로
서는 반도덕적 표지를 갖고 있지 않다. 그러나 이런 거래가 시장에
대해 갖는 효과(market impact)가 지나치게 커서 증권시장을 경쟁적 시
장에서 '독·과점시장'이나 그에 근접한 시장으로 변질시켜버릴 위험
이 있을 수 있다.[46]

ㄱ) 시장지배력으로서 불공정성   독·과점시장이 시장의 공정성을
해치듯, 그런 증권거래도 공정성을 해치는 것이며, 시장지배력의 남용
(공정거래법 제3조의2, 제66조 제1항 1호)이 금지되어야 하듯 그런 증권거
래도 규제되어야 하는 것이다. 물론 공정거래법에서는 시장지배력 그
자체가 불공정성을 이루지는 않는다. 우리나라 공정거래법은 독과점
시장 자체의 형성을 규제하는 입법태도(원인규제주의)를 취하지 않고
단지 그 남용을 규제하는 입법태도(폐해규제주의)를 취하고 있기 때문
이다. 이에 비해 실물경제와는 다른 자본시장의 특성들, 이를테면 가격

---

46 그러므로 "시세를 변동"시킨다는 것은 모든 증권거래에 있는 주가형성력이나 조
    종의 수준을 넘어 조작(앞의 II. 2. 참조)으로 평가될 만큼의 강력한 주가형성력,
    즉 주가결정력을 가지는 것을 뜻한다. 그 경우 증권거래는 가격을 형성하는 시장
    참여행위에서 벗어나 가격을 결정하는 시장지배행위가 되고, 증권거래의 시장에
    대한 효과는 그냥 효과가 아니라 충격(impact)이라고 부를 만하게 된다.

의 빠른 등락, 심리적 요인의 중요성, 소액투자자에 대한 보호가 시장
유지의 필수적 요인이라는 점 등을 고려할 때 실물경제에서 **독과점
지위와 유사한 지배력을 형성**하는 것을 불공정하다고 볼 필요가 있다.
바꿔 말해 자본시장에서는 누구도 주가를 결정할 만한 사실상의 힘
을 갖지 않아야 한다는 '보이지 않는 신사협정'(unseen gentleman's
agreement)이 있다고 보아야 한다.

　　ㄴ) 이중적 불공정성　　　증권거래의 불공정성은 반도덕적 표지와
시장지배력이 결합됨으로써 발생하기도 한다.

　　(a) **비도덕적 시장지배**　　　예컨대 처음부터 계획하여 허수주문으
로 매수세를 유도한 뒤, 기존의 보유주식을 매도하고 매수주문도 취소
하는 행위의 경우를 들 수 있다. 이때 허수주문 뒤 취소하는 부분은 비
도덕적인 행위요소이고, 그런 허수주문을 통해 매수세를 급격하게 끌
어올려, 즉 강력한 주가형성력을 가짐으로써 차익을 실현하는 것은 시
장지배자와 유사한 지위를 남용하는 것에 해당하기 때문이다. 판례는
이런 행위를 현실거래에 의한 주가조작으로 본다. 그러나 그런 해석
은 유추금지원칙에 위반되기 쉽다. 그보다는 가장매매(제176조 제1항 3
호)의 확장해석을 통해 그와 같은 행위를 주가조작으로 다룰 수 있다.

> ★ **허수매수주문과 가장매매의 주가조작**　　甲은 자신이 주식을 매입한 다
> 음 그 매입한 주식을 고가에 매도하여 차액에 따른 이익을 얻을 목적으
> 로 단일하고 계속된 범의 하에 2000.8.1.경부터 2001.2.1.경까지 사이에
> 실제 매수의사가 없는 대량의 허수매수주문을 내어 매수잔량을 증가시
> 키거나 매수잔량의 변동을 심화시켜 일반투자자의 매수세를 유인하여
> 주가를 상승시킨 후 매수주식을 고가에 매도하고 허수매수주문을 취소
> 하는 방법으로 7,542회에 걸쳐 168개 종목에 관하여 시세조종행위를 하
> 였다. 甲의 총 매도금액은 금 24,879,623,980원이고 총 매수금액은 금
> 24,702,867,360원으로서 거래비용을 감안하지 아니한 시세차익은 합계
> 금 176,756,620원이지만, 여기에서 거래비용{매수수수료(0.028%), 매도수
> 수료(0.028%), 증권거래세(0.3%)} 합계 금 88,521,970원을 공제하면 순매

매차익은 합계 금 88,234,650원이다. ① (判例) 甲의 매매거래는 매매거래를 유인할 목적에서 이루어진 것으로서 현실거래에 의한 시세조종행위에 해당하고, 甲의 개별거래행위는 포괄하여 1죄를 형성하며, 3배 벌금형을 부과할 때 그 기준은 176,756,620원이 아니라 88,234,650원이 된다.[47] ② (評釋) 다만 처음부터 허수매수주문을 계획했었다면 가장매매의 주가조작죄가 성립한다.

(b) **사후적인 허수매수주문**   이에 비해 허수매수주문이 행위시점에서 사전적으로(ex ante) 이루어진 것이 아니라 결과적·사후적으로(ex post) 그렇게 된 것일 뿐인 경우는 이와 다르게 취급해야 한다. 예컨대 주문 후 전광석화와 같이 시장상황이 급박하게 변하거나 그에 민감한 데이트레이더들의 매도세가 급증할 때 곧바로 취소하는 행위는 가장매매로 확장해석할 수 없다. 이런 행위유형을 주가조작으로 포섭하려고 한다면, 현실거래에 의한 주가조작죄(제176조 제2항 1호)를 적용할 수밖에 없을 것이다. 그러나 이 포섭은 형법외의 다른 법적 책임을 물을 때에는 문제가 없지만 형벌을 부과하기 위한 요건사실로 사용할 때에는 '확장해석'을 넘어서는 금지된 유추라는 혐의를 피할 수 없다. 따라서 이런 행위는 구성요건(제443조 제1항 4호, 제176조 제2항 1호)에 해당하지 않는다. 또한 설령 해당한다고 하여도 사회상규에 위배된다고 보기 어려우므로 그 위법성이 조각된다고 보아야 한다.

(다) **절차위반의 불공정성**   불공정성의 표지는 절차적으로 채워지기도 한다. 도덕적 표지를 존재론적으로 확정하기도 어렵고, 시장에 대한 효과도 불확실하지만 시장의 기능을 유지·향상시키기 위한 정책적 관리가 요구되는 영역에서 특히 그러하다. 예컨대 주가안정화를 위한 거래행위도 위임입법(법 제176조 제3항 및 법시행령 제203조, 제205조)이 정한 주체, 장소, 기간, 가격제한, 결과보고서 제출, 공

---

47 대판 2002.6.14, 2002도1256.

시 등에 관한 요건(절차적 조건)을 충족하지 않을 때에만 불공정거래
가 된다. 또한 사업설명서 등에 기재한 예측정보가 법이 정한 일정한
절차적 조건들(① 예측정보임을 명시, ② 예측의 판단근거 명시, ③ 합리적
근거에 기초한 성실기재, ④ 예측치와 결과치가 다를 가능성에 대한 주의문
구 명시)을 충족하는 경우에만 배상책임을 지지 않도록 한다(법 제125
조 제2항). 이는 그런 절차적 조건을 충족하지 않는 예측정보의 기재
행위는 불공정한 시장참여에 해당함을 의미한다.

2. 투자유인효과와 투자유발효과

불공정한 시장참여가 주가조작이 되려면 다른 투자자를 유인(induce,
mislead)[48]하여 투자를 하게 만드는 효과를 가져야 한다.

(1) **투자유인의 의미**   투자유인은 사기죄에서 말하는 착오
(Irrtum)와 (기망행위와 착오 및 재산처분행위 사이의) 인과관계(Kausalität)
를 전제로 하지 않는다. 자본시장은 '사람은 말을 시작하기만 하면 언
제나 착오를 한다'는 괴테(Goethe)의 말이 딱 들어맞는 영역이다. 주가
조작의 요건사실을 구성하는 불공정한 증권거래에서만이 아니라 모든
종류의 증권거래에서 사람들은 늘 착오를 한다. 아직은 합법적인[49] 거
래행위의 하나인 데이트레이딩을 통한 초단타매매행위를 예로 들어
보자. 가령 500억의 주식형 수익펀드를 운영하는 투자신탁회사의 펀
드매니저가 한 기업의 주식을 한번에 1만주, 약 5억 원 이상으로 하
루에 십 수 차례 이상 반복적으로 집중 매도하고 다시 매수하는 거래

---

48 Santa Fe Industries, Inc. v. Green, 430 U.S. 462(1977); Thel, *Regulation of
Manipulation under Section 10(b): Securities Prices and the Text of the Securities
Exchange Act of 1934*, 1988 Columbia Business Law Review 1988, 410쪽.

49 초단타매매가 거래량과 주가를 급변시킴으로써 공정한 거래질서가 문란해질 수도
있으므로 장기적으로는 일정한 규제가 필요함을 주장하는 견해로 임재연, *증권거
래법* (2002), 449쪽 각주 131 참조.

를 한다면, 그로 인해 평균적인 거래폭은 상회하고, 거래량과 매매회전률도 상당히 증가하며,[50] 다른 거래자들은 거래가 성황을 이룬다고 보기 쉽다. 하지만 모든 투자실패에 사전적으로든 사후적으로든 관측될 수 있는 착오의 현상은 사기죄의 귀속요건으로서의 착오와는 다르다. 투자를 결정하는 정보는 매우 다양하고, 불공정 증권거래가 창출하는 정보는 수많은 정보 가운데 단지 하나에 불과하기 때문에 **착오를 인과적으로 초래한다고 말할 수 없다.** 불공정 시장참여가 인과적으로 야기하는 것은 **투자정보권(의 완전성)의 침해**이다. 투자정보권이 침해되면 투자가 잘못 이루어질 수 있고, 그 한에서는 적어도 관념적으로는 투자유인효과(거래유인효과)가 있었다고 말할 수 있다. 바꿔 말해 불공정한 증권거래가 야기하는 투자유인효과란 정보지배권(의 완전성)의 침해에서 그 최소한을 발견할 수 있다.

(2) 투자유발효과와 투자실패효과   여기서 투자유인효과와 투자유발효과(거래유발효과) 그리고 투자실패의 효과가 구분될 필요가 있다.

1) 투자실패효과   투자실패효과는 투자자들이 실제로 손해를 입게 되는 결과를 말한다. 이런 투자자들의 실제 손해는 민법적으로는 배상책임이 인정되는 손해의 범위 문제를 가져오고, 형법적으로는 투자자의 실제 손해발생을 주가조작죄의 객관적 처벌조건으로 구성할 수 있다. 그러나 투자자 손해가 모두 투자정보권을 침해하는 투자유인행위에 귀속될 수는 없다. 투자실패의 결과는 민법적으로는 **투자정보권침해라는 1차손해**로부터 파생되는 후속손해(또는 부가적 손해 zusätzliches Risiko)에 해당되는데, 이 손해는 불공정한 증권거래와의 '위험성관련성'이 인정될 때에만 불공정한 증권거래행위에 귀속될 수

---

50 데이트레이딩이 주가의 변동성, 유동성, 주가수익률에 별 영향이 없다고 보는 차원철, *당일매매(Day Trading)의 현황 및 시장영향분석* (2000), 1~13쪽; 한국증권업협회, *데이트레이딩과 주가변동성 관계연구결과* (2000), 1~11쪽.

있다. 민법학계에서는 이 위험성관련성을 너무 쉽게 널리 인정하는 경향이 있는데, 투자실패의 손해는 불공정한 증권거래행위자의 입장에서 보면 **특별손해**(제763조, 제393조 제2항: "특별한 사정으로 인한 손해는 채무자가 그 사정을 알았거나 알 수 있었을 때에 한하여 배상의 책임이 있다")에 해당한다고 보아야 한다. 민사상 특별손해를 귀속시킬 수 있는 경우는 불공정한 증권거래행위는 투자를 '유인'한 수준을 넘어서 투자를 '유발'(cause)시켰다고 말할 수 있는 경우이어야 한다.

   2) **투자유발효과**   투자정보를 잘못 획득하게 되면 투자자들은 그렇지 않은 경우에 비해 투자를 더 하게 되거나 덜 하게 될 수 있다. 이런 현상은 불공정한 거래행위가 있은 이후에 주식거래의 양과 횟수, 시세의 변동폭과 속도 등을 면밀히 통계학적으로 분석해보면 확인할 수 있다. 이렇게 **통계학적으로 확인되는 거래의 이례적 변동**을 투자유발이라고 할 수 있다.

   ㈎ **형사책임의 전제로서 투자유발효과**   투자유발의 경우에 불공정한 증권거래는 그 반도덕적 성격이 한층 더 높아진다고 할 수 있다. 현행 자본시장법상의 주가조작죄는 적어도 운영현실에서 보면 투자유인의 경우와 투자유발의 경우를 모두 포괄하지만 후자를 기본형으로 삼는다고 평가할 수 있다. 이와 같은 투자유발효과가 있을 때 비로소 자본시장의 **가격결정메커니즘이 감지할 만한 수준으로**(spürbar) **건드려질 가능성**이 발생한다. 따라서 주가조작의 형사책임은 투자유인이 투자유발의 단계에 이르렀을 때 인정되어야 한다.

   ㈏ **민사책임의 전제로서 투자유인효과**   이에 비해 민사책임의 기본적인 손해개념은 투자유인효과를 기준으로 설정할 수 있다. 투자유발효과는 후속손해의 배상범위를 결정한다. 미국연방증권법상의 시장에 대한 사기(fraud)[51]는 투자유발보다는 투자유인을 기본형으로 삼

---

51 1934년 증권거래법 Section 10(b) 및 SEC Rule 10b-5.

는다고 볼 수 있는데[52] 이는 민사책임의 기본형에 적합한 것이다. 미국
법의 영향을 직접적으로 받은 부정거래행위죄(유형 ⑧)나 탈법적 시세
안정(유형 ⑥)도 투자유발보다는 투자유인효과가 기본형이 되어 있다.

　　3) 인식 필요성　　이렇게 투자유발효과와 투자실패효과를 구
별할 때, 주가조작죄의 고의는 투자유인 및 투자유발효과에 대한 인
식을 필요로 한다. 이에 반해 투자실패효과, 즉 투자자가 실제 손해
를 입게 된다는 미래의 사실은 객관적 처벌조건으로 구성할 수 있다.
객관적 처벌조건은 그 실질이 불법을 구성하므로 고의의 대상이 되
지만,[53] 미래의 사실은 확실하게 인식할 수 없고, 단지 그 개연성에
대한 인식으로 고의가 인정될 수 있다.

3. 시장의 가격결정기능 왜곡

　　불공정하게 투자를 유인·유발하는 증권거래는 자본시장의 정상
적인 가격결정을 왜곡하는 것이어야 주가조작이 된다. 가격결정메커
니즘의 왜곡은 단지 주가형성이 '인위적인' 것만으로는 부족하고 그
런 인위적인 가격결정이 '불공정성'(unfairness, Unlauterkeit)을 띨 때[54]
비로소 인정된다. 이 때 불공정성은 '실제적인' 것이어야 한다.[55] 그렇

52　다만, 미국은 1995년 증권민사소송개혁법(Private Securities Litigation Reform Act
　　of 1995)을 제정하였는데, 이 법에 의하면 거래인과관계(내가 말하는 투자유인효
　　과)는 종전대로 피고가 입증책임을 부담하되, 손해인과관계에 대한 입증책임은
　　원고에게 지우게 되었다. 이런 한에서는 시장사기이론이 부분적으로 약화되었다
　　고 할 수 있다.

53　이상돈, *형법강론* (박영사, 2020), 44쪽.

54　이를 시장가격에 불공정한 영향(unlautere Beeinflussung von Marktpreisen)이라고
　　표현하는 Schmitz, "Aktuelles zum Kursbetrug gemäß §88 BörsG", *wistra* (2002.6),
　　133쪽.

55　이런 입법조치를 한 독일 증권거래법(Wertpapierhandelsgesetz) §20a는 시세
　　및 시장조작행위가 실제로 가격에 영향을 미치지 않은 경우에는 질서위반범
　　(Ordnungswidrigkeit)만을 인정하고(§39), 실제로 가격에 영향을 미친(auf den

지 않은 경우에는 행정법적 제재(예: 주의, 경고, 임원징계요구, 영업소폐
쇄, 영업정지, 유가증권발행제한 등)를 부과하는 것이 적절하다. 이런 축
소해석은 현실거래에 의한 주가조작에서 뿐만 아니라 통정, 가장매매
에 의한 주가조작의 경우[56]에도 마찬가지로 적용되어야 한다.

(1) **반도덕적인 행위양태의 적성**   불공정성은 먼저 불공정거
래행위의 반도덕적 성격에서 나오는 적성범의 속성일 수 있다.

1) 반도덕적 행위양태의 주가조작   주가조작죄의 행위양태 가
운데 통정·가장매매, 시장조작유포, 허위·오해유발표시의 거래와 같
은 반도덕적 행위양태는 그 행위들이 반복되어 효과가 누적되면, 시장
기능을 붕괴시킬 수 있는 개연성이 있다. 이런 개연성은 전통적인 추상
적 위험 개념인 사유적인 침해가능성(추상적 위해 abstrakte Gefährdung)[57]
과 달리 실제적인 침해가능성이며, 구체적·추상적 위험 또는 시장가
격결정메커니즘을 침해할 적성이라고 부른다. 이와 같은 적성은 그와
같은 투자유발효과에 의해 **사실상 추정**될 수 있다.

2) 부정거래행위의 주가조작 제한해석   이에 비해 부정거래행
위(제178조)의 반도덕적 행위양태, 이를테면 부정한 수단, 계획 또는
기교[58]를 사용하는 행위, 풍문의 유포 등의 행위만으로 주가조작죄와
같은 중한 법정형의 범죄가 성립한다고 보아서는 안 된다. ① 부정거
래행위죄는 부당이득취득과 같은 거래행위에 외재적인 목적조항이

Preis … einwirkt) 경우에는 5년 이하의 징역 또는 벌금형에 처한다(§38, Abs.2).

56 현재는 시세변동의 추상적인 가능성을 전제로 통정, 가장매매의 주문이 있을 때
    이미 해당 주가조작죄의 기수가 성립한다고 주장된다(김정만, "시세조종행위의
    규제", 증권거래에 관한 제 문제 [하] (재판자료 제91집, 2001), 204쪽.

57 추상적 위험의 개념에 관해서는 이상돈, 형법학. 형법이론과 형법정책 (법문사,
    1999), 27~30쪽.

58 '기교'라는 특이한 문언의 내용으로 과당매매(Chunning), 스캘핑(Scalping), 선행매
    매(Front running)를 제시하는 최승재, "자본시장법상 불공정거래에 대한 규제",
    한국금융법학회 2009년 하계 학술발표회 (2009.9.29.) 발표문, 26쪽 아래 참조.

없고, 가벌성을 지나치게 확장시킴으로써 "모든 거래 행위는 허용 또는 금지 여부가 불확실한, 잠재적 불법행위가 되는 것 아닌가"[59]와 같은 과잉처벌의 불안을 초래하기 때문이다. 미국의 포괄적 사기조항에 깊게 영향을 받은 부정거래행위죄는 과잉금지원칙에 위배될 소지가 많다. ② 여기서 부정거래행위죄는 제한해석을 해야 할 필요가 인정된다. 이를테면 부정거래행위를 통해 실제로 정보권의 침해만으로 인정되는 '관념적인' '투자유인효과'로는 부족하고, **투자유발효과**가 패턴분석을 통해 입증되어야만 비로소 주가조작죄와 동일한 법정형으로 처벌될 수 있는 부정거래행위죄의 성립을 인정하는 것이다.

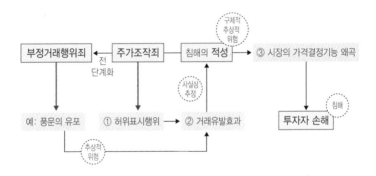

그런 거래유발효과를 발생시켰는지는 예컨대 기교(예: 스캘핑에서 애널리스트의 긍정적 전망)를 사용하거나 풍문을 유포한 이후 거래량이나 거래패턴의 변화나 주가변동폭 등을 고려하여 판단하여야 한다. 또한 주식공모사기에서 허위기재의 사업설명서가 투자자가 공모주식을 매수하는 거래의 원인이 되었다는 점(**실제적인 거래인과관계**)을 입증하여야 한다.[60] 이처럼 부정거래행위가 주가조작행위와 같은 거래유

---

59 성희활, "사기적 부정거래에서 "위계"의 적용 문제", *증권법연구* (제8권 제1호, 2007), 81쪽.

60 이는 마치 사기죄의 요건 〈기망 → 착오 → 재산처분행위 → 재산상 손해 → 재산상 이득〉의 인과적 과정에서 〈착오 → 재산처분행위〉의 인과적 과정의 단락을 부정거

인효과를 발생시켰다고 판단되면 그때 부정거래행위는 자본시장의 가격결정기능을 위태화하는 적성이 인정될 수 있고, 주가조작죄와 같은 법정형으로 처벌할 수 있게 된다.

★ M&A 풍문의 유포에 의한 주가조작 여부　A회사는 영국의 체신국 퇴직 연금펀드(British Pension Scheme)를 운용하는 B회사가 100% 출자하여 설립한 투자목적법인이다. A회사의 대표 펀드매니저 甲은 2003.11.5.부터 2004.3.2.일까지 S물산의 보통주 합계 7,772,000주를 A회사의 계산으로 매수하였고, 2004.3.3.에는 甲 자신의 계산으로 S물산의 우선주 8,300 주를 매수하였다. 2004.3.8. 甲은 S물산의 홍보담당상무 乙에게 S물산이 보유하고 있는 S전자의 주식 매각, 우선주의 소각 등을 요구하고, 만일 요구사항이 받아들여지지 않을 경우에는 S물산에 대한 적대적 M&A 가능성이 있다고 말하였다. 甲은 A회사의 수탁브로커인 D증권 런던 현지 법인 직원 丙을 통하여 자신이 乙과 접촉한 사실과 요구사항을 H신문 기자에게 알려 보도하게 하였다. 2004.11.12. 甲은 보도자료를 통해 같은 내용으로 S물산에 대한 적대적 M&A 가능성을 경고하였다. 그러나 2004.11.26. S물산이 보통주 2.5%를 포함한 자사주 취득을 공시하였다. 이에 대응하여 甲은 2004.11.29. J일보 기자 丁과 전화인터뷰로 같은 내용의 적대적 M&A를 할 가능성에 대해, 그리고 만약 소버린이 S물산에 대해 M&A를 시도한다면 경영진이 교체되지 않는 한 소버린을 지지할 것이라는 말을 하였다. 丁은 'S물산, 외국인에 M&A될 수도'라는 제목의 기사를 2004.12.1.에 내보냈다. 이 기사가 보도된 2004.12.1. S물산의 보통주 주가는 전일 15,300원에서 15,850원으로 상승했고, 거래량은 전일 1,845,605주에서 3,258,587주로 증가하였으며, 다음날인 12.2. 주가는 다시 15,350원으로 하락하였고, 거래량은 3,341,687주로 증가하였다. 甲은 2004.12.2. 丙에게 주가하락의 이유를 물은 뒤 앞으로의 부정적인 전망까지 들게 되자, 甲은 2004.12.3. A회사가 보유한 S물산 보통주 7,772,000주를 주당 평균 14,600원 정도의 가격에 시장에서 전부 매각하였고, 甲이 보유한 S물산 우선주 8,300주도 시장에서 전부 매각하였다. ① 주가가

────────

래행위죄의 요건으로 추가해 넣는 것이라고 볼 수 있다.

하락하는 데도 주식 전량을 매각한 점을 보면 甲은 S물산을 M&A할 의
사가 없다고 볼 수 있고, 그런 상황에서 매도 전 주가를 높이기 위해 J일
보에 M&A 설을 유포한 셈이다. 서울중앙지법은 구 증권거래법 제188조
의4 제4항 1호의 적용에서 甲의 행위는 "일반투자자로 하여금 위 기업의
주식을 매수하도록 유인하기 위한 기망행위에 해당하지 않는다"[61]고 보
아 무죄를 선고했다. 그러나 당시 1호의 "부당한 이득을 얻기 위하여 고
의로 허위의 시세 또는 허위의 사실 기타 풍설을 유포하거나 위계를 쓰
는 행위" 가운데 甲의 행위는 풍설을 유포한 행위에 해당할 수 있다. ②
현행 자본시장법 제176조 제2항 "그 증권 또는 장내파생상품의 매매를
함에 있어서 중요한 사실에 관하여 거짓의 표시 또는 오해를 유발시키
는 표시를 하는 행위"에 해당할 수는 없다. 언론인터뷰에 의한 M&A설의
유포는 "표시"행위는 아니기 때문이다. ③ 하지만 甲의 행위는 문법적으
로는 신설규정인 제178조 제2항의 "누구든지 금융투자상품의 매매, 그
밖의 거래를 할 목적이나 그 시세의 변동을 도모할 목적으로"하는 "풍문
의 유포"에 해당할 수 있다. 그러나 풍문의 유포는 적어도 허위표시행위
와 같이 거래유발효과를 발생시켜야만 비로소 주가조작죄의 불법을 갖
게 된다. 甲의 인터뷰는 거래유발효과를 발생시키지 않은 것으로 보이며
甲은 주가조작죄가 성립하지 않는다.

(2) 현실거래에 의한 시장기능왜곡의 개연성   거래행위의 양태
에 반도덕적 요소가 없는 현실거래에 의한 주가조작죄의 성립요건으
로서 시장기능의 왜곡, 즉 가격결정의 불공정성은 단지 인위적인 시
세변동[62]으로만 이해되어서는 안 된다. 왜냐하면 현실거래의 주가조
작은 허위·오해유발표시와 같은 반도덕적 행위양태의 주가조작에 비
해서는 행위반가치의 측면에서 불법의 실질이 부족하기 때문이다. 이
행위반가치의 부족을 결과반가치의 측면에서 더 강화된 요구를 함으

---

61   서울중앙지방법원 2006.9.29. 선고 2006고합115 판결 참조.

62   이런 입장으로 예컨대 Tiedemann, *Wirtschaftsstrafrecht und Wirtschaftskriminalität*,
     2, BT, 1976, 140쪽.

로써 메울 수 있을 때, 비로소 현실거래에 의한 주가조작도 허위·오
해유발표시에 의한 주가조작행위와 같은 법정형으로 처벌할 수 있다.

　　1) 본질가치를 벗어난 가격형성의 개연성　　　현실거래가 주가형
성을 불공정하게 만들었다고 말할 수 있으려면 인위적인 주가형성을
넘어서, 주가형성이 그 주식의 "본질가치"(fundamental value)[63]로부터
벗어난 가격[64]을 형성시켰어야 한다. 그러므로 **정상가를 벗어난 가격
의 형성으로는 충분하지 않다.** 정상가를 벗어난 가격이란 불공정성의
단계에 이르지 않았지만 인위적으로 형성된 주가까지도 포함할 수
있는 개념이기 때문이다. 이런 불공정한 가격형성은 가격결정력을 독
점 또는 과점할 정도의 단기대량거래(예: 유형 ⓑ) 또는 부당이득취득
목적의 시세변동·고정죄(유형 ⓕ)에서 결과반가치를 구성하는 주가조
작의 요건이 되어야 한다.

　　또한 판례는 현실거래에 의한 주가조작은 시세를 변동시킬 필요
는 없고, 가능성이 있는 것으로 충분하다고 본다. 여기서 **시세변동시
킬 가능성**은 시세를 변동시킬 구체적 추상적 위험으로서 '적성'의 수준
을 넘어서 **현실적인 개연성**, 즉 **구체적 위험**이라고 이해되어야 한다.

　　★ **시세를 변동시킬 가능성**　　"'유가증권의 매매거래가 성황을 이루고 있
　　는 듯이 잘못 알게 하거나 그 시세를 변동시키는 매매거래'라 함은 본래
　　정상적인 수요·공급에 따라 자유경쟁시장에서 형성될 시세 및 거래량을
　　시장요인에 의하지 아니한 다른 요인으로 인위적으로 변동시킬 가능성
　　이 있는 거래를 말하는 것일 뿐 그로 인하여 실제로 시세가 변동될 필요

63　Hennings/Marsh/Coffe/Seligman, *Securities Regulation: case and materials*, ed.8,
　　1998, 4쪽.

64　구 한국증권선물거래소법 제4조 제1항은 거래소를 "유가증권의 매매거래 및 선물
　　거래에 있어서 공정한 가격의 형성"을 목적으로 설립된 기관으로 정의하고 있는
　　데, 불공정성을 공정한 가격을 벗어난 가격으로 이해하면 선결문제요구의 오류
　　(petitio pricipii)에 빠지게 된다. 인위적인 가격형성의 불공정성은 (불공정성이 해
　　명되지 않고는 해명되지 않는) 공정성의 개념에 의존해 있기 때문이다.

까지는 없고, 일련의 행위가 이어진 경우에는 전체적으로 그 행위로 인하여 시세를 변동시킬 가능성이 있으면 충분한데, 이상의 각 요건에 해당하는지 여부는 당사자가 이를 자백하지 않더라도 그 유가증권의 성격과 발행된 유가증권의 총수, 가격 및 거래량의 동향, 전후의 거래상황, 거래의 경제적 합리성과 공정성, 가장 혹은 허위매매 여부, 시장관여율의 정도, 지속적인 종가관리 등 거래의 동기와 태양 등의 간접사실을 종합적으로 고려하여 이를 판단할 수 있다"(대판 2006.5.11, 2003도4320).

2) 실물경제적 펀더멘틀 가치   그러면 본질가치란 어떤 것인가? 증권시장에서 기업의 '펀더멘틀'(fundamental)[65] 가치는 실무경제에서 기업의 건실도(예: 매출액, 수익규모, 부채율)나 발전전망에 대한 평가를 가리킬 수 있다.

★ **펀더멘틀 가치로서 주가수익비율, 주당순자산가치**   펀더멘틀 가치를 나타내는 지표로 첫째, 주가수익비율(Price Earnings Ratio: PER)을 들 수 있다. PER은 주식 1주당 그 기업이 내는 순이익의 비율, 즉 PER=주가(P)/EPS(주당순이익)이다. 가령 주가가 5만 원인데 1주당 순이익이 1만 원이면 PER=5만 원/1만 원=5가 된다. 또 다른 지표로 1 주당순자산가치를 들 수 있다. 이는 자산총액에서 부채총액을 뺀 순자산가액을 발행주식총수로 나눈 수치이다. 현실거래가 주가조작이 되려면 이와 같은 펀더멘틀가치의 지표들이 가령 그 기업을 M&A하려고 할 때 적정 주당인수가격에 비해 현저히 높아야 한다.

그런데 이 평가는 관점과 이론에 따라 다르며 통일적인 평가치가 존재하지도 않는다. 그러므로 불공정한 가격형성 여부에 대한 판단은 관점과 이론에 따라 좌우되는 매우 불확실한 가능성 판단이라고 할 수 있다. 다만, 불공정한 증권거래가 '모든 가능한 (서로 차이가 나는) 평가치를 현저히 넘어서는 주가'를 형성시켰다면 펀더멘틀 가치

---

65 국가경제의 펀더멘틀과 구분하여 한 기업의 펀더멘틀은 그 기업의 매출이나 순이익의 규모, 부채율, 성장전망치 등을 가리킨다.

로부터 벗어난 주가형성이라고 비교적 명확히 말할 수 있게 된다.

★ **펀더멘틀 가치의 실현으로서 자기주식 취득소각**   이런 펀더멘틀 가치
의 개념은 현행법에 사용되고 있기도 하다. 어떤 기업의 1주당 펀더멘틀
가치가 2만 원으로 평가되는데, 그 기업업종과 관계없는 투자심리의 위
축 등으로 실제 주가가 1만 원이라고 할 때, 그 기업은 1만 원 저평가된
주가를 끌어올리기 위해 자기주식 취득계획을 공시했다. 이로써 주가는
3,000원 상승했고, 계속 주식을 대량 매입하여 소각함으로써 주가는
18,000원까지 상승했다. 이런 행위는 인위적으로 주가의 펀더멘틀 가치
를 끌어올린 행위가 된다. 그러나 자기주식 취득제도는 주가의 저평가
사정을 시장에 알림으로써 주가에 영향을 주는 시그널효과와 유통주식
수 감소 및 일반투자자의 배당기대로 주가의 안정을 도모하거나, 적대적
M&A에 대한 경영권 방어수단으로 활용된다는 점에서 시장기능을 해치
는 일탈행위가 되지 않는다. 또한 자기주식취득행위는 주가조작죄의 구
성요건해당성을 조각시키는 사유로 법(자본시장법 제165조의3 및 동법
시행령 제176조의2, 상법 제341조)에 그 절차와 방법이 정해져 있다.

  3) 화폐경제적 펀더멘틀 가치   펀더멘틀 가치는 기업의 실물
경제적 가치평가가 아니라 자본시장 안에서의 순수한 교환가치를 가
리킬 수도 있다. 즉, 불공정한 증권거래가 행해져서 상승되었다고 추
정되는 기간에 동종업종의 평균주가상승률 등과 대비하여 다른 기업
과 다른 실질적인 가격상승요인이 없는데도 현저히 높게 상승한 경우
에 펀더멘틀가치로부터 벗어난 가치, 즉 불공정한 가격형성을 인정할
여지가 있다. 다만, 여기서 이런 의미의 불공정한 가격형성에 대한 판
단은 통계적 기법에 의한 가능성 판단이며,[66] 이 판단은 매우 불확실

---

66 대법원도 "시세조종행위가 없었더라면 매수 당시 형성되었으리라고 인정되는 주
    가(정상주가)와 시세조종행위로 인하여 형성된 주가로서 그 투자자가 실제로 매
    수한 주가(조작주가)와의 차액상당을 손해로 볼 수 있고, 여기서 정상주가의 산정
    방법으로는 전문가의 감정을 통하여 그와 같은 시세조종행위가 발생하여 그 영향
    을 받은 기간 중의 주가동향과 그 사건이 없었더라면 진행되었을 주가동향을 비

한 판단임에 주의할 필요가 있다. 물론 모든 통계적 기법의 가능한 오차와 오류의 범위를 훨씬 넘어서는 급격한 주가등락이 있었을 때에만 불공정한 가격형성이 있었음을 비교적 분명하게 말할 수 있다.

4. 목적조항의 재해석

주가조작죄는 몇 가지 구성요건을 제외하고 대부분 목적범의 형태로 구성되어 있다.

(1) 목적 개념의 재해석   앞에서 주가조작죄의 목적조항에서 목적 개념들이 주가조작행위에 외재하는 목적이 아니고, 실제로는 행위자의 심정(Gesinnung)에 대한 밝혀지지 않은 선악판단에 의해 결정된다는 점을 설명하였다.

1) 불법이득의사의 추가적인 윤리적·심리적 요소   주가조작을 수행하는 나쁜 심정의 상태는 불법이득의사와 사실상 겹칠 수 있다. 즉, 불법이득의사가 있으면 주가조작죄의 초과주관적 요소로서 '목적'을 인정할 만한 상당한 실질이 확보된다. 또한 둘 다 성향개념(Dispositionsbegriff)이고, 불법이득의사를 입증하는 간접증거와 목적을 입증하는 간접증거도 겹칠 수 있다. 그러나 주가조작의 목적은 불법이득의사로 환원되지는 않는다. 불법이득의사는 주로 일정량의 경제적 이득을 위법하게 취득하는 의지적 작용을 나타내는 개념인 반면, 주가조작죄에서 목적은 '나쁜 심정'이라는 종합적 가치판단을 받는 윤리적·심리적 상태를 나타내는 개념이기 때문이다. 이렇게 볼 때 나

교한 다음 그 차이가 통계적으로 의미가 있는 경우 시세조종행위의 영향으로 주가가 변동되었다고 보고, 사건기간 이전이나 이후의 일정기간의 종합주가지수, 업종지수 및 동종업체의 주가 등 공개된 지표 중 가장 적절한 것을 바탕으로 도출한 회귀방정식을 이용하여 사건기간 동안의 정상수익률을 산출한 다음 이를 기초로 사건기간 중의 정상주가를 추정하는 금융경제학적 방식 등의 합리적인 방법에 의할 수 있다"고 판시하였다(대판 2004.5.28, 2003다69607).

쁜 심정으로서 목적은 불법이득의사의 의미에 추가되는 윤리적 심리
적 요소라고 볼 수 있다.

　2) 비합리적 경영으로서 목적　　이와 같은 윤리적·심리적 요
소로서 목적 개념은 주가조작죄 성립여부에 대한 판단을 매우 불확
실하게 만든다. '나쁜 심정'과 같은 윤리적·심리적 요소는 구체화하
기가 매우 어렵기 때문이다. 보통의 '가치충전필요개념'보다도 더욱
더 주관적이다. 여기서 목적 개

념을 주가조작행위가 경영행위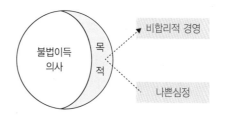

로서 갖는 비합리성으로 재구
성해볼 필요가 있다. '비합리성'
(irrational) 개념 역시 고도로 불
명확한 개념이긴 하지만, 적어
도 윤리적·심리적 개념이 아니라 가치충전필요개념이라는 점에서 수
용할 만한 대안해석이다. 게다가 이런 목적 개념은 가벌성을 근거지
우거나 확장하는 기능이 아니라 가벌성을 제한하는 기능을 수행한다
는 점에서 비합리성의 불명확성이 법치국가적 형법의 원리에 위배되
지는 않는다. 다시 말해 외형상 주가조작죄의 모든 구성요건요소를
충족한 경우에도 주가조작이 경영행위로서 합리성을 갖고 있다면, 주
가조작죄가 성립하지 않게 되는 것이다.

　(2) 목적의 판단　　이때 목적 개념에 충전해 넣는 가치들은 다
양한 요소들의 종합적인 이익형량적 고려를 통해 생성될 수 있다. 그
런 다양한 요소들을 최대한 분석적으로 밝혀내고, 그 이익형량의 방
향성을 설정하는 작업은 주가조작죄 해석론의 핵심과제가 된다. 여기
서는 그런 해석론의 예를 두 가지 사례[67]에서 보여주기로 한다.

67　이 사례들을 상세히 다룬 지유미, *M&A에 대한 형법정책의 방향* (고려대 박사학위
　　논문, 2009), 105~111쪽 참조.

1) 합리적 경영으로서 외형상 주가조작   외형상 주가조작죄에
해당하여도 예컨대 경제위기 등의 상황에서 외자유치의 성격이 강한
행위는 나쁜 심정으로서 "주식의 매매거래를 유인할 목적"이라는 성
격을 배제시킬 수 있다.

★ **합리적 경영행위(M&A)로서 변형주식스왑**   투자회사 리타워텍은 인터
넷지주회사 아시아넷을 인수하기 위해 변칙주식스왑의 방법을 사용했
다. 리만브러더스가 페이퍼컴퍼니 그레이하운드에 13억5천 달러를 투자
해주고, 그레이하운드는 제3자 배정으로 아시아넷의 신주를 인수하고,
아시아넷은 그 신주인수대금으로 리타워텍이 제3자 배정으로 발행한 신
주를 인수하고, 대금을 납입하였으며, 이 대금으로 리타워텍은 그레이하
운드가 보유한 아시아넷의 신주를 인수하고, 그 신주인수대금으로 그레
이하운드는 리만브러더스에 대해 원리금을 상환하였다. 이 모든 절차는
약 3시간에 진행되었다. 이로써 리타워텍은 아시아넷을 인수함에 있어,
주식스왑의 방법[68]을 사용할 경우에 부담하는 법적 제약[69]을 피할 수 있
었고, 초단기대출을 받으면서 마치 외자를 유치한 바와 같은 외관을 창
출하게 되었다. 리타워텍은 이런 점을 보도자료로 세상에 알렸다. ① 실
질은 초단기대출인데 외자유치라는 보도자료의 제공은 오해유발표시에
해당한다. 이로써 투자자들의 판단은 흐려지고, 주식거래를 유인·유발
하는 효과를 발생시킬 수 있으며, 이 점을 인식하고 의욕했었을 수 있다.
따라서 목적요건을 제외하고는 허위·오해유발표시의 주가조작죄 구성
요건을 모두 충족한다. ② 판례는 이 사건에 대한 허위·오해유발표시의

---

68 우리나라 상법은 전 주식을 상호교환하는 포괄적 주식교환만을 인정하고 있으며
   (상법 제360조의2), 부분 주식교환은 「벤처기업육성에 관한 특별조치법」(제15조,
   제15조의4)의 적용을 받을 경우에만 인정된다. 벤처기업이 아닌 기업의 주식스왑
   은 법제화되어 있지 않은 상태이다.
69 벤처기업이 아닌 기업이 부분적 주식스왑을 하면 일종의 현물출자가 되므로, 이
   에 따른 법적 통제를 받는다. 즉, 이사회결의(상법 제416조 4호)가 필요하고, 법원
   에 검사인의 선임청구를 하고 검사를 받거나, 공인된 감정인의 감정을 받아 검사
   인의 조사에 갈음하여야 하며(제422조 제1항), 법원은 검사보고서나 감정결과에
   의하여 판단할 때 현물출자가 부당하다고 인정하면 이를 변경(제422조 제3항)받
   게 되는 제약이 생긴다.

시세조종죄의 적용에서 "아시아넷 주식의 매매와 관련하여 보도자료 등
을 통하여 언론에 공표한 사실이 허위라고 단정하기 어렵고 설사 그 내
용이 사실과 다르다고 할지라도 피고인이 그 주식의 매매거래를 유인할
목적으로 고의로 허위의 표시 또는 오해를 유발하게 하는 표시를 하였
다고 볼 수 없"[70]다고 보아 무죄를 선고했다. ③ 3시간의 초단기 대출이
외자유치가 아니어서 오해를 유발할 수는 있다고 하더라도 리타워텍 경
영자는 리만브러더스가 실질적으로 인수자금을 대주었다는 점 — 리만브
러더스의 페이퍼컴퍼니에 대한 대출의 배임성 여부는 별론으로 하고 — 3
시간에도 리스크는 존재한다는 점, 또한 그런 대출은 인수 후에도 필요
시 (초단기)대출을 반복하게 되면, 리만브러더스는 거시적인 안목으로는
전략적 재무투자자와 유사한 역할을 하는 셈이라는 점 등에서 그런 오
해유발표시 주가조작행위는 리타워텍으로서는 합리적인 경영행위로서
효율적인 M&A의 기법을 사용한 것으로 볼 수 있다. 그렇기에 나쁜 심정
으로서 목적의 요건이 충족되지 않는다.

그러나 이 사례에서 외자유치 성격에 대항적인 요소로 인수회사
의 신주발행이 "경영상 목적을 달성하기 위하여 필요한 경우"(상법 제
418조 제1항)가 아닌데도 제3자 배정방식을 취함으로써 기존 주주의
신주인수권을 침해한다는 점에서는 합리적 경영이라고 보기 어려운
점도 있다.[71] 여기서 외자유치의 긍정적 요소와 주주평등권 침해의
요소 가운데 어떤 것을 중시할 것인지가, 즉 그 둘 사이의 이익형량
이 '나쁜 심정'으로서 목적의 존부를 결정지을 것이다. 이런 판단에
규칙은 아직 마련되어 있지 않으며, 구체적인 사안의 특성들을 면밀
히 종합적으로 분석하고 고려하는 법원만이 판단의 권한을 갖는다.

  2) 비합리적 경영으로서 주가조작   이에 반해 인수에 필요한

---

70 대판 2002.10.8, 2002도2888.
71 지유미, *M&A에 대한 형법정책의 방향* (고려대 박사학위논문, 2009), 113~115쪽.
    이 견해에 의하면 인수회사는 기존주주들에게 신주인수권을 주고, 실권주를 대상
    회사나 그 주주들에게 배정하는 방식을 따라야 한다. 그렇지 않으면 인수회사의
    경영진에게 업무상 배임죄가 성립할 수 있게 된다.

자금이 충분하지 않은 것을 메우기 위한 방편으로 허위표시를 하는 주가조작행위는 나쁜 심정으로서 "주식의 매매거래를 유인할 목적"의 성격을 갖고 있다고 보아야 한다. 부족한 인수자금으로 큰 회사를 매입하려는 욕망을 좇기 위해 허위표시를 하는 행위는 합리적 경영이라고 할 수 없기 때문이다.

> ★ 비합리적 경영으로서 자금동원력을 과장한 M&A   2000.4. M컨설팅(대표 甲)은 A종금을 인수하기 위해 그 회사의 감사인 乙과 합의하여 M사의 자회사 E 창투 회사 명의로 A종금의 자사주 620만주(지분율 약 20%)을 200억 원에 매수하였다. 또한 이후 언론에 '스위스은행컨소시엄(Switzerland Private Banks Consortium: SPBC)이 A종금의 대주주인 D방직(주)의 지분(지분율 28%)을 3,000만 불에 매수할 것이며, M사와 SPBC는 경영관리협약을 체결하여 SPBC의 A종금에 대한 모든 경영을 M사에 위임한다'는 내용을 발표하였다. 하지만 당시 SPBC는 실재하지 않았고, 이 계약을 체결한 외국인 이보는 약 20일 뒤에 스위스 소재 소규모 무역회사인 X사의 상호를 SPBC로 변경하였다. 2000.5.27.에 甲은 A종금의 주총에서 상호를 H종금으로 변경하고 이사회의장으로 취임하였으며 이보도 참석했다. 그러나 2000.7. 금융감독원의 실사결과 H종금의 BIS비율이 −17.7%로 드러나자 SPBC는 H종금에 대한 투자를 포기하였다. A종금의 주가는 2000.4.17. 1,200원에서 4.21. 2,090원으로 급등했다. ① (判例) "甲이 … 유형적인 경제적 이익을 꾀하였으며, … 외국계 금융회사의 신용도를 이용하여 A종금의 신인도 … 제고라는 무형적 이득도 함께 도모하기 위한 것이라고 인정"[72]되므로 甲는 허위표시에 의한 주가조작죄가 인정된다.[73]

지금까지 설명한 내용에 따른 주가조작죄의 요건을 도표화하면 아래와 같다. 사기죄의 요건과 사기죄의 불법을 유비화한 주가조작죄

---

72 대판 2002.7.22, 2002도1696.
73 물론 피인수회사의 자산을 담보로 대출을 받아 그 회사를 인수하는 행위(LBO)도 인수자의 자산으로 인수할 수 없는 회사를 인수한다는 점에서는 이 사건과 부분적으로 유사성이 있으나 허위표시를 하지 않는다는 점에서 중대한 차이가 있다.

의 요건 그리고 이 글에서 제시한 주가조작죄 요건의 재해석이 각각
표로 정리되어 있다.

사기죄	기 망	착오+재산처분	손해발생+재산상이득	불법이득의사
	⬇ 유비적 구성			⬇ 보편적 법익
사기죄모델링한 주가조작죄 일반적 구조요건	허위정보창출	투자판단의 그르침	인위적 증권가격의 형성	불법이득의사 불필요+목적
	⬇ 재 구 성			
* 칸의 면색상은 불법강도 표현	행위반가치	← 연결요소 →	결과반가치	목적요소
	거래행위의 불공정성	투자유인효과 투자유발효과	시장기능왜곡	고의와 목적
ⓐ 통정가장매매 (제443조 제1항 4호)	◑ 반도덕적 행위 통정. 가장 매매 및 그 위탁 수탁	패턴분석 입증	적성의 사실상 추정	내재적 목적= 불법이득의사+(나쁜 심정→불합리한 경영)
ⓑ 현실거래 (제443조 제1항 5호)	시장지배력남용과 유사성	패턴분석 입증	★ 펀더멘틀가치와 현저하게 차이나는 주가	내재적 목적= 불법이득의사+(나쁜 심정→불합리한 경영)
ⓒ 시장조작유포 (제443조 제1항 5호)	◑ 반도덕적 행위 시장조작으로 시세가 변동한다는 말을 유포	패턴분석 입증	적성의 사실상 추정	내재적 목적= 불법이득의사+(나쁜 심정→불합리한 경영)
ⓓ 허위오해유발표시 (제443조 제1항 5호)	◑ 반도덕적 행위 중요사실에 관한 허위 오해유발 표시행위	패턴분석 입증	적성의 사실상 추정	내재적 목적= 불법이득의사+(나쁜 심정→불합리한 경영)
ⓔ 탈법적 시세안정 (제443조 제1항 6호)	법정절차위반	원칙적으로 투자유인 효과뿐 예외적 투자유발효과 입증	⊙ 없음 ← "조작"이 아닌 "조종" 수준	과태료, 과징금으로 전환
ⓕ 부당이익취득목적 시세변동·고정 (제443조 제1항 7호)	기초자산이나 파생상품의 시세 변동 고정	패턴분석 입증	★ 펀더멘틀가치와 현저하게 차이나는 주가	내재적 목적= 불법이득의사+외부적 목적
ⓖ 부정거래행위죄 (제443조 제1항 8, 9호)	◑ 약한 반도덕적 행위 부정한 수단, 계획, 기교 사용, 중요사항 기재·표시 누락문서 사용, 풍문 유포 위계사용, 폭행·협박	원칙적으로 투자유인 효과만 있지만, 패턴분석으로 투자유발효과가 입증될 때에만 형사처벌(제한해석)	적성의 사실상 추정 불가능	내재적 목적= 불법이득의사+(나쁜 심정→불합리한 경영)

① 첫째, 현행 자본시장법에서 모든 행위들이 동일한 법정형의 제재를 받고 있으므로, 행위반가치가 약한 주가조작의 행위유형에서는 결과반가치의 요건이 더 엄격하게 설정되어야 한다. 이를 테면 반도덕 행위양태가 없는 현실거래의 주가조작죄(ⓑ)에서는 실제로 시장기능이 구체적으로 위태화되어야 한다. 이를 위해서 펀더멘틀 가치보다 현저히 차이가 있는 주가가 형성되었을 것이라는 요건이 설정되는 것이다. ② 둘째, 이와 정반대로 행위양태가 반도덕적인 허위오해 유발표시의 주가조작죄에서는 결과반가치는 패턴분석을 통한 투자유발효과의 입증을 통해 사실상 추정되는 시장기능왜곡의 적성만으로 인정된다. ③ 셋째, 탈법적 시세안정죄는 행위반가치가 법정절차를 따르지 않은 데에만 있고, 결과반가치도 조작이 아닌 조종의 수준에 머무르는 것이어서 비범죄화되어야 한다. 다만, 법정절차를 위반한 점과 투자유인효과 등을 고려하여 과태료나 과징금의 제재로 통제되어야 한다. ④ 넷째, 미국 증권법을 모델링한 부정거래행위죄는 행위반가치도 반도덕적 시세조종행위들보다는 약하지만 현실거래의 주가조작죄보다는 강하다. 하지만 원칙적으로 투자유인효과만이 있기 쉽고, 시장기능왜곡의 적성도 사실상 추정할 수가 없기 때문에 징역형에 의한 제재는 과잉규제이며, 반면 비범죄화는 과소규제가 되기 쉽다. 따라서 이론적으로는 독일법상의 범칙행위로 보되, 한국의 법제에서는 과징금을 병과하는 제재가 적정제재일 수 있다.

Ⅳ. 주가조작죄의 이득액 산정

자본시장법 제443조 제1항과 제2항은 시세조종행위 금지규정을 위반한 자를 상대로 형사제재를 부과함에 있어 그 법정형을 다음과 같이 이득의 규모에 따라 다르게 정하고 있다. 이는 **협의의 주가조작 구성요건이 아니라 가중적인 양형규정**(또는 양형책임에 관한 규정)이라고 할 수 있다.

> **제443조(벌칙)** ① 다음 각 호의 어느 하나에 해당하는 자는 1년 이상
> 의 유기징역 또는 그 위반행위로 얻은 이익 또는 회피한 손실액의 3배
> 이상 5배 이하에 상당하는 벌금에 처한다. 다만, 그 위반행위로 얻은
> 이익 또는 회피한 손실액이 없거나 산정하기 곤란한 경우 또는 그 위
> 반행위로 얻은 이익 또는 회피한 손실액의 5배에 해당하는 금액이 5억
> 원 이하인 경우에는 벌금의 상한액을 5억원으로 한다.
> (각호 생략)
> ② 제1항 각 호(제10호는 제외한다)의 위반행위로 얻은 이익 또는 회
> 피한 손실액이 5억원 이상인 경우에는 제1항의 징역을 다음 각 호의
> 구분에 따라 가중한다. 〈개정 2018.3.27., 2021.1.5.〉
> > 1. 이익 또는 회피한 손실액이 50억원 이상인 경우에는 무기 또는
> >   5년 이상의 징역
> > 2. 이익 또는 회피한 손실액이 5억원 이상 50억원 미만인 경우에는
> >   3년 이상의 유기징역

그러나 자본시장법은 이득의 산정방식에 관해서는 아무런 규정
을 하고 있지 않다. 자본시장법 시행령이나 시행규칙도 마찬가지이
다. 이득의 산정방식은 조사업무를 담당하는 금융당국이나 법원의 해
석에 맡겨져 있는 셈이다. 하지만 **비례성원칙**과 **책임원칙**의 관점에서
가중적 양형표지인 "위반행위로 얻은 이익"의 가액은 신중하고 엄격
하게 산정되어야 한다. 가령 시세조종기간 동안 행위자와 무관한 다
른 요인에 의한 주가상승 부분이 포함되어 있다면 그 부분은 이득액
에서 공제하여야 한다. 아래서는 실무상 이득액 산정방법의 구체적
내용을 살피고, 주가조작죄의 다양한 행위유형에 적합한 이득액 산정
방안을 모색해보기로 한다.

1. 거래의 주가조작 관련성

주가조작죄는 관련 금융투자상품이 상장증권 및 장내파생상품으로 한정되어 있지만 그 실제유형이 매우 다양하고 행위태양도 복잡하다. 주가조작이 확인되어도 그와 밀접하게 이루어진 주식거래들 가운데 어디까지가 시장참여로서 통상의 거래이고, 어디부터 주가조작의 거래인지가 매우 불명확하다. 그렇기에 주가조작죄의 유죄를 인정하더라도 그 이득액을 산정할 때에는 조사대상이 된 많은 거래들 가운데 먼저 주가조작의 거래이거나 그것과 이득액 산정에 산입하는 것이 합리적일 정도의 불가분적 관련성이 있는 거래를 확인하여야 한다.[74] 이 관련성 요청은 주가조작의 행위와 이익 또는 회피한 손실 사이의 인과관계와는 별개의 요건이다. 아래서는 주가조작의 다양한 행위들 가운데 대표적인 몇 가지를 예로 이 요건을 설명해본다.

(1) **통정매매와 가장매매**   통정매매(matched order)는 "자기가 매도(혹은 매수)하는 것과 같은 시기에 그와 같은 가격 또는 약정수치로 타인이 그 증권 또는 장내파생상품을 매수(혹은 매도)할 것을 사전에 그 자와 서로 짠 후 매도(혹은 매수)하는 행위"를 말하고(제176조 제1항 1호 및 2호), 가장매매(wash trades)는 "권리의 이전을 목적으로 하지 아니하는[75] 거짓으로 꾸민 매매를 하는 행위"를 의미한다(제176조 제1항 3호).[76] 통정매매나 가장매매는 거래 자체가 주가조작죄와의 관

---

74 이와 유사한 취지에서 "자본시장법상 불공정거래행위는 그 행태나 보호법익면에서 볼 때 거래 관련 불법행위의 일종"이라고 말하는 김주영, "자본시장법상 불공정거래행위에 따른 손해배상청구의 청구인적격에 관한 검토 ― 인과관계요건과의 관계성을 중심으로 ―", *증권법연구* (제15권 제1호, 2014.4), 231쪽.

75 권리의 이전을 목적으로 하지 아니하는 거래라는 점에서 실질적으로 권리의 이전이 이루어지는 통정매매와는 다르다.

76 통정매매와 가장매매를 통칭하여 '위장거래(fictitious transaction)'라고 부르는데, 위장거래를 규제하는 목적은 "선량한 투자자로 하여금 거래상황에 대한 잘못된

련성을 갖고 있다. 그러나 통정매매나 가장매매에 해당하는 거래는 그 자체만으로 얻은 이익 또는 회피한 손실이 발생하지 않을 수 있다.[77] 그런 경우에는 주가조작죄의 가중적 양형규정을 적용하지 않게 된다.

★ **판례: 통정매매 해당 여부** ① "동일인이 서로 다른 손익의 귀속 주체들로부터 각 계좌의 관리를 위임받아 함께 관리하면서 거래가 성황을 이루고 있는 듯이 잘못 알게 하거나 기타 타인으로 하여금 그릇된 판단을 하게 할 목적으로 각 계좌 상호 간에 같은 시기에 같은 가격으로 매매가 이루어지도록 하는 행위"는 통정매매에 해당하고(대판 2013.7.11, 2011도15056), ② "통정매매는 반드시 매도인과 매수인 사이에 직접적인 협의가 이루어져야 하는 것은 아니고 그 중간에 매도인과 매수인을 지배·장악하는 주체가 있어 그가 양자 사이의 거래가 체결되도록 주도적으로 기획·조종한 결과 실제 매매가 체결되는 경우도 포함한다고 해석함이 타당하다"(대판 2013.9.26, 2013도5214).

(2) **시세를 변동시키는 매매** 시세를 변동시키는 매매는 "증권시장에서 수요·공급의 원칙에 의하여 형성된 증권의 가격을 인위적으로 상승 또는 하락시키는 등의 조작을 가하는 매매거래"[78]를 의미한다. 시세를 변동시키는 매매의 경우 행위자의 행위로 인하여 시세를 변동시킬 수 있는 가능성이 존재하면 충분한 것이고, 시세가 실제로 변동될 필요는 없다.[79] 그렇다면 시세를 변동시키는 매매에 해

판단에 기초하여 시장에 참여하게 함으로써 진정한 매도와 매수세에 의한 가격결정을 방해하고 당해 투자자에게 손해를 가져올 가능성이 있기 때문"이다. 변제호·홍성기·김종훈·김성진·엄세용·김유석, *자본시장법* (지원출판사, 2015), 677쪽.

77 Shaun D. Ledgerwood/Paul R. Carpenter, "A Framework for the Analysis of Market Manipulation", *Review of Law & Economics* (Vol. 8:1, 2012), 266쪽.

78 대판 1994.10.25, 93도2516.

79 남궁주현, "현실매매에 의한 시세조종행위의 성립요건에 관한 고찰", *증권법연구* (제12권 제2호, 2011.9), 269쪽.

당하는지 여부에 대해서는 행위자의 거래를 전체적인 관점으로 보아
시세의 이상등락을 초래하였는지 여부, 통상의 거래관념상 **거래를 부
자연스러운** 것으로 볼 수 있는지 여부의 기준 등을 고려하여 판단할
수 있다.[80] 시세를 변동시키는 매매의 행위 유형에는 시초가의 결정시
전일종가 대비 고가매수, 종가결정시 직전가 대비 고가매수, 직전가 내
지 상대호가 대비 고가매수 등이 있는데, 시세를 변동시키는 매매에
해당하는 고가매수주문 등의 경우에는 위반행위와 직접적으로 관련된
거래에 해당할 것이다. 또한 시세를 변동시키는 매매의 동기가 되는
금융투자상품의 거래뿐만 아니라 **변동거래 기간 동안 이루어지는 통상
적인 거래**의 경우에도 주가조작죄와 관련성을 부정하기는 어렵다.

(3) **허위·오해유발표시**   주가조작행위로서 오해유발표시행위
는 **중요한 사실**에 관한 것이어야 한다.[81] 자본시장법이 중요정보의
의미를 "투자자의 투자판단에 중대한 영향을 미칠 수 있는 정보"라고
규정하고 있는 점을 고려하면(제174조),[82] 중요한 사실인지 여부는 합
리적인 투자자(reasonable investor)의 관점[83]에서 '주가에 미치는 효과

---

80 박삼철, "우리나라의 시세조종행위 규제에 관한 고찰", *증권조사월보* (제216호,
    1995.4), 25쪽.
81 중요한 사실에 관한 허위표시를 금지하는 자본시장법 제176조 제2항 3호와 관련
    하여, "인터넷 증권사이트 또는 트위터(Twitter)·페이스북(Facebook) 등을 이용한
    허위표시 또는 오해를 유발하게 하는 표시행위 등이 빈번하게 등장하고 있는 상
    황에서 이 규정은 매우 중요한 의미"를 가진다는 김정수, *자본시장법원론* (서울파
    이낸스앤로그룹, 2014), 1287쪽.
82 대법원은 '중요정보'에 대하여 "합리적인 투자자라면 그 정보의 중대성과 사실이
    발생할 개연성을 비교평가하여 판단할 경우 유가증권의 거래에 관한 의사를 결정
    함에 있어 중요한 가치를 지닌다고 생각하는 정보"를 의미한다는 내용의 판시를
    하였는데(대판 2010.2.25, 2009도4662), 법원은 해당 판결 이후로 이와 동일한 논
    지의 입장을 유지하고 있다.
83 시장의 기초요소(market fundamentals)를 이해하는 합리적인 투자자의 기준(reasonable
    investor standard)에서 중요성의 개념(the concept of materiality)을 파악하는 Amanda
    M. Rose, "The Reasonable Investor of Federal Securities Law", *The Journal of*

로 인해 투자판단에 영향을 미칠 수 있는 정보'[84]인지 여부에 의해 판단된다.[85] 시세조종행위에 해당하는 중요사실 거짓표시 또는 오해유발표시행위는 상장증권 또는 장내파생상품의 **매매유인목적**과 매매행위가 있어야 한다는 점에서 부정거래행위(제178조 제1항 2호)의 중요사항의 거짓표시 등과 상이하다.[86]

★ **매매를 함에 있어서 중요한 사실**　유사투자자문업 신고를 한 피고인 A회사(주)와 그 대표이사인 피고인 甲은 2009.8.14.부터 2009.10.7.경까지 피고인들의 명의로 B회사(주)의 주식을 다량 매수하였다. 이후 甲은 2009.10.23.부터 2010.4.16.경까지 그를 따르는 C연구소 인터넷 회원들에게 B(주)의 주가가 폭등할 것이니 매수하라고 단정적으로 추천하면서, 주식을 매입만 하고 팔지 않는 이른바 물량 잠그기를 하면, 무조건 주가가 상승하여 3만 원대까지 갈 수 있다거나, '우리의 지분비율이 26.91%에 이르고 투자액이 3,000억 원에 이르러 사실상 B(주)의 대주주여서 B(주)의 주가를 좌우할 수 있으니 물량 잠그기를 계속 하라'는 취지의 글 등을 인터넷 증시게시판과 포털사이트 등에 지속적으로 게시하였다. 또한 甲은 B(주)의 경영에 참여할 의사나 이를 실현할 구체적 방안 등이 없었음에도, 대학동문에 불과한 B(주)의 대표이사와 마치 가까운 사이인 것처럼 강조하면서, C연구소 회원들을 대리하여 B(주)의 경영에 참여하여 주가에 악영향을 미치는 요소들을 관리하겠다는 등의 글을 같은 방

Corporation Law (Vol. 43, 2017), 86~89쪽.

84　Alan R. Palmiter, *Securities Regulation* (Wolters Kluwer, 2011), 385쪽.

85　특정한 정보의 중요성 판단과 관련하여, 주식을 사거나 팔거나 계속 보유할지 여부를 결정하는 투자자의 니즈(needs)를 살펴보아야 한다고 설명하는 Victor Brudney, "A Note on Materiality and Soft Information under the Federal Securities Law", *Virginia Law Review* (Vol. 75, 1989), 728쪽.

86　이와 동일한 취지에서 자본시장법 제178조 제1항 2호는 자본시장법 제176조 제2항 3호와 유사하지만, "매매유인목적을 요구하지 않고 규제대상 금융투자상품이나 거래장소에 대한 제한도 없"으므로, "제178조 제1항 2호는 제176조 제2항 3호에 의한 규제의 공백을 보완하는 기능"을 수행한다고 하는 임재연, *자본시장법과 불공정거래* (박영사, 2019), 403쪽.

법으로 지속적으로 게시하는 등의 행위를 하였다. B(주) 주식의 주가는 2009.10.23. 종가 1,505원이다가 급등하여 2010.1.5. 9,300원에까지 이르렀다. ① (判例) "이와 같은 행위는 단순히 유사투자자문업자로서 일반적인 투자자문으로 유망한 종목에 대한 투자를 추천하는 차원을 넘어서, A(주)의 대표이사인 甲이 B(주) 주식의 매매를 유인할 목적으로, B(주) 주식의 시세가 자기의 시장 조작에 의하여 변동한다는 말을 유포하고, B(주) 주식의 매매에 있어 중요한 사실인 경영참여에 관하여 거짓의 표시 또는 오해를 유발시키는 표시를 한 것"이다.[87]

거짓·오해유발표시와 **직접적 인과관계**가 인정되는 상장증권 또는 장내파생상품의 매매거래만이 이런 유형의 주가조작죄와의 관련성이 인정된다. 다만, 범죄의사의 단일성이 인정되고 **포괄일죄가 될 수 있는 거래**는 전체적으로 합산하여 이득액을 산정할 가능성이 있으므로 간접적인 거래일지라도 이 주가조작죄와의 관련성이 인정될 수 있다.

(4) 시세의 고정·안정행위   증권시장의 수급에 따른 자연스러운 가격형성을 저해하는[88] 주가조작행위인 인위적 시세 고정(capping)·안정화(stabilization)는 유가증권의 시세를 고정시키거나 안정시킬 목적으로 "유가증권의 현재의 시장가격을 고정시키거나 안정시키는 경우뿐 아니라, 행위자가 일정한 가격을 형성하고 그 가격을 고정시키거나 안정시키는 경우에도 인정"[89]될 수 있다. 판례는 (구) 증권거래법제 아래서 한 번의 매매거래라도 주가조작과의 관련성이 인정될 수 있다고 보았지만, 현행 자본시장법은 시세의 고정·안정행위에 관하여 "**일련의 매매**"(제176조 제3항)라고 문언을 갖고 있고, 일련이란

---

87   대판 2018.4.12, 2013도6962.

88   변제호·홍성기·김종훈·김성진·엄세용·김유석, *자본시장법* (지원출판사, 2015), 693쪽.

89   대판 2004.10.28, 2002도3131.

시간적으로 연속되는 다수의 행위들이 동일한 목적 하에 유기적인 기능을 수행하는 것, 즉 **시퀀스**(sequence)의 의미이며, 따라서 적어도 단 한 번의 매매로는 이 유형의 주가조작죄와의 관련성을 인정할 수 없다. 다시 말해 시세고정·안정화의 목적성과 시퀀스적 성격은 어떤 매매가 이 주가조작죄와 관련성을 갖기 위한 필요조건이다.

   (5) **연계시세조종**   자본시장법은 파생상품과 기초자산[90] 간 연계시세조종행위(1호, 2호), 증권과 증권 내지 그 증권의 기초자산 간 연계시세조종행위(3호, 4호) 및 파생상품 간 연계시세조종행위(5호)를 금지한다(제176조 제4항). 연계시세조종행위의 대상거래는 "증권, 파생상품 또는 그 증권·파생상품의 기초자산 중 어느 하나가 거래소에 상장되거나 그 밖에 이에 준하는 경우로서 대통령령으로 정하는 경우[91] 그 증권 또는 파생상품에 관한 매매, 그 밖의 거래"이다. 연계시세조종에 의해 단독으로는 시세조종행위에 해당하기 어려운 경우에도 연계거래 전체의 총합이 주가조작죄로 처벌할 수 있게 된다.[92] 따라서 연계시세조종의 경우에는 연계된 증권, 파생상품의 시세를 변동 내지 고정시키는 행위 뿐만 아니라 시세변동거래의 목적이 되는 부당한 이익을 취득하기 위한 **동기가 되는 거래**도 위반행위와 관련성이 인정되는 거래에 해당하게 된다. 특히 **기초자산과 파생상품간의 연계시세조종**이 대표적이다. 예를 들어 옵션의 매매에서 부당한 이익을 얻을 목적으로 그 기초자산(증권 또는 상품)의 시세를 변동시키는

---

90 자본시장법에서 '기초자산(underlying asset)'이란 "금융투자상품, 통화(외국의 통화를 포함), 일반상품(농산물·축산물·수산물·임산물·광산물·에너지에 속하는 물품 및 이 물품을 원료로 하여 제조하거나 가공한 물품 등을 말함) 및 신용위험(당사자 또는 제3자의 신용등급의 변동, 파산 또는 채무재조정 등으로 인한 신용의 변동을 말함)" 등을 의미한다(제4조 제10항).

91 자본시장법 시행령 제206조의2에 의해 "거래소가 그 파생상품을 장내파생상품으로 품목의 결정을 하는 경우"를 의미한다.

92 성희활, *자본시장법 강의* (캐피털북스, 2018), 358쪽.

거래의 경우 이러한 옵션거래가 위반행위와 관련성이 인정되는 거래
에 해당할 것이다. 또 다른 예로 다른 증권 내지 지수를 기초자산으
로 하여 조건을 충족할 경우 약정된 바에 따라 손익이 발생하는 상품
이며, 상품의 구조상 원본초과지급의무가 없다는 점에서 파생결합증
권에 해당하는 **주가연계증권**(Equity−Linked Securities: ELS)[93]에서 부당
한 이익을 얻기 위하여 중도상환일 또는 만기상환일에 해당 주가연계
증권의 기초자산인 개별증권 등의 시세를 변동시키는 거래의 경우에
그 주가연계증권의 부당이익은 주가조작죄와의 관련성이 인정된다.[94]

2. 위반과 이익의 인과관계

주가조작죄의 가중적 양형규정은 "그 위반행위로 얻은 이익"을
기준으로 삼는다. 이는 주가조작을 하는 법 위반행위와 이익 사이에
일종의 인과관계를 요구한다. 그런데 증권의 가격은 무수히 다양한
요인의 복합적인 작용으로 형성되기 때문에 위반행위와 이득 사이의
인과관계 판단이 매우 어려운 경우가 많다.[95] 자본시장법은 이런 인

---

93 임재연, *자본시장법과 불공정거래* (박영사, 2019), 416쪽.

94 주가연계증권(ELS)의 구조는 일반적으로 조기 또는 만기상환시 수익률 지급조건
을 제시하는데, 조기 또는 만기상환일에 기초자산인 특정 주식들의 가격이 일정
가격 이상이면 약정수익률을 지급하고, 일정 가격 이하인 경우에는 손실이 발생
한다. 이러한 배경에 따라 조기상환일 또는 만기상환일에 기초자산의 가격을 기
준가 이하로 하락시켜 약정수익률을 지급하지 않기 위한 시세조종 또는 시세고정
행위가 발생할 개연성이 존재한다. 김정수, *자본시장법원론* (서울파이낸스앤로그
룹, 2014), 1300쪽.

95 다만, 자본시장에서 증권의 가격 또는 가치에 영향을 미치는 복잡한 메커니즘을
고려할 때 인과관계를 정확하게 산출해 내는 것에는 한계가 존재한다. 이와 유사
한 취지에서 "주식 시장은 다양한 요인이 상호작용하면서 주가가 형성되고 투자
자들의 심리적 요인까지 주가에 영향을 미치기 때문에 사실상 해당 불공정거래와
주가 내지 부당이득 간의 정확한 인과관계를 기계적으로 산출한다는 것은 불가능
하다"는 이성윤·송명섭, "최근 실제 형사사건 사례에서 본 부당이득 산정의 문제
점", *서울대 금융법센터 BFL* (제86호, 2017.11), 97쪽.

과관계 문제에 관한 별도의 조항을 두고 있지 않다.

(1) **판   례**   판례에 의하면 "위반행위로 얻은 이익의 가액
을 엄격하고 신중하게 산정함으로써 범죄와 형벌 사이에 적정한 균
형이 이루어져야 한다는 **죄형균형 원칙**이나 형벌은 책임에 기초하고
그 책임에 비례하여야 한다는 **책임주의** 원칙이 훼손되지 않도록 유
의하여야" 하고 위반행위로 얻은 이익과 위반행위로 인하여 발생한
위험과의 인과관계는 "**직접적인 인과관계로 국한하여야 할 것은 아
니고,** 형사법에서 일반적으로 요구되는 **상당인과관계로 보아야**"[96] 하
며 인과관계의 입증책임은 검사가 부담한다.[97] 판례에 의하면 특히
제3의 요인이 개입하여 주가가 변동된 경우에는 **제3의 요인으로 인
한 주가변동을 제외한 불공정거래행위로 인한 주가변동 부분을 검사
가 특정**하여야 하고,[98] 이를 특정하지 못한 경우에는 부당이득액이
불상인 것으로 인정한다.[99] 이 경우 증권범죄사건은 유죄가 인정된다
면 기본형이 선고된다.

(2) **무죄추정원칙과 귀속론의 적용**   하지만 주가조작죄의 특

96 서울고등법원 2009.11.26. 선고 2009노1838 판결.

97 대판 2009.7.9, 2009도1374.

98 대판 2011.10.27, 2011도8109.

99 대법원은 제3의 요인이 개입한 경우의 부당이득액 산정과 관련하여, "공소외 2의
    강연으로 공소외 1 주식회사의 주가상승에 어느 정도 영향을 미쳤다고 하더라도
    2007.8.31.경까지는 공소외 2가 강연으로 공소외 1 주식회사의 주가상승에 개입하
    였다고 볼 수 없으므로 2007.8.31. 이전의 주가상승은 모두 피고인의 이 사건 허
    위사실 유포 및 허위 표시 문서 이용행위와 인과관계가 인정되어 이로 인한 이득
    액 전부에 대하여 피고인의 죄책이 인정되나, 2007.9. 경부터는 공소외 2가 강연
    을 통하여 주가상승에 개입하였다고 보아야 할 것이므로 2007.9.1. 이후의 주가상
    승은 그 전부가 피고인의 이 사건 허위사실 유포 및 허위 표시 문서 이용행위와
    인과관계가 인정된다고 볼 수 없어 이로 인한 이득액 모두에 대하여 피고인의 죄
    책을 인정할 수 없고 달리 인과관계가 인정되는 이득액을 특정할 방법이 없다"고
    판시하였다(대판 2010.4.15, 2009도13890).

성상 이득액으로 산입되는 범위가 자칫 매우 넓어질 수 있고, 개별 사안의 구체적인 사실관계에 따라 위반행위를 특정하는 기준 또한 그 적절성이 언제나 문제로 남는다는 점을 고려할 때, 책임원칙은 위반행위와 부당이득 간의 인과관계 입증의 엄격성을 유지할 것을 요구한다. 즉, 주가조작행위와 같은 위반행위와 "얻은 이익 또는 회피한 손실액" 사이의 인과관계가 확실하게 입증되지 않는 경우에는 '의심스러운 경우에는 피고인의 이익으로(in dubio pro reo)' 원칙에 따라 위반행위로 취득한 이익으로 보지 않아야 한다. 그런 점에서 판례의 입장은 타당하다. 다만, 판례가 취하는 상당인과관계설의 상당성이 현대사회에서는 그 개념 자체의 의미가 너무 불명확하고, 유사한 사안에서도 명확한 근거 없이 인과관계의 판단이 일관되지 못하다는 문제점이 남아 있다.[100]

　　여기서 상당인과관계설은 형법학계의 보편적인 이론이 된 객관적 귀속론(objektive Zurechnungslehre)[101]에 의해 보완될 필요가 있다. 즉, 인과관계의 유무 판단을 기초로 어느 부분까지의 결과를 행위자의 탓으로 귀속시킬 것인지에 관해 규범적으로 판단할 필요가 있다. 가령 **제3의 요인이 개입**하여 증권의 가격에 영향을 미쳤고, 그럼에도 위반행위에다 이익과의 인과관계를 인정하는 경우에 그 이득을 주가조작죄의 양형규정(제443조) 적용을 좌우하는 요소로 고려할 것인가 여부는 규범적인 귀속론의 문제로 볼 수 있다. 검사가 위반행위와 이득의 인과관계를 입증하지 못하고, 피고인이 반증하지도 못하는 **입증불능**의 상태에서 위반행위가 제3의 요인의 개입에도 불구하고 이득을 초래하는 가능성을 증대시킨 수준, 객관적 귀속론의 용어로 **위험**

100　상당성 판단의 모호성에 대한 비판으로 류지영, "인과관계와 객관적 귀속", *법학연구* (제14집, 2004), 352쪽.

101　상당인과관계설의 한계에 관하여 자세히는 이상돈, *형법강론* (박영사, 2020), 123쪽.

증대가 높을수록 이득액에 산입하고, 낮을수록 불산입하여야 한다. 이 위험증대(량)에 대한 판단은 가치중립적인 계량적 판단이 아니라 규범적인 가치판단이다. "위반행위의 동기, 태양, 기간, 제3의 요인 개입 여부, 증시 상황 및 기타 주가에 중요한 영향을 미칠 수 있는 여러 요인들을 전체적으로 고려하여 인과관계를 판단"한다는 판례[102]도 이득산정에서 이와 같은 위험증대량에 대한 가치판단을 보여준다. 이 가치판단에 관하여 객관적 귀속을 위해 요구되는 위험증대량은 낮아도(예: 5% 이상) 충분하다는 위험증대설, 상당(예: 50% 이상)해야 한다는 상당위험증대설, 매우 높아야(예: 90% 이상) 한다는 무죄추정설(시민자유우선원칙)[103]이 대립한다.[104] 그 자체로서 선한 행위인 의료행위로 인한 사고에 대한 의사의 형사책임에서는 매우 높은 위험증대를 요구할 필요가 있지만, 주가조작죄의 양형규정의 적용에서는 주가조작 관련 위반행위의 이익 실현율을 **상당한 위험증대** 정도로 보아도 비례성원칙이나 책임원칙에 위배된다고 보기 어렵다. 주가조작죄의 적용은 자본시장의 공정성을 실현하라는 명령과 형사제재의 비례성과 책임원칙을 준수하라는 명령 사이의 조화를 이루어야 하기 때문이다.

3. 이득액의 산정

　주가조작죄와 관련성이 있는 위반행위(거래)와 인과관계가 인정되면, 주가조작죄의 가중적 양형규정 적용을 위해 다음 단계는 그 이익의 금액을 구체적으로 산정하는 것이다. 여기에는 산입되는 이익의 범위에 관한 문제와 그런 이익을 금액으로 계산하는 방식의 문제가 있다.

102　대판 2009.7.9, 2009도1374.

103　무죄추정설은 정확히는 위험증대량을 정하는 문제가 가치판단의 문제라는 점에서 시민자유우선원칙(in dubio pro libertate)설이라고 부르는 것이 정확한 표현이다.

104　이 학설대립에 관해서 자세히는 이상돈, *형법강론* (박영사, 2020), 125쪽 아래 참조.

(1) **계산할 이익**   첫째, "위반행위로 얻은 이익"은 위반행위
로 인해 행위자가 얻은 이익으로서 적극적 이익뿐만 아니라 장래에
발생할 손실을 회피하는 **소극적 이익**도 포함한다.[105] 또한 이득액의
산정에는 실현이익 외에 **미실현이익**도 포함한다. 따라서 위반행위 전
후의 경제적, 재산적 가치의 상승 또는 하락여부가 부당이익 판단의
기초가 된다. 다만, 미실현이익은 실현이익과는 달리 실제로 구현되
지 않은 이익이므로 "위반행위로 얻은 이익"에 포함시키는 것이 형법
의 죄형법정주의에 위배되는지에 대해 의문이 남아 있다. 판례는 미
실현이익을 포함시키는 것은 죄형법정주의에 위배되지 않는다고 본
다. 그리고 부당이득에는 금전적인 이익과 같은 유형적인 이득뿐만
아니라 기업에서의 지배권 확보, 경영권 획득 등의 **무형적 이익**도 포
함된다.[106] 둘째, 주가조작에 관여하기 이전에 **이미 보유해온 주식**을
이를 부당이득을 취할 의도로 매수하고 주가가 상승한 이후 처분하
여 발생 가능한 이익도 위반행위로 얻은 이익에 해당된다.[107]

  ★ 판례: 이익산정에서 미실현이익의 포함   ① "구 증권거래법 제207조의
2와 자본시장법 제443조에서 정한 위반행위로 얻은 이익에는 실현이익
과 미실현이익이 포함된다고 보아야 할 것이고, 위 법률조항의 입법취지
와 내용 등에 비추어 볼 때 이와 같은 해석이 법률의 문언상 한계를 뛰
어 넘어 수범자에게 예측 불가능한 불이익을 가하는 것이라고 보이지
아니한다. 따라서 위반행위로 얻은 이익에 미실현이익을 포함시키는 것
이 죄형법정주의에 위배된다는 피고인들의 주장 역시 이유 없다"(서울
고등법원 2014.6.19. 선고 2012노4058·2014노841(병합) 판결). ② "위반

---

105   대판 2009.7.9, 2009도1374.
106   다만, 무형적 이익은 유형적 이익에 비하여 이를 정확하고 상세하게 산정하기는
      상대적으로 어려운 부분이 있다. 비전형적, 무형적 이익의 산정방식에 대한 연구
      로 노혁준, "자본시장법상 불공정거래로 인한 부당이득의 법적 문제", *증권법연구*
      (제19권 제1호, 2018.4), 263쪽 이하 참조.
107   서울중앙지방법원 2010.10.7. 선고 2009고합1489 판결.

행위로 얻은 이익은 위반행위로 행위자가 얻은 인과관계에 있는 이익의 전부를 뜻하므로, 시세조종행위 기간 중에 한 구체적 거래로 인하여 이미 발생한 이익('실현이익')과 시세조종행위 종료 시점 당시 보유 중인 시세조종 대상 주식 또는 신주인수권증권의 평가이익('미실현이익')이 모두 포함된다"(대판 2018.10.12, 2018도8438).

(2) 이익의 계산　　　① 위반행위로 얻은 이익이란 위반행위를 특정하고, 그 행위가 일으킨 시장의 가격메커니즘 왜곡을 통하여 얻은 **시세차익**을 말한다. 이때 시세차익은 주가조작 관련한 거래로 인한 총수입에서 당해 거래에 수반되는 총비용을 공제한 차액을 기준으로 산정한다.[108] 이를 **차액산정방식**이라고 할 수 있다.

　★ **판례: 차액산정방식**　　"위반행위로 얻은 이익이라 함은 거기에 함께 규정되어 있는 '손실액'에 반대되는 개념으로서 당해 위반행위로 인하여 행위자가 얻은 이윤 즉, 그 거래로 인한 총수입에서 그 거래를 위한 총비용을 공제한 차액을 말하고, 따라서 현실거래로 인한 시세조종행위로 얻은 이익은 그 시세조종행위와 관련된 유가증권거래의 총 매도금액에서 총 매수금액 외에 그 거래를 위한 매수수수료, 매도수수료, 증권거래세(증권거래소의 경우 농어촌특별세를 포함한다) 등의 거래비용도 공제한 나머지 순매매이익을 의미한다 할 것이"다(대판 2004.3.11, 2002도6390).

　② 주가조작으로 얻은 이익 가운데 실현이익은 시세조종기간 중 여러 차례 분할하여 매수 및 매도를 한 경우 거래량 가중평균방법에 의해 매매가격을 산정한다.[109] 즉, 실현이익의 산정방식은 [(**가중평균 매도단가 − 가중평균 매수단가) × 매매일치수량**]으로 표현할 수 있다.[110]

108　대판 2011.10.27, 2011도8109.

109　임재연, *자본시장법* (박영사, 2020), 1111~1112쪽.

110　대법원은 이와 동일한 취지에서 "위반행위로 얻은 이익이라 함은 거기에 함께 규정되어 있는 손실액에 반대되는 개념으로서 당해 위반행위로 인하여 행위자가 얻은 이윤 즉, 그 거래로 인한 총수입에서 그 거래를 위한 총 비용을 공제한 차액을 말하고, 따라서 현실거래로 인한 시세조종행위로 얻은 이익은 그 시세조종

따라서 시세조종행위를 통해 주가를 상승시킨 경우에 있어 실현이익
은 매도단가에서 매수단가를 차감한 금액을 기초로 하여 해당 금액
에 매매일치수량을 곱한 금액에서 주식의 처분 시에 소요된 거래비
용을 공제하는 방식에 의해 산정되는 것으로 파악된다. ③ 시세조종
기간 중에 주식 매도거래 등을 통해 실제로 시세차익을 취득한 바가
없더라도 주식을 처분하지 않은 상태로 보유하고 있는 평가이익은
주가 상승에 따라 증가하며 시세조종기간 종료 이후 매도하면 실현
된다. 이와 같은 미실현이익은 주가조작 종료일에 형성된 종가에 매
도한 것으로 보아 위에 설명한 '실현이익 산정방식'에 준하여 산정한
다. 따라서 미실현이익의 산정방식은 **[(주가조작 종료일에 형성된 종
가 - 가중평균 매수단가) × 잔여수량]**이 된다.[111]

(3) 시세조종기간   시세조종기간은 매집기부터 주가상승기,
매도기까지 이르는 기간 전체를 의미하는 것이고, 주가상승기부터 매
도기에 이르는 이익의 실현 기간만을 분리하여 지칭하지 않는다.[112]
시세조종행위가 이루어진 시세조종기간을 특정하는 문제는 주가조작
죄의 이득액 산정에 중대한 영향을 미치므로 시세조종기간을 특정함
에 있어서는 책임과 형벌 사이의 비례원칙 등을 훼손하지 않도록 각
별히 유의하여야 한다.[113]

행위와 관련된 유가증권거래의 총 매도금액에서 총 매수금액 외에 그 거래를 위
한 매수수수료, 매도수수료, 증권거래세 등의 거래비용도 공제한 나머지 순매매
이익을 의미한다"고 판시하였다(대판 2004.3.11, 2002도6390).

111 임재연, *자본시장법* (박영사, 2020), 1116쪽.

112 임재연, *자본시장법과 불공정거래* (박영사, 2019), 627쪽.

113 이 점에 대해 하급심 법원은 "해당 주식의 가치 및 거래량의 추세, 거래 전후의 제
반 상황 및 거래의 경제적 합리성, 시장관여율의 정도, 지속적인 종가관리 등 거래
의 유형과 동기" 등을 전체적으로 고려하여 신중하게 결정되어야 할 것이라고 판
시한 바 있다(서울고등법원 2014.6.19. 선고 2012노4058·2014노841(병합) 판결).

1) 시세조종기간의 시기와 종기 　① 시세조종기간의 시기始期는 '최초로 **시세조종성 주문이 시작된 시점**'을 의미한다. ② 시세조종기간의 종기終期로는 주가가 정점에 도달한 시점, 시세조종행위가 종료한 시점, 주식의 처분이 종료된 시점을 생각할 수 있다. ③ 만일 시세조종행위 종료일 이전의 거래와 그 이후의 거래를 살펴보았을 때 거래량의 추세, 거래의 유형, 거래횟수 등에서 유의미한 차이가 발견되지 아니함에도 주가가 정점에 이른 시점을 기준으로 설정하게 되면 행위자가 실제 얻은 이익에 비해 과도한 금액이 이득액으로 산정된다. 이는 과형균형원칙 또는 비례성원칙에 위배된다. 시세를 상승시키는 행위와 그렇게 상승된 시세를 통한 이익실현 행위 사이에 시간적 계속성과 연관성이 존재하는 경우 시세조종기간의 종기는 시세조종행위 자체가 종료된 시점을 의미하는 것이 아니라 **주식처분이 종료된 시점**으로 보는 것이 타당하다.[114]

★ 판례: 시세조종기간의 시기 　"피고인이 인수·합병을 위하여 주식을 매집하기 시작한 2002년 말경부터 저가 매수를 위한 시세조종성 주문이 계속되었고, 이후 2003년 12월과 2004년 2월의 변칙거래를 통한 대량 매도를 통해 그 이익을 실현한 것이므로, 그 전체적인 시기는 최초의 시세조종성 주문이 등장한 2002.11.4.로 봄이 상당하고, 그 이익액 계산도 각 계좌별로 주식을 매수한 당시의 각각의 가격을 기준으로 보는 것이 타당하다."[115] 이 판시에서 법원은 시세조종 기간의 시기에 대해 '매매거래

---

114 이와 같은 취지에서 서울고등법원 2015.1.15. 선고 2013노3751 판결은 "피고인 등의 주식에 대한 고가매수주문 등이 2009.6.24. 무렵까지 계속된 점, 일반적으로 시세조종행위 기간이란 대상 주식의 매집기, 매도기, 주가상승기에 이르는 일련의 기간 전체를 말하는 것인데, 결국 2009.6.22.~2009.6.26. 기간은 시세조종행위 기간 중 매도기에 해당하는 기간으로 보아야 하는 점 등 여러 사정상 2009.6.22. 이후에도 피고인 등이 시세조종에 관여하였다고 볼 여지가 있다는 점 등을 고려하여 2009.6.19.을 시세조종기간의 종기로 본 원심의 판단을 배척"하였고, 대판 2015.3.31, 2015도1462로 확정되었다.

115 서울중앙지방법원 2006.1.12. 선고 2005고합420 판결.

중 일부 매매거래에 시세조종성 거래가 포함되어 있다고 하더라도 시세
조종의 시기는 의결권이 고정된 2003년 말 이후 주식을 본격적으로 매
도하기 시작한 2004.2.2.이라고 보아야 하고 이익액 계산에 있어서도 그
매수단가는 시세조종성 거래가 시작된 2004.2.2. 종가인 855원으로 산정
되어야 한다'는 피고인의 주장을 수용하지 않고, 전체적인 시세조종행위
의 시기는 '최초의 시세조종성 주문'이 등장한 2002.11.4.로 보아야 한다
고 결정하였다.

2) 중간휴지기간이 있는 시세조종기간의 특정   시세조종기간
이 복수인 경우, 즉 시세조종기간의 중간에 휴지기간이 발생하고 나
서 다시 시세조종이 이어지는 경우 각 기간별로 미실현이익을 산정
한 후 합산하는 방식에 의하면 이득액이 과다하게 산정되기 쉽다.[116]
통상적으로 휴지기에는 주가가 하락하기 때문이다. 따라서 단일한 시
세조종의 범의 아래 일정한 기간 계속적으로 행하여지는 경우라면
전체의 시세조종기간을 기준으로 설정하여 평가이익을 산정하는 것
이 타당하다.

3) 위험의 존속기간 고려   주가조작으로 발생한 위험의 존속
기간을 고려할 필요가 있다. 가령 현실거래에 의한 시세조종에 해당하
려면 상장증권 또는 장내파생상품의 매매거래를 '유인(inducement)'[117]
할 목적이 있어야 하는데,[118] 이때 매매유인목적[119]은 제3자가 실제로

---

116 임재연, *자본시장법* (박영사, 2020), 1116쪽.

117 '거래의 유인(inducement of trading)'이 때로는 시세조종의 본질적인 요소(the
    essence of manipulation)가 된다고 말하는 Steve Thel, "Regulation of Manipulation
    Under Section 10(b): Security Prices and the Text of the Securities Exchange Act
    of 1934", *Columbia Business Law Review* (Vol. 359, 1988), 410쪽.

118 현실거래에 의한 시세조종에서는 유인목적의 입증이 가장 핵심적인 부분에 해당
    하는데, 유인목적은 "시세조종자의 내재적 심리요인으로서 시세조종자의 자백이
    존재하지 않는 이상 이를 입증하는 것은 불가능에 가깝다"는 박임출, "시세조종
    의 구성요건인 변동거래와 유인목적", *증권법연구* (제12권 제2호, 2011.9), 236쪽;
    다만, 판례는 유인목적에 대해 당사자가 이를 자백하지 않더라도 상장증권 또는

유인되어 직접 매매거래를 하지 않아도 인정될 수 있다.[120] 그런데 이러한 시세변동거래 등 주가조작의 효과는 주가조작에 관여한 기간 이후에 나타나는 경우도 많으며, 이러한 효과에 기인하여 차익을 실현하는 경우도 존재한다. 따라서 이러한 주가조작으로 얻은 이익을 계산할 때에는 주가조작의 관여기간 이후 거래량 가중평균 가격(Volume Weighted Average Price)을 고려할 필요가 있다. 거래량 가중평균 가격이란 일정 기간 동안 거래된 주식의 거래대금을 동일 기간의 거래량으로 나누어 산출한 것으로 해당 기간 사이에 이루어진 모든 거래에서의 거래량이 반영된 평균가격을 말한다.[121] 거래량 가중평균 가격은 자본시장에서 일정한 기간 동안 이루어진 모든 거래의 평균가격을 의미한다는 점에서 충분한 시간에 걸쳐 주가조작으로 발생한 금융투자상품 가격의 공정성 침해 또는 왜곡을 측정할 수 있는 효율적인 기준으로 작동할 수 있고, 그러한 위험을 합리적으로 측정함으로써 주가조작죄의 양형규정상 "위반행위로 얻은 이익"을 합리적으로

장내파생상품의 성격과 발행된 총수, 그 상장증권 또는 장내파생상품의 가격 및 거래량의 동향, 매매거래의 동기 및 태양 등의 간접사실을 전체적으로 고려하여 판단하는 것이 가능하다는 취지의 입장을 취하고 있다(대판 2001.6.26, 99도2282; 대판 2001.11.27, 2001도3567).

119 '유인'목적에 관하여 "투자자를 시장거래에 끌어들이는 것과 같이 용어의 사전적 의미로 한정하여 해석"하기보다는 "널리 증권가격에의 영향을 미쳐서 이를 이용하는 행위를 규제"하는 것이라는 윤영신, "현실거래에 의한 시세조종행위", *증권법연구* (제2권 제1호, 2001.6), 10, 28쪽.

120 대법원은 '유인목적'에 대하여 "인위적인 조작을 가하여 시세를 변동시킴에도 불구하고, 투자자에게는 그 시세가 유가증권시장에서의 자연적인 수요·공급의 원칙에 의하여 형성된 것으로 오인시켜 유가증권의 매매에 끌어들이려는 목적"이라고 판시하고 있다(대판 2007.11.29, 2007도7471).

121 전균, "VWAP으로 평가하는 대형주: 거래량 가중평균 가격(Volume Weighted Average Price)", *Futures & Options Weekly* (2016.8.19.). 자본시장에서의 거래량 가중평균 가격의 추정 방법론에 관하여 상세히는 김수현, "우리나라 주식시장의 거래량 가중평균 가격 추정과 그 함의", *선물연구* (제22권 제4호, 2014.11), 599~602쪽.

산정할 수 있다. 따라서 이와 같은 경우에 **거래량 가중평균 가격의 변화 종료시점**이 사실상 실질적인 주가조작기간이 된다.

(4) **손실의 고려 여부**   주가조작의 과정에서 시세조종행위에 이용된 계좌를 통한 구체적인 거래관계에 따라 발생한 손실은 이익 산정 시 공제한다.[122] 다만, 판례는 다음과 같이 시세조종행위 종료 후의 손실은 이익 산정에서 고려하지 않는다는 점을 명확히 하였다.

★ **판례: 시세조종행위 종료 후의 손실**   "위반행위로 얻은 이익의 산정에 있어서는 시세조종행위 개시 후 종료시점까지의 구체적 거래로 인한 실현이익 및 시세조종행위 종료 시점 당시 보유 중이던 시세조종 대상 주식의 평가이익(미실현이익) 등이 모두 포함되어야 한다고 하면서 시세조종행위 종료 후 피고인 등이 보유하고 있던 주식을 매도하여 손실을 보았다는 사정이 있다 하여 이와 달리 볼 수 없다."[123]

4. 공범의 이득액 산정

주가조작죄는 통상 다수인이 조직적으로 유착하여 행한다. 주가조작에 대한 다수인의 참여로부터 승계적 공범의 이득액 산정이나 이익귀속의 주체 등과 같은 문제들이 등장한다.

(1) **승계적 공범의 문제**   주가조작죄에 가담한 공범 중 일부가 다른 공범이 실행에 착수한 이후에 가담한 경우(승계적 공동정범)에는 "포괄일죄의 일부에 공동정범으로 가담한 자는 비록 그가 그때에 이미 이루어진 종전의 범행을 알았다 하여도 그 가담 이후의 범행에 대해서만 공동정범으로서 책임"[124]을 부담한다. 선행자의 선행행위에 대해 후행자가 기능적인 역할분담을 하지 않았는데도, 양형책임

---

122   서울고등법원 2018.4.5. 선고 2017노3158 판결.
123   대판 2010.6.24, 2010도4453.
124   대판 1982.6.8, 82도884.

을 지는 것은 **책임원칙에 위배**되기 때문이다. 대법원의 이런 입장[125]
에도 불구하고 하급심 판결 중에는 전체기간에 대한 책임을 인정한
사례가 있다.

① "불공정거래행위에 해당하는 수 개의 행위를 단일하고 계속된 범의
하에서 일정기간 계속하여 반복한 범행이라 할 것이고, 선행자가 후행자
의 매도를 전제로 주식을 매수할 것이며, 후행자 역시 선행자의 매수 없
이 그 주식을 매도할 수는 없을 것이므로 주가조작이 행하여진 전체기
간의 중간에 범죄에 개입한 자라고 하더라도, 이들은 선행자의 행위를
인식하고 이를 이용하려는 의사의 연락이 있었다고 할 것이고(공동가공
의 의사의 존재), 선행자의 선행행위로 만들어진 상황을 이용하면서(공
동가공의 행위의 존재) 실행에 참가한 것이므로, 특별한 사정이 없는 한
전체 기간 동안의 시세조종으로 인한 책임을 져야 하는 것으로 해석하
는 것이 타당하다"(서울고등법원 2004.2.9. 선고 2003노3094 판결). ② 그
러나 공동가공의 의사는 "타인의 범행을 인식하면서도 이를 제지하지
아니하고 용인하는 것만으로는 부족하고, 공동의 의사로 특정한 범죄행
위를 하기 위해 일체가 되어 서로 다른 사람의 행위를 이용하여 자기의
의사를 실행에 옮기는 것을 내용으로 하는 것"[126]이므로, 이 사건에서 후
행자가 선행자의 행위를 인식했더라도 공동범행의사를 소급하는 것은
공동정범의 본질을 오해한 것이다.

---

125 대판 2005.1.18, 2004도6805. 동 판결에서는 "원심이 인용한 제1심판결 기재 범죄
    사실에 의하더라도, 이 사건 계약은 2002.8.20.경 체결되었고, 피고인은 위 계약
    이 체결된 이후에 이 사건 시세조종행위에 가담하였다는 것이므로, 비록 피고인
    이 위 범행에 가담할 당시 이미 이루어진 갑, 을 등의 시세조종행위의 범행을 알
    았다고 하더라도 가담 이후의 범행에 대해서만 공동정범의 책임을 진다고 할 것
    이고, 따라서 위 시기 이후에 발생한 시세차익에 대하여만 그 책임을 부담한다
    고 하여야 할 것이다. 이는 이 사건과 같이 갑, 을 등이 시세조종행위로 인한 시
    세차익을 본격적으로 실현시키기 이전에 피고인이 그들의 시세조종행위 의사를
    인식·인용하고 이미 이루어진 사정을 이용하면서 그들의 시세조종범행에 참가
    하여 그 궁극적 목적인 시세차익을 실현시키려고 한 경우라고 하여도 달리 볼
    것이 아니다"라고 판시하였다.
126 대판 2015.10.29, 2015도5355.

(2) 제3자에게 귀속된 이익의 제외 여부   위반행위로 얻은 이익은 행위자가 당해 위반행위로 인해 취득한 이익을 의미하는 것이므로, 여러 사람이 함께 주가조작죄를 범한 경우 그러한 범죄행위로 인한 이익은 범행에 참여한 공범 전체가 취득한 이익을 의미하는 것이고, 범행에 전혀 가담하지 않은 제3자에게 귀속되는 이익은 부당이득에서 제외된다.[127] ① 가령 증권회사 직원이 고객과의 포괄적 일임매매약정에 의해 자신이 관리하는 고객의 계좌를 주가조작에 이용함에 따라 시세조종행위로 인한 이익이 일임매매 고객에게 귀속된 경우 고객에 귀속된 이익이 자본시장법 제443조의 "그 위반행위로 얻은 이익 또는 회피한 손실액"에 해당하는지가 문제된다. 이 문제에 관한 명문규정은 없지만, 양형책임에서도 책임주의를 관철하려 한다면 제3자인 고객에게 귀속되는 이익은 이득액의 계산에서 제외하여야 한다.[128]

> ★ **판례: 제3자에 귀속된 이익의 산정**   "증권회사 직원이 고객과의 일임매매약정에 따라 고객계좌를 운용하면서 시세조종에 이용한 경우, 증권거래법 제207조의2 제1항 본문의 적용에 있어서는 피고인이 실제로 이익을 얻었는지 여부를 불문하므로 고객의 계산으로 시세조종을 한 부분도 유죄로 인정되지만, 얻은 이익 또는 회피한 손실액의 3배에 해당하는 금액이 2,000만 원을 초과하여 같은 항 단서 조항을 적용하는 경우에는 고객 계좌의 이익은 제외하고 피고인의 이익만을 기준으로 하여야 한다"(서울고등법원 2008.11.26. 선고 2008노1251 판결).

② 하지만 증권시장에 미칠 수 있는 부정적인 영향에서는 시세조종 행위자가 고객 계좌를 이용하든 스스로의 계좌만을 이용하든

---

127   대판 2014.5.29, 2011도11233.

128   자본시장법에 규정된 부당이득액은 구성요건 요소이므로 "결국 이익의 실질적 귀속관계를 중심으로 그것이 위반행위자의 이익에 해당하는지 여부를 판단하여야 한다"는 김영기, "자본시장 불공정거래범죄의 부당이득 산정기준", *형사법의 신동향* (제59호, 2018.6), 368쪽.

차이가 없고,[129] 고객을 위하여 실행하는 시세조종은 투자의 유지·확장, 장기적인 신뢰관계를 형성하기 위한 목적으로 하는 것이 일반적이며, 이와 같은 무형의 이익은 단순 계량하기 어려운 측면이 있어 행위자의 부당이득이 적절하게 평가되지 않는 문제점[130]이 남는다. ③ 여기서 제3자에게 귀속되는 부분을 부당이득에 포함시키는 입법의 필요성이 주장된다.[131] 가령 "제3자로 하여금 취득하게 한" 이득을 명시적으로 포함시키는 「특정경제범죄 가중처벌 등에 관한 법률」 제3조 제1항의 규정 내용과 같이 제3자에게 귀속되는 이익을 이득액에 포함하는 입법적 조치를 취하자는 것이다. 그러나 이는 주가조작을 자본시장에 대한 사기를 넘어 주가조작죄를 사기죄와 같은 재산범죄로 변질시키는 문제점을 안고 있다.

5. 복합적인 거래의 이득산정

주가조작죄의 경우 가장·통정매매와 시세변동거래, 거래상황오인거래 등이 차례를 바꾸어 가며 행해지는 등 여러 행위유형이 복합적으로 사용될 가능성이 있다.

(1) 포괄일죄와 수죄의 대립   판례는 주식시세조종의 목적으로 허위매수주문행위 및 고가매수주문행위, 통정매매행위 등을 반복

---

129 이와 유사한 취지에서 "시세조종에서 증권회사 직원들이 자신이 관리하는 계좌를 이용하는 사례가 많고 이러한 경우에는 자신의 자금만 이용하여 시세조종하는 경우에 비하여 시세조종의 효과도 훨씬 클 것"이므로 "단지 경제적인 이익이 위반행위자에게 귀속되지 않는다고 하여 그 위반행위로 얻은 이익에 포함되지 않는다고 해석하는 것은 불합리한 면도 있다"고 지적하는 임재연, *자본시장법과 불공정거래* (박영사, 2019), 643쪽.

130 노혁준, "증권 불공정거래와 부당이득 산정", *증권 불공정거래의 쟁점* (제2권, 2019), 439쪽.

131 노혁준, "증권 불공정거래와 부당이득 산정", *증권 불공정거래의 쟁점* (제2권, 2019), 439쪽; 정순섭, "자본시장법상 불공정거래와 보호법익: 시세조종과 부당이득을 중심으로", *상사판례연구* (제25집 제1권, 2012.3), 154쪽.

한 경우 시세조종행위의 포괄일죄로 판단한다.

★ 판례: 시세조종행위의 포괄일죄　　주식시세조종의 목적으로 허위매수주문행위, 고가매수주문행위 및 통정매매행위 등을 반복한 경우 "수개의 행위를 단일하고 계속된 범의하에서 일정기간 계속하여 반복한 범행이라 할 것이고, 이 범죄의 보호법익은 유가증권시장 또는 협회중개시장에서의 유가증권 거래의 공정성 및 유통의 원활성 확보라는 사회적 법익이고 각각의 유가증권 소유자나 발행자 등 개개인의 재산적 법익은 직접적인 보호법익이 아닌 점에 비추어 위 각 범행의 피해법익의 동일성도 인정"[132]되므로, 구 증권거래법 소정의 불공정거래행위금지 위반의 포괄일죄가 성립한다.

이에 대하여 범행 시마다 주가조작의 고의가 인정되고, 시세조종행위는 불특정 다수의 피해자를 양산하여 매 행위 시 마다 피해자가 다르므로, 포괄일죄가 아니라 경합범으로 처리하여 수 죄를 인정할 필요가 있다는 주장이 있다.[133] 그러나 주가조작죄의 보호법익은 증권시장에서의 거래의 공정성 및 유통의 원활성 확보를 위한 사회적 법익으로 볼 수 있고,[134] 개인의 재산적 법익은 직접적인 보호법익에 해당하지 않는다는 점, 사회적 법익을 침해하는 다수의 시세조종행위에 있어서 범행 시마다 주가조작의 고의가 인정된다고 보기는 어려운 점,[135] 피해자가 개별적으로 특정되는 상대매매와는 달리 거래소가 운영하는 장내에서 경쟁매매 등을 통해 이득을 얻거나 손실을 회피하는 방식에 의하는 점을 고려하면,[136] 주가조작죄의 죄수관계를

132　대판 2002.7.26, 2002도1855.

133　박상기, "포괄일죄와 연속범 및 공동정범성", 저스티스 (제129호, 2012.4), 355쪽.

134　대판 2011.1.13, 2010도9927.

135　다수행위에 대한 고의의 평가방법에 대해 "단일의 법익침해를 향한 다수의 행위에 대한 고의는 단일고의로 보아야 한다"는 김혜경, "범죄의 죄수판단 기준과 구조", 형사정책연구 (제24권 제1호, 2013.3), 18쪽.

136　김영기, "자본시장 불공정거래 범죄의 형사법적 쟁점", 증권 불공정거래의 쟁점

결정함에 있어 각 피해자별로 범죄가 별도로 성립하는 것으로 판단하여 이를 경합범으로 처리하는 것은 합리적인 해석이 아니다.

　(2) **주가조작의 시퀀스고의**　　판례처럼 포괄일죄로 바라보면, 이득액이 많아져서 피고인에게 중한 법정형을 적용하게 되고, 수죄로 바라보면 오히려 각 죄마다 이득액을 산정하여 법정형을 선택·적용하고 형법 제38조의 경합범가중을 하더라도 더 가벼운 처단형이 정해질 수 있다. 따라서 앞의 입장이 자본시장의 공정성을 위한 강한 처벌을 지향한다면, 뒤의 입장은 책임원칙의 실현에 좀 더 충실하게 때로는 과도하게 지향한다고 볼 수 있다. 여기서 이 둘을 조화시키는 방법으로 어느 하나의 상장증권에 대하여 통정매매·가장매매와 시세변동거래, 시세고정·안정목적의 시세조작행위 등이 존재하는 경우 원칙적으로는 일죄로 보되, 구체적인 사실관계를 고려하여 각각의 시세조종행위 간에 판례[137]가 말하는 '단일하고 계속된 범의'[138]를 인정하기 어려운 경우에는 이를 수개의 죄에 해당하는 것으로 보아 이득액을 산정하는 것이 타당하다. 다만, 접속범과 포괄일죄의 연속범을 엄밀하게 구별하기 위해서 '단일하고 계속된 범의'보다는 연속범고의라는 표현이 더 정확하다.[139] 이때 연속고의란 주가조작죄에서는 다양한 형태와 양상의 주가조작행위들이 행위자의 범행계획에서는 이익의 극대화라는 목표를 향한 하나의 '시퀀스'(sequence)를 이루는 경우를 가리킨다. 따라서 주가조작의 **시퀀스고의**가 인정되면 판례처럼 포괄일죄로 다루어, 양형규정상의 이득액 산정에서 불리하게 취급할 수 있다.

　　(제2권, 2019), 346쪽.

137　대판 1989.6.20, 89도648.

138　범죄의사의 단일성은 "포괄일죄의 요건인 동시에 그러한 요건이 충족되지 않는 사안에서의 포괄일죄와 경합범의 구별기준으로 작용한다"고 설명하는 최준혁, "포괄일죄의 경합범의 구별기준", *법조* (제66권 제1호, 2017.2), 784쪽.

139　이런 입장으로 이상돈, *형법강론* (박영사, 2020), 374쪽.

V. 주가조작죄의 법정책

1. 주가조작처벌의 트릴레마

1962년 증권거래법에 의해 처음으로 범죄화된 이후 주가조작죄는 오랜 시간동안 집행결손(Vollzugsdefizit)[140]의 현상을 보여주었다.[141]

(1) **처벌강화의 흐름** 그러다 경제위기가 발생하기 직전인 1997년 초에 전면 개정된 증권거래법과 그 경제위기에서 빠져나온 직후인 2002년에 개정된 증권거래법은 그런 집행결손에 대한 이성적인 반성과 성찰을 멀리하고 "죽음의 사각지대"라고 부를 만한 형벌법을 마련하였다. 이 사각지대는 현행 자본시장법에서 다음과 같은 4개의 처벌수단에 의해 형성된다.

- 강력범죄수준의 자유형 취득이익이나 회피한 손실액이 50억원 이상일 경우 (사형을 빼고는) 살인죄의 법정형인 무기 또는 5년 이상의 징역형(자본시장법 제443조 제2항 1호), 5억원 이상 50억원 미만일 경우 강간죄의 법정형 수준인 3년 이상의 징역형(2호)[142]
- 징벌적 벌금형의 병과 취득이익이나 회피한 손실액의 5배가 5억

---

140 이러한 집행결손은 현대형법의 특징으로 이해된다. 이에 관한 일반적인 논의로 P.A.Albrecht/W.Hassemer/M.Voß, *Rechtsgüterschutz durch Entkriminalisierung* (1992), 53, 63쪽 아래.

141 예를 들어 대법원에까지 올라온 사건만을 기준으로 보면 97년 이전에는 1개의 판결(대판 1994.10.25, 93도2516)만이 발견되고, 그 이후에는 상당한 많은 양의 판결들(대판 2006.5.11, 2003도4320; 대판 2005.11.10, 2004도1164; 대판 2005.3.24, 2004도8651; 대판 2004.5.28, 2004도1465; 대판 2004.3.11, 2002도6390; 대판 2003.12.12, 2001도606; 대판 2004.10.28, 2002도3131; 대판 2004.3.6, 2003도7112; 대판 2003.12.12, 2001도606; 대판 2003.11.14, 2003도686; 대판 2002.7.26, 2002도1855; 대판 2002.7.26, 2001도4947; 대판 2002.7.22, 2002도1696; 대판 2002.6.14, 2002도1256; 대판 2001.11.27, 2001도3567; 대판 2001.6.26, 99도2282; 대판 2001.1.19, 2000도4444; 대판 1998.12.8, 98도3051)이 발견된다.

142 이는 「특정경제범죄 가중처벌 등에 관한 법률」 제3조(특정재산범죄의 가중처벌)와 같은 법정형이다.

원을 넘는 경우엔 그 액의 3배 이상 5배 이하까지 그것도 징역과 벌
금의 필요적 병과[143](제443조 제1항, 제447조 제1항)
  - 자격정지형의 병과   징역형과 병과할 수 있는 10년 이하의 자격
    정지형(제443조 제3항)
  - 기업에 대한 양벌규정   주가조작을 행한 기업에 대해 같은 벌금
    형을 선고할 수 있게 한 양벌규정(제448조)

오랜 세월의 집행결손에 걸맞지 않는 처벌강화는 시장의 도덕성
을 강조하여 시장참여자들의 투자를 안정시킴으로써 경제위기를 예
방하거나 극복하는 정책을 좇는 것일 수 있다. 그런 정책은 주가조작
범에게 그의 책임을 넘어서는 과중한 책임을 부과하거나(비례성원칙
위반), 특정인을 무리하게 주가조작범으로 몰아세우는(금지된 유추해석)
속죄양 만들기의 위험을 수반하기 쉽다. 증권시장의 위기가 반복될
때마다 이런 위험은 더욱 커지기 쉽고, 주가조작죄의 처벌수위를 더
욱 높이라는 법개정의 요구가 거세질 수 있다. 그러나 과연 이런 형
법정책의 흐름이 증권시장을 지켜줄 것인가?

  (2) **사회국가적 형법정책**   주가조작의 강력한 처벌은 자본시
장의 기능, 특히 공정하게 증권가격을 결정하는 메커니즘을 보호하고
그것을 통해 간접적으로 투자자의 재산을 보호하기 위함이다.

  1) **정보효율성과 경쟁적 자유시장**   이 가격결정메커니즘은 정
보에 민감한 자본시장의 특성을 고려해 볼 때, 증권가격의 형성에 의
미 있는 모든 정보가 '정확하고 완전하게' 그리고 '신속하고 제때에' 공
개되고, 모든 시장참여자들은 그런 정보들을 '똑같이 평등하게[144]' 이용

---

143 불공정거래의 형사처벌 조항인 제443조 제1항 및 제2항에 따라 징역에 처하는
     경우에는 제443조 제1항에 따른 벌금을 병과한다(제447조 제1항). 징역과 벌금
     의 필요적 병과에 관한 제447조 제1항은 2014.12.30. 신설되었다.
144 정보평등을 증권체계의 합리성(효율성) 개념으로 이해하는 이형기, "증권거래법
     상의 민사책임에 관한 고찰", *인권과 정의* (제277호, 1999.9), 53쪽.

하여 투자판단을 하며, 증권가격은 그런 판단의 총체적 결과로서 정해
진다는 전제 위에 서 있다. 이 전제를 '정보효율성'(Informationseffizienz)[145]
이라고 부를 수 있다. 정보효율성은 증권시장에서 기업의 자본조달과
투자자의 이익획득을 가능케 하는 전제조건이다. 그러나 정보효율성이
완벽하게 구현된 효율적 증권시장, 경쟁적 자유자본시장은 현실이 아
니라 이념이다.

> ★ **정보효율성의 이념과 가설의 차이**   여기서의 이념은 경영학계에서 말
> 하는 '가설'과 같은 뜻은 아니다. 경영학계에서는 증권정보가 가격결정에
> 적절하게 반영됨으로써 효율적인 자본배분이 이루어진다는 이론적 가설
> 을 효율적 시장의 가설(efficient market hypothesis)이라고 한다.[146] 그러
> 나 주가조작행위 가운데에도 반도덕적 구조의 행위들(유형 ⓐⓒⓓ)을
> 금지하는 구성요건들은 정보지배력의 차이와 상관없이 (법적으로) 자유
> 롭고 평등한 시장참여자들의 이념, 경제학적으로 표현하면 경쟁적 자유
> 자본시장의 이념을 이미 현실화하는 형벌법규들이다. 다만, 현실거래에
> 의한 주가조작(유형 ⓑ)에서는 정보지배력의 차이가 있다는 점에서 이
> 경영학계의 가설론이 타당할 여지가 있다. 하지만 그와 같은 의미의 효
> 율적 자본시장이 비록 현실이 아니라고 해도 가설이라고 봐서도 안 된
> 다. 그런 시장은 검증되거나 반증될 명제가 아니라 실천적으로 추구되어
> 야 할 도덕적 기획이기 때문이다.

2) **사회국가적 자본시장형법**   자본시장법은 이 이념의 현실화
를 기획하고 도모한다. 이 기획은 때때로 사회국가적 기획의 성격을
띤다. 즉, 시장참여자들을 이를테면 정보생산자와 정보소비자로 나누
고, 각각 **정보강자와 정보약자**(예: 개미투자자)의 지위를 부여한 다음,
약자보호를 위해 정보강자인 정보생산자에게는 정보약자인 정보소비

---

145 정보효율성을 증권시장의 기초로 바라보는 신영무, *증권거래법* (1987), 11쪽; 이준
     섭, *EU은행·증권법* (박영사, 1996), 163~165쪽; Gilson/Kraakman, "The Mechanism
     of Market Efficiency", *Virginia Law Review* (Vol. 70, 1984), 549쪽 아래 참조.
146 이에 관해 박정식·박종원, *현대투자론* (2001), 264쪽 아래 참조.

자가 잘못된 투자판단에 빠지지 않도록 배려할 다양한 의무를 부과하는 것이다. 주가조작행위자가 위반하는 정보의무도 그러한 의무 가운데 중요한 한 유형을 이룬다. 이 의무는 다양한 규정에 의해 법제화되고 있는데,[147] 그 법적 의무의 총계는 궁극적으로는 앞서 말한 정보효율성의 실현에 지향되어 있다. 그런데 이 사회국가적 기획은 약자보호라는 실질(형)법(materialisiertes Recht)의 차원을 넘어선다. 즉, 정보효율성은 실물시장에서보다는 자본시장에서 특히 시장의 효율성과 합리성을 가능케 하는 핵심축이 된다. 그렇기에 주가조작죄가 설정하는 법적 의무는 자본시장의 합리적 기능과 효율적 성장과 같은 **보편적 법익**을 실현하는 데에 향해있다. 그러니까 주가조작죄의 보호법익은 정보효율성 위에서 구축되는 **자본시장의 기능적 효율성** 그 자체가 된다.

　　3) **주가조작죄의 트릴레마**　　　　하지만 사회국가적 법제기획으로서 주가조작죄는 자본시장의 기능을 안정화하면서 동시에 위태화할 가능성도 안고 있다. 이를 주가조작죄의 트릴레마(trillemma)로 설명할 수 있다. ① 첫째, 투자실패에 대한 책임을 정보생산자에 편중시키면, 정보약자인 투자자들은 언제나 쉽게 법적으로 보호될 수 있다는 안도감 속에서 다양한 투자정보를 수집하고, 그에 기초한 합리적 투자판단을 내리는 것을 게을리 하며, 투기성 거래에 몰입하기 쉽다. 이런 **투자자의 모럴헤저드**(moral hazard) **보호**는 정보생산자로 하여금 법적 책임에서 벗어나기 위해서는 과도한 정보유통비용을 지불하지 않을 수 없게 한다. 이는 장기적으로는 자본시장의 정보유통을 고비용 구조 속에 몰아넣음으로써 증권가격이 시장에서 합리적으로 결정될 수 없게 한다. 그렇게 되면 자본시장은 쉽게 붕괴될 수 있게 된다. 이

147　이 가운데 내부자거래금지는 주가조작과 함께 가장 중요한 행위규범이다. 이 내부자거래금지위반죄에 대한 비판적인 분석으로 이상돈·임철희, "내부자거래의 시장유해성과 시장의 형법비친화성", *형사정책연구* (겨울호, 1999), 101~131쪽.

를 **법에 의한 사회적 통합의 와해**라고 부를 수 있다.

② 둘째, 그처럼 병리화된 자본시장은 다시금 법을 와해시킬 수 있다. 투자자의 모럴헤저드는 특히 증권관련집단소송제에 의해 더욱 심해지고,[148] 투자자들은 스스로 책임져야할 몫의 투자실패에 대해서까지도 법에 그 구제를 호소하게 된다. 그 결과 주가조작책임을 추궁하는 민·형사소송은 급증하고, 사법은 더욱 더 많은 주가조작소송의 부담을 지게 되며, 이 부담의 해소를 위해 소송경제에 지나치게 편향되거나 더욱 강한 투자자보호정책의 판결을 내리게 된다. 즉, 투자자의 모럴헤저드가 사법의 과부하를 초래하고 법을 지나치게 정책의 도구로 전환시킴으로써 법의 정당성을 약화시킨다. 수사기관도 이전보다 훨씬 더 많은 주가조작소송사건을 떠맡게 되는데, 이는 현재 주가조작 수사가 증권선물위원회의 조사와 조치결과에 거의 의존해 있는 현실을 고려할 때 수사기관의 기능장애를 초래할 수 있다. 이를 **사회**(합리성을 상실한 자본시장)**에 의한 법적 통합의 와해**라고 부를 수 있다. ③ 셋째, 이처럼 법은 투자자를 보호하려다 자본시장의 합리성을 오히려 훼손시키고, 그 결과 시장붕괴를 부추길 수 있다. 이때 적어도 결과적으로는 법이 증권시장의 공정성과 합리성을 실현할 수 있는 정책에 무관심하다고 말할 수 있다. 거꾸로 투자자보호의 정책이 사법의 비경제적 논리를 파괴하고, 법적 책임귀속의 규범적 원리를 일그러뜨린다는 점에서는 정책도 법에 무관심하다고 말할 수 있다. 이로써 법과 정책은 상호적으로 무관심한 셈이 된다.

2. 주가조작죄의 정당성과 비례성

이러한 트릴레마는 주가조작에 대한 과도한 형사처벌의 위험성

---

148 증권관련집단소송제의 문제점에 대해 이준섭, "증권관련 집단소송제 도입의 몇 가지 전제와 문제점", *상장협* (제44호, 추계호, 2001), 19~34쪽; 이상돈, *공익소송론* (세창출판사, 2006), 92, 93쪽 참조.

을 지적해줄 뿐, 주가조작의 전면적인 비범죄화까지를 요구하는 현상
은 아니다.

(1) **시장의 공정성이란 상징의 실제적 시장유지기능** 왜냐하면
주가조작죄가 매우 편파적으로 운영되고 매우 드물게 적용되어 단지
'상징'으로만 남는 경우에도 그 상징은 실물경제와는 또 다른 의미를
가질 수 있기 때문이다.

1) **공정거래법상의 범죄와 비교** 이 점은 주가조작죄의 불법
을 공정거래법상의 범죄유형과 비교할 때 좀 더 분명해진다. 예컨대
통정거래는 카르텔(동법 제19조, 제66조 제1항 9호)에 비교되고, 현실거
래에 의한 시세조종은 가격결정력을 독·과점하는 시장지배지위의 남
용행위(동법 제3조의2, 제66조 제1항 1호)에 비교될 수 있다. 카르텔이나
시장지배지위의 남용행위가 형사불법을 갖고 있는지에 대해 의문을
제기할 수 있다. 이를테면 이들 불공정거래행위의 실제 사례들은 극
히 예외적인 경우[149]를 제외하고 대부분은 형사불법의 문턱에 약간
못 미치는 것으로 평가하고, 과징금이나 징벌적손해배상 등의 제재가
적합한 중간법(middle law)에 속해야 한다는 주장[150]도 가능하다. 비교
법적으로도 EU는 반독점법 위반행위를 범칙금으로 제재할 뿐이고, 독
일도 입찰담합죄(StGB §298) 이외에는 경쟁제한방지법(GWB) 위반행위
를 범칙금으로만 제재한다. 이런 **비범죄화 흐름**은 자본시장에서의 불
공정거래행위인 주가조작행위에 대해서도 원칙적으로 연장될 수 있
다. 게다가 실물경제의 수요자보다 자본시장의 증권수요자들이 모럴
헤저드라고 표현할 만한 투자판단의 과오를 갖기 쉽다는 점, 즉 범죄

---

149 이런 예외적인 형사불법의 카르텔이나 시장지배지위남용행위를 분석해내는 이
 상돈, *공정거래형법* (법문사, 2010), 171쪽.
150 이에 관한 자세한 논의는 이상돈, *윤리경영과 형법* (신영사, 2005), 111~115쪽
 참조.

피해자의 과오가 상대적으로 더 크다는 점에서 자본시장에서 불공정 거래행위를 비범죄화 하자는 주장이 더욱 타당할 수 있다.

　　2) **자본시장과 실물경제의 차이**　　　하지만 여기서 실물경제와 자본시장의 차이에 주목할 필요가 있다. 실물경제에 있어서는 시장의 공정성을 해하는 행위가 행해져도 소비자들은 수요를 줄일 수는 있으나 거래에 참여하지 않을 수 없는 반면, 자본시장의 소비자들은 시장이 불공정하다는 생각이 커지면 아예 시장에 참여하지 않을 수 있다. 또한 그런 경향이 일반화된다면 자본시장은 빠르게 붕괴될 수 있다. 즉, 자본시장은 실물시장에 비하여 비교할 수 없을 만큼 **매우 탄력적인 수요**를 갖고 있다. 이는 실물시장의 수요자가 자본시장의 수요자에 비해 비탄력적인 수요를 갖는 것, 예컨대 독과점시장인 이동통신서비스는 가격이 높아도 ─ 그래서 소비자보호의 과제가 매우 중요해져도 ─ 소비자들이 그 서비스를 계속 이용하는 현상과 대조적이다.

　　(2) **시뮬라시옹으로서 주가조작죄**　　　여기서 주가조작죄가 아무리 집행결손에 시달리는 상징형법일지라도, 그 법이 만들어내는 공정성의 '상징'은 그 자체가 다시금 증권시장의 붕괴를 막는데 어느 정도는 실제적인 기능을 발휘한다고 말할 수 있다. 여기서 말하는 상징은 법(학)에서 전혀 알지 못했던 새로운 의미의 개념이다.

　　1) **법에서 상징의 3가지 의미**　　　법은 언어기호로 구성되어 있고, 기호는 언어상징이다. 여기서 상징이 법에서 갖는 의미를 짧게 살펴볼 필요가 있다. ① 법의 현실화(사회학적 효력)는 상징에 담긴 규범적 기획이 현실화됨을 말한다. 상징은 현실화가 가능한 규범적 기획이다. 그런데 이 상징은 현실을 왜곡할 수 있다. ② 상징의 규범적 기획은 현실로부터의 요구와 폭넓은 도덕적 정당성을 바탕으로 하지만 특정 법(예: 형법)을 매개로는 애당초 현실화될 수 없을 경우도 있

다. 그런 법은 상징입법(symbolische Gesetzgegbung)[151]이 된다. ③ 그러나 이미 존재하는 현실에 상징이 그 의미의 기호로 부가되는 것이 아니라, 정반대로 상징이 아직 '있지 않은' 현실을 만들거나 현실을 과장함으로써 어떤 (정치적) 이데올로기적 기능을 수행할 수 있다. 이를 보드리야르는 시뮬라시옹(simulacre)[152]이라고 불렀다. 예컨대 국가보안법의 전면폐지를 주장하는 견해는 때때로 그 법이 국민들로 하여금 있지도 않은 국가안보에 대한 위협이 있다고 느끼게 만든다고 본다. 법의 상징이 안보위협의 현실을 만든다는 것이다.

2) **주가조작죄의 상징**   주가조작죄의 상징은 이상에서 설명한 세 가지의 상징(①~③)과 같기도 하고 다르기도 하다. 즉, 주가조작죄는 규범적 기획이지만 잘 집행되지 않는다는 점에서는 ①②와 같다. 그러나 주가조작죄는 증권시장의 공정성 상징으로서 그것에 의해 비로소 증권시장(현실)이 구축된다는 점에서는 ③과 같다. 하지만 주가조작죄는 ③과 같이 이데올로기적인 기능을 수행하지 않는다는 점에서 다르다. 그러므로 주가조작죄는 법에서 상징의 제4유형이라고 할 수 있다.

그렇다면 주가조작의 범죄화 일반이 폐기되어야 하는 것이 아니라 증권시장의 공정성이라는 상징을 창출하려는 목적에서 투입되는 형벌이 어떤 경우에 과잉인지, 즉 비례성원칙에 위배되는지를 반성하여야 할 뿐이다.

(3) **주가조작죄의 비례성**   비례성은 비례성의 세 요소, 수단의 목적달성 '적합성', '최소침해성(필요성)', '균형성'으로 구성된다. ① 첫째, 주가조작죄의 실제적인 목적이 앞서 설명한대로 새로운 상징 개

---

151 이에 관해 자세히는 Voß, *Symbolische Gesetzgebung* (1983) 참조.

152 J. Baudrillard (하태환 역), *시뮬라시옹: 포스트모던 사회문화론(Simulacre et simulation)* (민음사, 1992), 12~13쪽 참조.

념, 즉 '현실(증권시장이탈의 방지)을 형성하는 상징(주가조작죄)의 창출'
이라고 본다면 주가조작죄의 **적합성** 요건은 처음부터 충족된다. 이
점이 종래의 상징형법과는 다른 점이기도 하다. ② 둘째, 필요성 요
건은 주가조작을 막는 다양한 증권거래제도를 완비하고, 형벌이외의
제재가 실효성을 확보한 후에도 여전히 주가조작이 시장의 기능을
위협할 정도의 수준으로 행해질 것인지에 따라 판단될 수 있다. 그런
증권거래제도의 목록은 매우 길다. 공시제도의 강화, 한국거래소와
증권업협회의 자율규제기능 강화방안으로 열거되는 다양한 제도들이
이에 속한다. 그런 제도들은 여기서 하나하나 논의할 수 없고 또한 그
럴 필요도 없다. 왜냐하면 정보효율성에 매우 민감하게 반응하는 시
장참여자들의 속성이 사라지지 않는 한 증권시장에서 주가조작죄처럼
'현실을 구성하는 상징'의 창출은 — 비록 주가조작을 예방하는 합리적
제도의 구축에 반비례하여 약하게 충족되기는 해도 — 결코 불필요하
게 되지는 않을 것이기 때문이다. 그러므로 주가조작죄는 **필요성** 원
칙에 완전히 위배되지는 않을 것이다. ③ 셋째, 그러므로 주가조작죄
의 균형성원칙 위배 여부가 문제의 관건이 된다. 균형성은 목적가치
들 사이의 비교형량[153]으로 판단된다. 즉, 주가조작죄의 목적인 현실
(시장참여동기의 유지)을 형성하는 상징의 창출과 형벌부과가 침해하는
행위자의 기본권 가치가 균형성을 이루는지가 중요하다. 일단 주가조
작죄가 일반적으로 그런 균형성을 상실했다고 단정짓기는 어렵다. 분
명 어떤 주가조작은 증권시장에서의 투자자 이탈에 대해 매우 중요
한 효과를 발휘할 수 있기 때문이다. 반면 주가조작에 해당하는 모든
행위를 형사처벌해도 균형성을 유지할 수 있는 것도 아니다. 그러므
로 주가조작죄의 균형성은 주가조작죄의 법규범이 어떤 방향으로 구

---

[153] 이에 대해 자세히는 이상돈, *헌법재판과 형법정책* (고려대출판부, 2005), 98~100쪽
      참조.

체화되느냐에 따라 달라질 수 있다.[154]

3. 주가조작죄의 운영방향

주가조작죄가 합헌적이기 위한 해석적용의 테두리조건으로 다음
과 같은 중요한 세 가지를 들 수 있다.

(1) 비례성의 절차적 실현   먼저 주가조작죄의 구체적인 규범
형성 권한을 의회나 법원이 아닌 증권선물위원회와 같은 행정에이전
시(adminstrative agencies)도 분점할 수 있어야 한다.

1) 증권선물위원회의 가이드라인   현재도 주가조작에 관한 손
해배상절차와 형사절차의 실효성은 사실상 금융위원회에 설치된 증
권선물위원회가 주관하는 조사와 조치(자본시장법 제426조)에 의존해
있다. 이는 증권선물위원회가 주가조작행위를 밝혀낼 수 있는 전문성
이 있음을 의미하고, 그런 전문성은 형사처벌이 불가피한 주가조작행
위의 유형을 정형화할 수 있는 역량을 포함한다. 그러므로 증권선물
위원회에게 다양하고 수많은 주가조작행위들 가운데 그 처벌이 비례
성원칙에 위배되지 않는 유형을 선별해내는 역할, 바꿔 말해 주가조
작죄의 법규범을 구체화하는 역할을 떠맡길 필요가 있다.

2) 법다원주의적 역할수행   이런 역할수행은 물론 고전적인
의미의 죄형법정주의에는 위배되지만 현대사회에서 증대되는 법다원
주의(legal pluralism)[155]의 관점에서 보면 오히려 형사사법의 민주성을
높이는 것이 된다. 또한 증권선물위원회[156]가 그런 역할을 전속고발

---

154 이는 주가조작죄에 대해 헌법재판을 하게 된다면 헌법재판소는 변형결정(한정합
     헌결정, 한정위헌결정)을 하게 됨을 의미하기도 한다.

155 이에 관해서 이상돈, *인권법* (세창출판사, 2005), 131, 139쪽 참조.

156 미국의 경우에도 주가조작에 대한 법무부의 배타적인 연방형사소추권은 증권거
     래위원회(SEC)의 고발을 전제조건으로 한다. 고발의 기준 등에 관해 자세히는
     Amchen/Cordova/Cicero, "Securities Fraud", *American Criminal Law Review* (Vol.

권[157]의 행사를 통해 수행한다면 어떤 의미에서도 죄형법정주의 위반
은 인정되지 않는다. 전속고발권제도는 자본시장의 효율성과 법적 정
의의 괴리를 메우고 자본시장체계와 사법체계를 조화롭게 통합하는
이음 띠 역할을 수행할 수 있다.[158] 다만, 전속고발권이 검찰의 수사
권과 공소권을 실질적으로 침해하는 독점적 수사권 및 형사소송물의
처분권을 의미해서는 안 된다. 그러므로 검찰이 인지한 중대한 주가
조작행위에 대한 고발 요청에 대해 '근거 없는' 거부를 배제하는 내용
의 협의적 절차가 전속고발제도에 포함되어야 한다.

(2) **가변적 요건의 고려**   증권거래가 불공정한 시장참여, 투
자유인효과, 시장가격결정메커니즘의 위태화(왜곡), 그리고 비합리적
경영으로서 목적이라는 네 가지 구조적 요건을 충족한다 하더라도
그런 충족이 어떤 질적 수준의 불공정거래행위에 의해, 어떤 정도의
양에 의해, 어느 정도의 기간 안에 이루어졌느냐에 따라 주가조작의
성립여부를 달리하여야 한다.

1) **거래의 기간, 질량의 변수**   이 점을 기간을 기준으로 설명
해본다. 먼저 주가조작의 실행행위는 대개 일정한 기간에 걸쳐 불공
정증권거래가 반복되는 형태, 즉 '집합범'이나 '연속범'의 형태로 이루

39, 2002), 1093쪽 참조.

157 이러한 전속고발권은 증권선물위원회에게만 인정되고, 한국증권업협회(현 금융
     투자협회)나 한국거래소에게는 인정되지 않아야 한다. 이 두 기관은 주가감시를
     통해 발견된 이상매매거래를 감리하고 주가조작의 혐의가 포착되면 「금융실명
     거래 및 비밀보장에 관한 법률」 제4조 제1항 4호에 의해 수사기관에 직접 고발
     해서는 안 되고, 금융감독기관의 장에게 주가조작에 관한 정보를 제공해야 한다.
     이런 현행법제는 앞으로도 계속 유지되어야 한다. 자율규제기관들과 검찰의 직
     접적인 정보교환은 자율규제의 메커니즘을 사법의 논리에 의해 파괴할 위험을
     수반하기 때문이다.

158 이런 관점을 전개하는 이상돈, *부실감사법* (법문사, 2004), 164~165쪽 참조: "고
     발제도는 법제도로써는 완전히 해결할 수 없는 사회체계간 통합의 부분적 장애
     를 극복하는 또 다른 의사소통적 메커니즘이 되는 것이다."

어짐을 염두에 둔다. 가령 시장의 불공정성을 그르친다고 평가할 수 있는 불공정증권거래가 일정 기간 안에, 일정한 질적 수준의 불공정성을 지닌 채, 일정한 횟수(발생량)로 이루어졌다고 가정하자. 이때 그 불공정증권거래행위의 일탈행위로서의 질적 수준과 발생 총량을 동일하게 유지한 채, 그 행위들을 그 기간보다 더 긴 기간에 걸쳐 분산시켜놓는다면 그 행위들의 시장유해성은 희석된다. 이는 마치 같은 양과 같은 오염도의 폐수라도 긴 시간에 걸쳐 하천에 서서히 방출할수록 그 하천의 오염도가 낮아지는 것과 같다. 또한 같은 양의 불공정증권거래행위라도 장기간에 걸쳐 이루어지면 다른 시장참여자들은 더 많은, 그리고 더 다양한 투자정보를 접하게 되므로 그 불공정증권거래의 투자유인효과도 그만큼 더 약화된다. 마찬가지로 긴 시간에 걸쳐 분산되면 그것이 일정한 단위기간의 수요량과 공급량에서 차지하는 비중이 적어지므로 가격영향력도 그만큼 엷어지게 되는 것이다. 여기서 주가조작죄의 문턱을 넘어서는 불공정증권거래와 그렇지 않은 거래의 구별에는 일정한 질과 양의 **불공정증권거래가 이루어지는 기간의 장단**이 중요한 요소임을 알 수 있다.

　　이런 논리는 불공정증권거래의 질과 양에서도 똑같이 타당하다. 같은 기간, 같은 횟수의 불공정증권거래행위라도 그 **일탈행위의 질적 수준**이 강할수록 주가조작죄로 통제할 필요성이 높아진다. 또한 같은 기간, 같은 질적 수준의 불공정증권거래행위라도 그 발생횟수가 많을수록 주가조작죄로 통제할 필요성이 높아진다.

　　2) **최소손해규모의 설정**　　　하지만 이와 같은 불공정증권거래행위의 질과 양 및 기간이 어느 정도여야 주가조작죄로 처벌할 만한 시장유해성이 있다고 볼 것인지를 법률에 명확한 언어로 요건화할 수는 없다. 시행령이나 시행규칙으로도 명확성을 보장할 정도의 구체화가 결코 쉽지 않다. 여기서 주가조작죄는 본질적으로 **가변적인 요건**

을 갖고 있다고 할 수 있다. ① 첫째, 불공정증권거래행위로 인해 얻
은 이익(또는 그와 상관성 있는 투자자의 손해)이 일정한 규모 이상일 것
을 요구하는 방안이다. 이를 형법학에서는 구성요건해당성조각사유
로서 **'사소한 법익침해의 원칙'**(Geringfügigkeitsprinzip)이라고 부른다.
이는 주가조작죄의 결과불법에서 비례성원칙을 관철하는 것이기도 하
다. 이런 원칙의 적용은 주가조작으로 인한 형사책임의 요건(제176조)
이 — 특히 손해의 발생과 인과관계를 요구하지 않는다는 점에서[159] —
손해배상책임의 요건(제177조)보다 더 완화되어 있는 점 때문에 더욱
더 요구된다. 이런 요구는 불명확성의 외곽을 어느 정도까지는 일정
한 반경 안에 머무르게 할 수 있다. 그러니까 주가조작이 있었어도
그 규모가 작으면 주가조작죄에 해당하지 않는다고 보는 것이다. 바
꿔 말하면 불법이익취득이나 관련성추정손해의 규모는 주가조작죄에
서 구성요건에 서술되지 않은 결과불법의 요소가 된다. 이 점은 취득
한 이익이나 손해의 규모가 클 경우에 처벌을 — 5억 원 이상 50억 원
미만 3년 이상 징역, 50억 원 이상 무기 또는 5년 이상의 징역으로 —
가중하는 법 제443조 제2항의 반대짝이라고 할 수 있다.

　② 둘째, 실제 손해의 규모는 주가조작행위와 **'통계학적 인과성'**
이 있는 투자자의 손해만으로써 산정되어야 한다. 여기서 통계적 인
과성은 개념적으로는 시세변동의 단순한 가능성[160]이나 개연성[161]을
넘어서는, 적어도 **'고도개연성'**을 의미한다. 이런 인과적 관련성을 요
구하는 것은 주가조작죄가 창출하는 시장의 공정성이라는 상징이 —

159　대판 2005.11.10, 2004도1164; 서울중앙지방법원 2008.5.23. 선고 2008고합95 판
　　결; 법원은 투자자의 오해를 실제로 유발하였는지 여부나 타인에게 손해가 발생
　　하였는지 여부 등은 문제가 되지 않는다고 보았다.

160　대판 2002.6.14, 2002도1256; 한국형사정책연구원, *증권범죄에 관한 연구* (1996),
　　105쪽.

161　김정만, 앞의 논문, 216쪽; 이종학, "시세조종의 입증", *정강법률포럼 창립세미나
　　자료집* (1999.10.25.), 4쪽.

형사책임의 귀속에서 일반적으로 요구되는 확실성 수준의 인과적 관
련에 못 미치는—그런 인과성마저도 없는 행위나 적은 규모의 이익
취득행위에 의해서는 깨지지는 않을 것이기 때문이다. ③ 셋째, 증권
선물위원회는 통계적 인과성을 해명하는 과학적 분석기법을 더욱 발
전시켜 세밀화하고, **가벌성이 인정되는 불법이득액의 규모를**—물론
절대액을 정하는 방식이 아니라 해당 기업의 주가총액에 비례하여
상대화하는 방식으로— **최대한 정형화**할 필요가 있다.

  (3) **행위준칙의 관리**   다음으로 주가조작죄는 최대한 시장참
여자들이 준수해야 하는 행위규범을 설계하는 방향으로 운영되어야
한다. 이를 위해서는 주가조작죄의 해석에서 몇 가지 사항이 고려되
어야 한다.

  1) **불법이득의사**   주가조작죄는 단순히 나쁜 심정을 가졌기
때문이 아니라 자신의 행위가 주가조작죄의 요건을 충족한다는 점을
인식한 것만으로는[162] 부족하고 적극적으로 의도하였어야 한다. 이것
은 최강도의 고의로서 목표지향적 의욕과 (경제적인) **불법이득의사**
(Bereicherungsabsicht)가 행위자에게 존재할 것을 요구한다.

  ★ **불법이득의사의 필요근거로서 목적조항**   물론 주가조작죄를 사기죄와
  같은 개인적 법익에 대한 범죄가 아니라 자본시장의 가격결정기능을 위
  태화하는 보편적 법익에 대한 범죄로서 이해하면 불법이득의사는 주가
  조작죄 고의의 요건이 아니다.[163] 그러나 우리나라 주가조작죄에서 목적
  조항들(예컨대 "매매를 유인할 목적")이 대부분 들어있고, 이는 진정한
  목적이 아니라 불법이득의사와 나쁜 심정과 같은 윤리적 심리적 요소를
  함께 표현한다. 또한 명문의 목적조항이 없는 주가조작죄에서도 불법이

---

162 이것만으로 주가조작죄를 인정하는 김정만, "시세조종행위의 규제", *증권거래에
    관한 제문제 [해]* (재판자료 제91집, 2001), 199쪽 아래.
163 이런 관점은 독일 증권법 제88조의 Kursbetrug의 실행행위의 해석으로 지배적인
    것이기도 하다.

득의사의 요구근거가 되는 목적조항을 일종의 '기술되지 아니한 구성요
건요소'라고 해석할 필요가 있다.

⑺ **불법이득의사의 결핍효과**   가령 주가조작의 자금을 댄 사
람과 행위자 사이의 관계가 투자신탁계약의 관계인지 아니면 소비대
차계약의 관계인지에 따라 주식거래를 한 행위자에게 주가조작죄의
성립이 좌우될 수 있다. 앞의 경우라면 행위자는 수수료만 받는 것이
므로 불법이득의사가 없을 개연성이 높다. 따라서 주가조작죄의 주관
적 요건(목적)을 충족하게 된다. 이에 비해 뒤의 경우라면 행위자는
자신의 계산으로 투자행위를 한 것이므로 주가조작에 의한 불법이득
의사가 인정되기 쉽다. 소송에서 어떤 경우인지는 두 당사자의 진술
에 의존하여 판단되기 쉬운데, 만일 두 사람의 진술이 서로 정반대라
면, 그 밖의 간접증거를 충분히 수집할 때에만 사실인정이 합리적일
수 있다.

⑴ **경제적 이익의 취득**   불법이득의사는 판례의 입장과는 달
리 무형적 이익(예: 회사 내 지위상승, 지배권확보 등)으로는 부족하고,[164]
유형적 이익,[165] 그것도 **대규모의 경제적 이익을 취득하려는 의사**여
야 한다. ① 이 점에서 부당이득취득목적의 주가조작죄에서 부당이득
취득 개념과 구별된다. 부당이득취득목적은 경제적인 불법이득의사
에 국한되지 않고, 경영권 획득이나 회사 내에서의 지위 상승 등 무
형적 이익을 포함하기 때문이다. 그런데도 사법학자들은 불법이득의
사를 '부당이득의사'로 확장해석하기도 한다.[166] 이런 확장해석은 바람
직하지 않지만, 손해배상책임(제179조)의 요건으로는 사용가능하다. 그

---

164 무형적 이익을 포함한다는 견해로 대판 2002.7.22, 2002도1696.
165 유형적 이익에 국한하는 견해로 황동욱, *불법증권거래와 손해배상* (1997), 248쪽.
166 최승재, "자본시장법상 불공정거래에 대한 규제", *한국금융법학회 2009년 하계
    학술발표회* (2009.9.29.) 발표문, 21쪽; 또한 김건식·정순섭, *자본시장법* (두성사,
    2009), 336쪽 참조.

러나 부당이득의사만으로 범죄로서 부정거래행위죄가 성립할 수는 없다. 유추금지원칙에 위배되기 때문이다. ② 다만, 이때 불법이득의사는 직접적인 불법이득 뿐만 아니라 **간접적인 불법이득**의 경우를 모두 포괄한다. 이를테면 분식회계를 한 내용으로 증권신고서와 사업설명서를 사용한 주식공모를 지시한 대표이사의 불법이득의사는 회사는 부정거래의 이익을 직접 얻고(예: 주금납입), 자신은 그런 부정거래로 회사가 성장하여 연봉이나 스톡그랜트의 이익을 '간접적으로' 얻는 의사이다. 사기죄에서는 자신을 위한 사기에서 손해와 이익은 동질적인 것이어야 하지만, 부정거래행위죄에서는 그런 동질성이 요구되지 않는다. 따라서 불법이득의사를 간접적 불법이득의사로 해석하여도 형법상 금지된 유추에 해당하지는 않고, 확장해석에 해당할 뿐이다.

(다) **성향개념**   이런 목적의사는 매우 특별한 내면의식을 표현하는 개념(성향개념 Dispositionsbegriff)으로서 그 개념적용의 성패는 그런 의식의 존재를 추론하는 데 사용되는 간접사실들이 얼마나 수집되고 어떻게 이용되느냐에 따라 좌우된다. 즉, 주가조작고의의 귀속은 절차적으로만[167] 합리적일 수 있다.

★ **주가조작에 의한 이득의사의 간접사실들**   이 간접사실들은 무수히 많은데, 대표적인 예로는 ① 행위자의 재산상황이나 주가상승에 따른 경제적 이익취득의 기대, 담보부족이나 적자결산 등과 같은 행위자에 관계된 경제적 상황, ② 분식회계나 차·가명계좌의 이용, 적극적인 투자권유 등과 같은 행위수단과 방법, ③ 증권거래 횟수, 평균거래량, 전후의 거래상황, 전체거래에서 차지하는 비중, 일일평균거래량과의 차이 등과 같은 증권거래행위의 패턴과 특성, ④ 주가상승 후 매도의 즉각성이나 전환사채전환 등과 같은 차이실현요소 등을 들 수 있다.

---

[167] 이에 관해 이상돈, "고의의 귀속과 절차적 지평", *형법학: 형법이론과 형법정책* (1999), 347~349쪽 참조.

2) 제한해석   주가조작의 실행행위 표지들을 엄격하고 일관되게 적용하여야 한다. 하지만 이 엄격성이 물론 형법전의 해석에서 보다도 더 강해야 할 필요는 없다. 몇 가지 예를 들어 본다.

- 첫째, 예컨대 "유포"(제176조 제2항 2호)는 불특정한 다수인에게만이 아니라[168] 전파가능성이 있는 특정한 개인에게 말한 경우까지 포함한다고 해석해도 된다.
- 둘째, 그러나 다른 예로 "표시"(제176조 제2항 3호)를 (전파가능성이 없는) 특정한 소수의 개인에게 한 경우를 포함하는 것으로 확장[169]하는 것은 옳지 않다.
- 셋째, 또 다른 예로 "중요한 사항"(제176조 제2항 3호)의 개념도 유가증권 발행 자체에 관한 것이 아니라, 그 발행인이 속하는 산업계나 증권시장 전체에 관한 것과 같은 정보를 포함한다고 보는 것도 금지된 유추에 해당한다.

이러한 방향의 법해석은 완결된 것이 아니며, 앞으로 발생하는 다양한 주가조작행위에 관철되어야 하고, 또한 그렇게 함으로써 주가조작죄의 구체적인 법규범이 형성된다. 또한 그런 법규범이 형성하는 의미의 공간은 증권선물위원회가 주가조작행위들을 통제할 때 주로 따르는 '경제와 효율성의 논리'가 작동하는 외곽을 형성한다.

---

168 불특정한 다수인은 유포보다 좁은 개념인 '공연'(公然)히 적시'라는 개념의 의미로 이해될 수 있다.
169 박삼철, "우리나라의 시세조종행위 규제에 관한 고찰", *증권조사월보* (제216호, 1995.4), 33쪽.

제2장
내부자거래죄

CHAPTER 02

내부자거래죄

Ⅰ. 문제상황

자본시장의 공정한 거래질서를 교란할 수 있는 '증시 스캔들'이 터져 나올 때면, 어김없이 불공정거래행위를 통제하는 강력한 법적 제재수단을 마련해야 한다는 여론이 높아진다. 특히 '개미군단'이든 '동학개미'이든 소액투자자들의 손해가 천문학적인 액수에 이른다는 언론보도가 나가면 '자본시장의 건전성'을 해치는 시장교란행위자에 대한 엄벌요구는 더욱더 강해진다. 그런 시장교란행위 가운데 내부자거래는 자본시장법상 주가조작과 함께 가장 중대한 범죄행위의 하나이다(자본시장법 제174조, 제176조).

자본시장법상 내부자거래(Insider Trading, Insiderhandel)란 상장기업의 주주나 임·직원 등이 아직 일반인에게 공개되지는 않았지만, 만약 공개된다면 일반 투자자의 투자판단에 중대한 영향을 미칠 수 있는 정보를 증권거래에 이용하거나 다른 사람에게 전달하는 행위를 말한다. 즉, 내부자거래는 증권시세에 중대한 영향을 미칠 가능성이 있다고 생각되는 미공개정보를 공시하지 않은 채 이용하는 행위이다. 예를 들면 다음과 같은 행위를 들 수 있다.

- A회사의 이사 甲이 그 회사의 사업결산실적의 추정결과를 묻는 B증권

회사의 간부인 친구 乙에게 그 내용을 확인해주는 행위(대판 1995.6.29, 95도467)

- A제지회사의 최대주주인 B금융회사의 대표이사 甲이 A제지회사의 회계장부상 나타나지 않은 누적된 적자와 자금난에도 불구하고 A제지회사가 상장된 직후 높은 주가가 형성되자 B금융회사 소유의 주식을 매도한 행위(대판 1994.4.26, 93도695)
- 무세제 세탁기를 개발한 A회사의 제품시연회 개최사실을 알고 있는 B신문사 경제부 차장기자 甲이 신문지상에 보도가 되기 전에 자기 동생 乙에게 그 사실을 알려주(거나 또는 그 회사의 주식매입을 권유하)는 행위

그러나 이와 같은 행위유형들을 형사처벌하는 것이 과연 정당한 것일까? 이 문제에 올바르게 답하기 위해서는 무엇보다도 내부자거래 금지조항이 보호하는 법익이 무엇인지를 밝혀야 하며, 그런 법익이 있다면 그 법익이 형법에 의해 보호되기에 적절한 것인지를 검토하여야 한다(Ⅳ). 이를 위해서는 먼저 내부자거래 구성요건(Ⅱ)의 분석을 기초로 내부자거래행위(영역)의 특수성(Ⅲ)을 살펴보아야 할 것이다. 왜냐하면 그런 분석 없이는 무엇보다도 내부자거래의 통제에 있어 형법이 적절한 수단인지를 — 형법 이론적으로 표현하면, 형법의 보충성이나 책임원칙 또는 비례성원칙이 지켜질 수 있는지를 — 판단할 수 없기 때문이다. 다음으로 내부자거래에 대한 형법적 통제의 정당성에 관한 의문을 바탕으로 내부자거래의 형사처벌과 직접적인 연관성을 가지는 이득액 산정방법의 구체적 내용과 개선방안 등을 살펴보는 한편, 형법의 공범이론과 죄수론에 입각하여 정보전달에 의한 내부자거래의 이득액과 내부자거래의 죄수 판단에 대해 검토한다(Ⅴ). 마지막으로 이런 분석을 통하여 내부자거래가 자본시장에 유해적이긴 하나 자본시장이 (적어도 내부자거래와 관련하여 볼 때) 형법에 비친화적이라는 점을 드러내고, 이를 바탕으로 이성적인 (형)법정책(Ⅵ)을 설계한다. 이런 법정책은 물론 입법론으로서 뿐만 아니라 현행

법상 내부자거래 구성요건의 해석론으로도 기능할 수 있을 것이다.

Ⅱ. 내부자거래의 구성요건

먼저 내부자거래죄의 구성요건의 주요내용을 판례와 실무를 중심으로 살펴본다. 내부자거래죄의 요건을 1. 내부자(규제대상자), 2. 특정증권등(규제대상 증권), 3. 내부정보(규제대상 정보), 4. 내부정보의 이용(금지행위)으로 나누어 고찰한다.

1. 규제대상자

2009.2.부터 시행된 자본시장법은 구 증권거래법상의 내부자 외에 계열회사의 임직원, 주요주주 등과 당해 법인과 계약체결을 교섭 중인 자(법인인 경우 그 임직원 및 대리인 포함)도 내부자거래 규제대상에 추가하였다. 자본시장법상 내부자거래 규제대상자를 살펴보면 다음과 같다.

> **자본시장법 제174조(미공개중요정보 이용행위 금지)** ① 다음 각 호의 어느 하나에 해당하는 자(제1호부터 제5호까지의 어느 하나의 자에 해당하지 아니하게 된 날부터 1년이 경과하지 아니한 자를 포함한다)는 상장법인[6개월 이내에 상장하는 법인 또는 6개월 이내에 상장법인과의 합병, 주식의 포괄적 교환, 그 밖에 대통령령으로 정하는 기업결합 방법에 따라 상장되는 효과가 있는 비상장법인(이하 이 항에서 "상장예정법인등"이라 한다)을 포함한다. 이하 이 항 및 제443조 제1항 제1호에서 같다]의 업무 등과 관련된 미공개중요정보(투자자의 투자판단에 중대한 영향을 미칠 수 있는 정보로서 대통령령으로 정하는 방법에 따라 불특정 다수인이 알 수 있도록 공개되기 전의 것을 말한다. 이하 이 항에서 같다)를 특정증권등(상장예정법인등이 발행한 해당 특정증권등을 포함한다. 이하 제443조 제1항 제1호에서 같다)의 매매, 그 밖의 거래에 이용하거나 타인에게 이용하게 하여서는

아니 된다.

1. 그 법인(그 계열회사를 포함한다. 이하 이 호 및 제2호에서 같다) 및 그 법인의 임직원·대리인으로서 그 직무와 관련하여 미공개 중요정보를 알게 된 자
2. 그 법인의 주요주주로서 그 권리를 행사하는 과정에서 미공개중요정보를 알게 된 자
3. 그 법인에 대하여 법령에 따른 허가·인가·지도·감독, 그 밖의 권한을 가지는 자로서 그 권한을 행사하는 과정에서 미공개중요정보를 알게 된 자
4. 그 법인과 계약을 체결하고 있거나 체결을 교섭하고 있는 자로서 그 계약을 체결·교섭 또는 이행하는 과정에서 미공개중요정보를 알게 된 자
5. 제2호부터 제4호까지의 어느 하나에 해당하는 자의 대리인(이에 해당하는 자가 법인인 경우에는 그 임직원 및 대리인을 포함한다)·사용인, 그 밖의 종업원(제2호부터 제4호까지의 어느 하나에 해당하는 자가 법인인 경우에는 그 임직원 및 대리인)으로서 그 직무와 관련하여 미공개중요정보를 알게 된 자
6. 제1호부터 제5호까지의 어느 하나에 해당하는 자(제1호부터 제5호까지의 어느 하나의 자에 해당하지 아니하게 된 날부터 1년이 경과하지 아니한 자를 포함한다)로부터 미공개중요정보를 받은 자

(1) 내부자   당해 법인(그 계열회사를 포함) 및 그 법인의 임직원·대리인으로서 그 직무와 관련하여 미공개중요정보를 알게 된 자(1호)와 당해 법인(그 계열회사를 포함)의 주요주주로서 그 권리를 행사하는 과정에서 미공개중요정보를 알게 된 자(2호)가 내부자로서 내부자거래의 금지의무를 부담하는 주체가 된다. 여기서 임원은 이사 및 감사에 더하여(제9조 제2항), 단기매매차익 규제의 경우와 마찬가지로 상법 제401조의2에서 정하는 업무집행지시자를 포함하고, 상근 여부, 사내·사외이사 여부를 불문한다. 직원은 고용계약관계의 유무를 막

론하고 법인의 지휘·명령하에 있는 한 임시직·아르바이트 사원·파견근로자 등이 모두 이에 해당하고, 대리인에는 그 법인의 업무에 관한 대리권을 수여받은 변호사 등이 포함된다.[1] 자본시장법에서 주목할 만한 부분은 계열회사와 계열회사의 임직원 및 주요주주가 내부자의 범위에 포함되었다는 점이다.

　또한 자본시장법에 의하면, '주요주주'란 ① 누구의 명의로 하든지 자기의 계산으로 법인의 의결권 있는 발행주식 총수의 100분의 10 이상의 주식을 소유한 자 또는 ② 임원의 임면 등의 방법으로 법인의 중요한 경영사항에 대하여 사실상의 영향력을 행사하는 주주로서 시행령이 정하는 자를 말한다(법 제9조 제1항 및 「금융회사의 지배구조에 관한 법률」 제2조 6호). 따라서 주요주주는 당해 법인의 10% 이상의 주식을 소유한 자와 사실상의 지배주주를 의미한다. 이러한 주요주주의 대리인(이에 해당하는 자가 법인인 경우에는 그 임직원 및 대리인을 포함)·사용인, 그 밖의 종업원으로서 그 직무와 관련하여 미공개중요정보를 알게 된 자도 내부자거래 규제대상자에 포함된다(제174조 제1항 5호).

　(2) 준내부자　　　준내부자는 원래 회사의 내부자는 아니지만 법령상 또는 계약상 당해 법인의 내부정보에 합법적으로 접근할 수 있는 기회를 가지는 자를 의미하는데, 자본시장법이 규정하는 준내부자는 "그 법인에 대하여 법령에 따른 허가·인가·지도·감독, 그 밖의 권한을 가지는 자로서 그 권한을 행사하는 과정에서 미공개중요정보를 알게 된 자"(3호)와 "그 법인과 계약을 체결하고 있거나 체결을 교섭하고 있는 자로서 그 계약을 체결·교섭 또는 이행하는 과정에서 미공개중요정보를 알게 된 자"(4호)이다. 그리고 회사 내부자와 마찬가지로 준내부자의 대리인·사용인·종업원 등도 이에 포함된다.

1　김병연·권재열·양기진, *자본시장법* (박영사, 2019), 421쪽.

　구 증권거래법은 4호와 관련하여 "당해 법인과 계약을 체결하고
있는 자"만을 준내부자로 규정하였으나,[2] 자본시장법은 "체결을 교섭
하고 있는 자"도 준내부자로 새로이 추가하였다. 이에 따라 가령
M&A 절차에 있어서는 최종적인 계약체결이 이루어지기 전이라도 **기업
실사**(Due Diligence) 과정에서 해당 기업의 미공개내부정보를 지득한
자도 준내부자가 된다. 이처럼 자본시장법은 준내부자의 범위를 확대
하고 명시하여 (구) 증권거래법의 모호성을 제거하였다.

　(3) 정보수령자　　　회사내부자 또는 준내부자로부터 내부정보
를 전달받은 자는 정보수령자로서 내부자거래의 규제대상이 된다. 여
기서 정보제공자는 자신이 직무와 관련하여 알게 된 내부정보를 타인
에게 전달한다는 점에 대한 인식이 있어야 하고, 정보수령자는 미공
개중요정보라는 사실을 인식하고 그 내부정보를 전달받았어야 한다.[3]

　★ **판례: 정보제공사실의 미필적 인식**　　　"피고인 甲이 乙에게 E 회사의 매
각 관련 소식을 전달하였다는 사실이나 甲이 E 회사의 주식을 거래한다
는 사실을 알고 있는 상태에서 丙이 甲에게 '실사를 나왔다'는 말을 하였
다면 간접적으로 乙의 E 회사의 인수 추진이라는 정보를 甲에게 제공한
다고 인식하였을 수도 있다. 그러나 당시 丙이 위와 같은 사실을 알고
있었다고 볼 만한 사정이 보이지 않으므로 甲의 질문에 대한 위와 같은
답변만으로 丙이 甲에게 E 회사 인수에 관한 정보를 제공한다는 사실을
인식하고 있었다고 단정하기 어렵다. 丙은 검찰과 제1심 법정에서 甲과
대화를 길게 하고 싶은 생각이 없어 짧게 답변하였고 인수합병을 추진하

2　다만, 판례는 구 증권거래법 제188조의2 제1항 4호의 입법 취지상 "법인과 계약을
　체결함으로써 그 법인의 미공개 중요정보에 용이하게 접근하여 이를 이용할 수
　있는 지위에 있다고 인정되는 자는 비록 위 계약이 그 효력을 발생하기 위한 절
　차적 요건을 갖추지 아니하였다고 하더라도 '당해 법인과 계약을 체결하고 있는
　자'에 해당한다고 봄이 상당하다"는 판시를 통해 법문상의 미비점을 보완하려는
　입장을 취한 바 있다(대판 2010.5.13, 2007도9769).
3　한국증권법학회, *자본시장법(주석서 I)* (박영사, 2015), 1036쪽.

는 입장에서 甲에게 회사 일을 거론할 수는 없었다고 진술하였다. 이와 같은 진술내용에 비추어 丙은 정보를 공개하지 않으려고 의도하였다고 볼 여지도 있다. 따라서 당시 E 회사의 인수 소문이 있었다고 하더라도 丙에게 위와 같은 말을 통하여 乙의 E 회사 인수라는 정보를 제공한다는 미필적 인식조차 없었던 것으로 보인다"(대판 2017.10.31, 2015도8342).

2. 규제대상 증권

구 증권거래법은 "당해 법인이 발행한 유가증권"을 규제대상으로 한정하였으나(동법 제188조의2), 자본시장법은 규제대상을 확대하여 특정증권 등을 규제대상으로 한다. 따라서 당해 법인이 발행한 증권뿐만 아니라 해당 법인의 증권을 기초자산으로 하는 그 법인외의 자가 발행한 신종증권 등이 규제대상에 포함된다.[4]

3. 내부정보

자본시장법상 내부정보(미공개중요정보)란 상장법인의 경영이나 재산상태, 영업실적 등 투자자의 투자판단에 중대한 영향을 미칠 수 있는 정보로서 법정된 방법에 따라 불특정 다수인이 알 수 있도록 공개되기 전의 것을 말한다(제174조 제1항). 상장법인의 업무 등과 관련하여 법인 내부에서 생성된 것이라면 해당 정보에 일부 외부적 요인 내지 시장정보가 결합되어 있더라도 내부정보에 해당한다.[5]

(1) 정보의 중요성　　구 증권거래법 제188조의2 제2항은 부도, 영업활동의 정지, 정리절차개시 등 동법 "제186조 제1항 각 호의 1에

4 　특정증권등은 ① 주권상장법인이 발행한 증권, ② 해당 주권상장법인이 발행한 증권과 관련된 증권예탁증권, ③ 그 법인 외의 자가 발행한 것으로서 ① 또는 ②의 증권과 교환을 청구할 수 있는 교환사채권, ④ 이상(①~③)의 증권만을 기초자산으로 하는 금융투자상품을 말한다(자본시장법 제172조 제1항 각 호).

5 　대판 2017.10.31, 2015도5251.

해당하는 사실 등에 관한 정보 중 투자자의 투자판단에 중대한 영향을 미칠 수 있는 것"이라고 정함으로써, **수시공시사항 중 투자판단에 영향을 미칠 수 있는 사항**을 중요정보로 규정하였다.[6] 하지만 대법원은 이 조항이 "제186조 제1항 제1호 내지 제13호 소정의 사실들만을 미공개정보 이용행위금지의 대상이 되는 중요한 정보에 해당하는 것으로 제한하고자 하는 취지에서가 아니라, 중요한 정보인지의 여부를 판단하는 기준인 '투자자의 투자판단에 중대한 영향을 미칠 수 있는 정보'를 **예시하기 위한 목적**에서라고"[7] 보았다. 현행 자본시장법은 대법원 판례의 입장을 수용하여 수시공시사항과 연계하는 구 증권거래법상의 위 문구를 삭제하고, "**투자자의 투자판단에 중대한 영향을 미칠 수 있는 정보**"라고 명시적으로 규정하였다.

★ **판례: 정보의 중요성**   ① "구 자본시장과 금융투자업에 관한 법률(2013.5.28. 법률 제11845호로 개정되기 전의 것) 제174조 제1항에서 정한 '투자자의 투자판단에 중대한 영향을 미칠 수 있는 정보'란 합리적인 투자자가 유가증권을 매수 또는 계속 보유할 것인가 아니면 처분할 것인가를 결정하는 데 중요한 가치가 있는 정보, 바꾸어 말하면 일반 투자자들이 일반적으로 안다고 가정할 경우에 유가증권의 가격에 중대한 영향을 미칠 수 있는 사실을 말한다"(대판 2017.1.12, 2016도10313). ② 자본시장법에서 "중요사항이란 '투자자의 합리적인 투자판단 또는 금융투자상품의 가치에 중대한 영향을 미칠 수 있는 사항'(자본시장법 제47조 제3항)을 말하는 것으로서, 이는 합리적인 투자자가 금융투자상품과 관련된 투자판단이나 의사결정을 할 때에 중요하게 고려할 상당한 개연성이 있는 사항을 의미한다. 나아가 어떠한 사항이 합리적인 투자자가 중요하

---

6 다만, 판례는 구 증권거래법 제188조의2 제2항의 '일반인에게 공개되지 아니한 중요한 정보'는 법 제186조 제1항 각 호의 1에 해당하는 사실에 제한되지 않는다는 취지의 판시를 통해 이를 포괄적으로 해석함으로써, 중요정보의 범위를 확장시키는 구체적 규범형성을 감행하였다(대판 2000.11.24, 2000도2827).

7 대판 1995.6.29, 95도467; 대판 2000.11.24, 2000도2827.

게 고려할 상당한 개연성이 있는 사항에 해당하는지는 그 사항이 거짓으로 기재·표시되거나 기재·표시가 누락됨으로써 합리적인 투자자의 관점에서 이용할 수 있는 정보의 전체 맥락을 상당히 변경하는 것으로 볼 수 있는지에 따라 판단하여야 한다"(대판 2015.12.23, 2013다88447).[8]

(2) **내부정보의 미공개성**　　　　내부자거래 규제대상이 되는 내부정보는 "대통령령으로 정하는 방법에 따라 불특정 다수인이 알 수 있도록 공개되기 전"의 정보를 의미한다(제174조 제1항). 자본시장법 시행령 제201조(정보의 공개 등)는 다음과 같이 주지기간을 구체적으로 정하여 이 기간을 경과하지 않은 정보는 미공개정보로 보고 있다.

- 법령에 따라 금융위원회 또는 거래소에 신고되거나 보고된 서류에 기재되어 있는 정보: 그 내용이 기재되어 있는 서류가 금융위원회 또는 거래소가 정하는 바에 따라 비치된 날부터 1일
- 금융위원회 또는 거래소가 설치·운영하는 전자전달매체를 통하여 그 내용이 공개된 정보: 공개된 때부터 3시간
- 「신문 등의 진흥에 관한 법률」에 따른 일반일간신문 또는 경제분야의 특수일간신문 중 전국을 보급지역으로 하는 둘 이상의 신문에 그 내용이 게재된 정보: 게재된 날의 다음 날 0시부터 6시간. 다만, 해당 법률에 따른 전자간행물의 형태로 게재된 경우에는 게재된 때부터 6시간
- 「방송법」에 따른 방송 중 전국에서 시청할 수 있는 지상파방송을 통하여 그 내용이 방송된 정보: 방송된 때부터 6시간
- 「뉴스통신진흥에 관한 법률」에 따른 연합뉴스사를 통하여 그 내용이 제공된 정보: 제공된 때부터 6시간

---

8 증권신고서의 부실기재 책임에 대한 자본시장법 제125조 관련 사건에 해당하지만, 자본시장법상 정보의 중요성 판단 기준에 대한 새로운 기준을 판시하고 있다. 대판 2015.12.23, 2013다88447에 대한 평석으로 양기진, "자본시장법상 중요사항 판단기준의 분석 — 대법원 2015.12.23. 선고 2013다88447 판결을 중심으로 —", *선진상사법률연구* (제86호, 2019.4), 160~173쪽.

자본시장법 시행령 제201조가 정하고 있는 미공개정보가 공개되어 일반 투자자에게 충분히 주지되도록 요구되는 **정보매체별 주지기간**과 **공개의 방법**에 따른 것이 아니면 공개된 정보가 되지 않는다. 따라서 이미 신문 등을 통해 해당 미공개정보에 관한 언론보도가 있었더라도 그 주지기간이 경과하지 않았거나 당해 **기업에 의해 공시**되지 않았다면 공개된 정보가 되지 않으며, 이러한 정보를 이용하여 주식거래를 하면 내부자거래의 죄책을 부담하게 된다.[9] 다만, 거래상대방이 내부정보를 전해 들어 이를 알고 있었던 경우에는 정보가 거래당사자 간에 이미 공개된 것으로 볼 수 있으므로 내부자거래에 해당하지 않는다.[10]

★ **판례: 거래상대방에게 공개된 정보**   "내부자거래의 규제대상이 되는 정보가 되기 위해서는 그 정보가 중요한 정보일 뿐만 아니라 아직 일반인에게 알려지지 아니한 미공개정보이어야 하는데, 증권거래법 제188조의2 제2항의 규정에 비추어 어떤 정보가 당해 회사의 의사에 의하여 재정경제부령이 정하는 공시절차에 따라 공개되기까지는 그 정보는 여전히 내부자거래의 규제대상이 되는 정보에 속한다고 보아야 하고, 다만 거래의 당사자가 거래의 목적인 유가증권 관련 내부정보에 대하여 전해 들어 이를 잘 알고 있는 상태에서 거래에 이르게 되었음이 인정되는 경우에는 공개되지 아니한 중요한 정보를 이용한 것으로 볼 수 없다 할 것이"다(대판 2006.5.11, 2003도4320).

(3) **직무관련성**   내부정보는 회사내부자 또는 준내부자가 그

---

9   대판 2000.11.24, 2000도2827; 대판 2010.2.25, 2009도4662: "법 제188조의2 제2항은 '일반인에게 공개되지 아니한 중요한 정보'를 '당해 법인이 재정경제부령이 정하는 바에 따라 다수인으로 하여금 알 수 있도록 공개하기 전의 것'이라고 규정하고 있으므로, 어떤 정보가 당해 법인의 의사에 의하여 재정경제부령이 정하는 바에 따라 공개되기까지는 그 정보는 여전히 미공개정보 이용행위 금지의 대상이 되는 정보에 속한다."

10 대판 2003.6.24, 2003도1456; 대판 2006.5.11, 2003도4320.

직무와 관련하여 취득한 것이어야 한다. 자본시장법은 내부자의 유형별로 정보취득 경위를 구분하여 직무관련성을 정하고 있다. 즉, 제174조 제1항은 ① 법인의 임직원·대리인은 그 직무와 관련하여, ② 주요주주는 그 권리를 행사하는 과정에서, ③ 법인에 대하여 법령에 따른 허가·인가·지도·감독, 그 밖의 권한을 가지는 자는 그 권한을 행사하는 과정에서, ④ 그 법인과 계약을 체결하고 있거나 체결을 교섭하고 있는 자는 그 계약을 체결·교섭 또는 이행하는 과정에서, ⑤ 내부자·준내부자의 대리인·사용인, 그 밖의 종업원은 그 직무와 관련하여, 각 내부정보를 알게 된 자라고 규정한다. 판례는 다음과 같은 경우에도 직무관련성을 넓게 인정한다.

- 총무과 대리가 총무과 사무실에서 자신의 직무와 관련이 없는 다른 직원이 기안하였다가 파기한 이사회 결의안을 보고 주식을 거래한 경우[11]
- 구내식당에서 담당임원으로부터 중요정보를 전해들은 경우[12]
- 외부연구소 직원이 자체전산망으로 정보를 취득한 경우[13]

(4) **정보생성시점**　　자본시장법은 내부정보의 생성시기에 대하여 명확한 규정을 두고 있지 않다. 판례는 중요정보의 생성시점에 관하여 "일반적으로 법인 내부에서 생성되는 중요정보라는 것이 갑자기 한꺼번에 완성되지 아니하고 여러 단계를 거치는 과정에서 구체화되는 것이므로, 그러한 정보가 객관적으로 명확하고 확실하게 완성된 경우에만 중요정보가 생성되었다고 할 것은 아니고, 합리적인 투자자의 입장에서 그 정보의 중대성 및 사실이 발생할 개연성을 비교 평가하여 **유가증권의 거래에 관한 의사결정에서 중요한 가치를**

11　서울지방법원 2002.1.23. 선고 2001고단10894 판결.
12　서울중앙지방법원 2007.12.26. 선고 2007노3274 판결.
13　서울중앙지방법원 2008.11.27. 선고 2008고합236 판결.

지닌다고 생각할 정도로 구체화되었다면 중요정보가 생성된 것"[14]이
라고 보고 있다. 정보생성시점에 대한 명시적인 규정이 없는 이상 개
별 사안의 구체적인 사실관계에 따라 다양하게 판단될 수 있는데, 판
례는 다음과 같은 경우에도 정보가 생성된 것으로 판단한다.

- 거래소 상장폐지가 사실상 확정된 경우[15]
- 발행한 어음·수표의 부도처리가 확실시되는 상황인 경우[16]
- 대표이사와 대주주간 무상증자에 관한 합의를 한 경우[17]

4. 내부정보의 이용행위

내부자거래로 처벌되기 위해서는 내부자가 내부정보를 특정증권
등의 매매, 그 밖의 거래에 이용하거나 타인에게 이용하게 하는 행위
가 있어야 한다. ① 자본시장법은 내부정보를 특정증권등의 매매 기
타 거래에 '이용하는 행위'를 금지한다. 즉, 내부자거래규제에서 금지
되는 정보 이용행위는 미공개정보를 **단순히 보유**하고 있는 상태에서
의 거래행위를 의미하는 것이 아니고, 이를 **실제로 '이용'하여 거래**하
는 행위를 의미한다.[18] 이러한 정보 이용행위에 대하여 내부정보를
취득한 상태에서 증권을 거래함에 있어 "그 정보가 유가증권의 거래
여부, 거래 시점, 거래량, 가격 등 거래조건의 결정에 하나의 요인으
로 작용하여 만일 그러한 정보를 알지 못했더라면 내렸을 결정과 다
른 결정을 내리게 함으로써 영향을 미침을 의미한다".[19]

---

14 대판 2009.11.26, 2008도9623; 대판 2017.1.25, 2014도11775.
15 대판 1995.6.29, 95도467.
16 대판 2000.11.24, 2000도2827.
17 서울지방법원 2008.12.10. 선고 2008노3093 판결.
18 서울중앙지방법원 2007.7.20. 선고 2007고합159 판결. 다만, 동 판결에서는 "미공
   개정보를 인식한 상태에서 유가증권 거래를 한 경우에는 특별한 사정이 없는 한
   그것을 이용하여 유가증권 거래를 한 것으로 봄이 상당하"다고 판시하였다.
19 서울중앙지방법원 2007.2.9. 선고 2006고합332 판결.

★ **판례: 정보의 이용** "미공개중요정보를 인식한 상태에서 특정증권 등의 매매나 그 밖의 거래를 한 경우에 거래가 전적으로 미공개중요정보 때문에 이루어지지는 않았더라도 미공개중요정보가 거래를 하게 된 요인의 하나임이 인정된다면 특별한 사정이 없는 한 미공개중요정보를 이용하여 거래를 한 것으로 볼 수 있다. 그러나 미공개중요정보를 알기 전에 이미 거래가 예정되어 있었다거나 미공개중요정보를 알게 된 자에게 거래를 할 수밖에 없는 불가피한 사정이 있었다는 등 미공개중요정보와 관계없이 다른 동기에 의하여 거래를 하였다고 인정되는 때에는 미공개중요정보를 이용한 것이라고 할 수 없다"(대판 2017.1.12, 2016도10313).

② 내부자 본인의 직접 이용행위 외에 타인에게 '이용하게 하는 행위'도 금지된다. 즉, 회사의 내부에서 중요정보가 생성된 경우 내부자 자신이 직접 그러한 내부정보를 이용하여 거래하는 것은 물론 **타인에게 해당 정보를 제공하여 거래하도록 하게 하는 행위**도 금지된다.[20] 여기서 정보제공자인 내부자는 자신이 제공하는 정보를 정보수령자인 타인이 특정증권등의 매매 기타 거래에 이용하게 하려는 고의(또는 미필적 고의)를 가지고 있어야 한다.[21]

Ⅲ. 내부자거래 행위영역의 특수성

이제 내부자거래에 관한 법적 규제를 합리화하기 위한 기초로서 내부자거래의 행위영역이 어떤 특징을 갖고 있는지를 면밀하게 분석해 볼 필요가 있다.

---

20 김정수, *자본시장법원론* (서울파이낸스앤로그룹, 2014), 1184쪽.
21 임재연, *자본시장법과 불공정거래* (박영사, 2019), 344쪽.

1. 내다볼 수 없음과 행위규범의 흠결

자본시장에서 증권가격형성에 영향을 미치는 요소들은 셀 수 없을 정도로 매우 많고 다양할 뿐만 아니라, 어떤 요소들이 어떤 방식으로 결합하여 시장가격을 형성하는지를 과학적으로 남김없이 분석하기란 매우 어렵다. 단지 이런 저런 가격형성요소들의 결합을 통해 일정한 시장가격이 결정되었을 것이라고 추측할 수 있을 뿐이다. 자본시장에서 시장가격의 형성에 영향을 미치는 요소는 예를 들어 다음과 같이 유형화할 수 있다.

- 정부의 경제정책, 경기 동향, 환율 등의 경제적 요소
- 국내정치상황, 노동조합의 파업 등의 비경제적 요소
- 산유국들의 생산량의 감소결정, 미국의 금리인상 등의 국제적 요소
- 증권시장에서 통용되는 비공식적인 투자규칙[22]
- 증권시장에 떠도는 엄청난 양의 증시루머
- 증권시장 참여자의 투자심리와 경제상황에 대한 주관적인 평가

이러한 유형에 속하는 수많은 요소들이 서로 얽히고설킨 채 증권시세에 크고 작은 영향을 미친다. 이런 다양한 요소들이 어떤 구조 속에서 자본시장의 가격형성에 얼마만큼의 영향을 미치는가, 그리고 어느 하나의 요소가 증권시세에 얼마만큼의 영향을 미쳤는가를 분석해내는 경험과학적 지식은 현재까지 개발되어 있지 않으며 적어도 가까운 장래에 개발될 것으로 기대할 수도 없다.[23] 이렇게 자본시장

---

22 예를 들어 "추격매수는 자제하라", "주가가 50% 상승하면 매도하라" 등의 투자격언에 따른 투자.

23 내부자거래와 관련된 미국의 경험과학적 연구를 살펴보면, 내부자거래행위가 주가변동에 실제로 영향을 주는지 그리고 영향을 준다면 과연 얼마만큼의 영향을 주는지에 관해 개별 연구 사이에 서로 상충된 결과가 확인된다는 점에 주목할 필요가 있다. 자세하게는 강종만, "내부자거래규제에 관한 연구", *한국증권업협회/*

의 가격형성메커니즘이 복잡한 구조를 띠고 있다는 점은 내부자에게 행위방향설정의 어려움을 던져준다. 즉, 내부자는 복잡한 자본시장의 가격메커니즘 속에서 자신의 행위가 어떤 부정적인 결과(예: 다른 투자자의 재산상의 손해)를 발생시킬 수 있다는 점을 예측하고, 자신의 행위를 규범합치적인 방향으로 조종(예: 내부자거래를 하지 않을 것을 결정)하기가 매우 어렵다.

★ **내부자거래의 성공불확실성**   여기서 내부자가 결과예측과 행위방향 설정의 어려움에 직면하게 된다는 사실과 내부자가 갖고 있는 주관적인 표상, 즉 미공개정보를 이용함으로써 일정한 경제적 이익을 획득할 수 있을 것이라는 내부자의 기대와 혼동해서는 안 된다. 증권시장의 복잡성을 고려할 때 내부자의 예측이 언제나 들어맞을 것이라고 단정할 수는 없다. 예를 들어 상장회사의 대표이사가 회사가 곧 부도를 맞을 정도로 자금사정이 악화된 상황에서 자신이 보유하고 있던 그 회사의 주식을 매도한 경우라도 회사의 파산으로 주식가격이 폭락하고, 결국 다른 투자자가 재산상의 손해를 입는 결과가 반드시 발생한다고 보기는 어렵다. 왜냐하면 은행의 긴급대출, 채권은행간의 부도유예협약, 채권단의 기업개선작업(work-out) 결정 등을 통해서 자금조달의 어려움이 해결될 가능성은 얼마든지 존재하기 때문이다.

다시 말해 객관적으로도 내부자거래행위가 일정한 결과를 산출할 것인지가 불투명할 정도로 자본시장의 가격형성메커니즘은 복잡할 뿐만 아니라, 주관적으로도 내부자가 자신의 행위로부터 발생할 수 있는 부정적인 결과와 그 인과적 과정을 내다보면서 그 결과를 회피하는 방향으로 자신의 행위를 정돈할 수가 없다. 그러니까 내부자거래를 할 것인지를 결정하는 행위주체에게 내면화되어 행위준칙으로 삼을 수 있는 (행위)규범(Handlungsnorm)은 존재하지 않는다.

한국증권경제연구회 (1993), 55쪽 아래 참조.

2. 추상적 위험성

그러나 내부자거래를 형법의 관할영역 아래 두려고 하는 사람들
은 이 일탈행위가 일반 투자자의 재산상의 손해나 자본시장의 기능
적 효율성의 위축과 같은 일정한 결과를 발생시킬 수 있는 모종의 위
험스러움을 띠고 있다고 이해한다. 예를 들어 내부자거래와 관련해서
이 위험스러움은 다음과 같은 인과적 연결고리로 표현될 수 있다.

> 내부자거래행위 → 자본시장의 불공정성 → 불공정한 주식시세의 형성 →
> 불공정한 주식거래 → 일반 투자자의 재산상 손해 → 투자자의 자본시
> 장의 기능에 대한 신뢰상실 → 투자자의 자본시장 이탈 → 자본시장의
> 붕괴 → 기업의 자본조달 어려움 → 기업의 연쇄적인 부도 → 대량실업
> …… →

(1) **허구적 인과성**　　　그러나 내부자거래행위로부터 생겨난 인
과성의 연결고리가 경험과학적인 의미에서 확실하게 증명될 수는 없
다. 막연한 심리적 인과성[24]만 인정될 수 있을 뿐이다. 그러나 이런
인과성은 아마도 자본투자의 실패에 대한 집단적 두려움의 반작용으
로서 개인적 행위(내
부자거래행위)의 불공
정성에 시장의 모든
구조적 결함을 돌리
는, 말하자면 **책임전
가의 집단적 심리적
현상**이 낳은 허구적
구성물일 수 있다. 이
는 자본시장에 참여

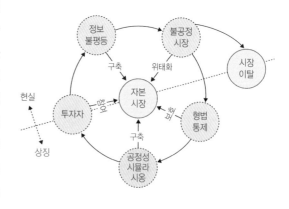

24　이상돈, *형법의 근대성과 대화이론* (홍문사, 1994), 43쪽.

하는 자들의 이중적 심리를 통해 발현된 것이다. 자본시장에 참여하는 자들은 각자 남들이 모르는 정보를 이용한 거래를 통해 이익을 얻고자 하는 의지와 경향성을 가지고 있다. 자본시장에서 불평등한 정보를 이용하여 다른 이들보다 더 많은 이익을 향유할 수 있다는 가능성이 오히려 투자자를 시장으로 유인하게 한다는 구조를 형성하는 것이다. 다시 말해, 역설적이게도 **정보불평등이 자본시장을 구축하는 기능**을 수행하게 된다. 반면, 시장참여자들은 기업내부자가 시장에 공개되기 전의 중요정보를 이용해 거래를 하는 행위, 즉 내부자거래로 인한 자신들의 투자성공에 대한 불안감을 시장이탈로 표현한다. 이는 자본시장의 붕괴를 가져오는 위험원이 된다. 현실적으로는 각자 정보불평등을 통한 이익을 바라면서, 내부자거래를 통한 자본시장의 공정성에 대한 회의는 용납하지 못하는 이중적 심리를 보여준다. 형법은 자본시장에서 정보평등의 상징을 창출하여 자본시장의 존속을 도모하는 기능을 한다. 정보불평등을 통해 이익을 얻고자 하는 투자자들의 심리를 통해 자본시장이 구축되고 내부자거래를 규제하는 **법의 공정성 상징창출을 통해 투자자의 시장이탈을 막음**으로써 자본시장은 지속되는 것이다.

(2) **시뮬라크르로서 공정성**   정보 불평등을 통한 시장의 공정성을 해한다는 일반 투자자들의 우려와 달리, 내부자거래 행위는 비공식적으로 시장에 흘리는 방법으로 정보가치가 절하되지 않게 함으로써 그런 정보를 활용하려는 투자자들을 유인하고 그로써 자본의 조달을 용이하게 만들며, 아울러 경쟁사들의 정보수집비용도 절감시키기도 한다. 또한 내부자 거래를 통해 기업 내부자인 경영인들이 이익을 보고, 그에 따라 대리인 비용(agency costs)의 문제가 해결될 수도 있다.[25] 그러나 시장참여자들은 내부자거래의 긍정적인 효과를 통찰

---

25 Dennis W. Carlton/Daniel R. Fischel, "The regulation of Insider Trading",

하기 어렵고, 내부자거래에 대한 형사처벌로써 창출되는 공정성의 상징을 통해 심리적 안정감을 가지게 된다. 여기서 '시뮬라크르'(Simulacra)는 곧 현실이 된다. 자본시장의 공정성이라는 시뮬라크르 때문에 투자자들이 시장을 이탈하지 않는 집단적 심리가 강할수록, 자본시장의 존속·발전이라는 현실이 유지된다.

물론 내부자거래는 오로지 주관적, 심리적 위험만은 아닐 수 있다. 왜냐하면 내부자거래행위는 누적적 위험성을 갖고 있기 때문이다.[26] 자본시장의 기능에 대한 일반 투자자의 신뢰를 내부자거래죄의 보호법익으로 보자.[27] 내부자 한 사람의 거래행위만으로는 그런 보호법익이 침해된다고 말하기는 어렵지만, 점점 더 많은 시장참여자들이 내부자거래행위를 한다면, 자본시장의 기능이 위태로워질 가능성은 그만큼 더 높아진다. 그러나 복잡한 자본시장의 가격결정메커니즘 때문에 자본시장의 기능에 대한 신뢰상실과 개별 내부자거래행위 사이에는 여전히 경험과학적 의미의 구체적인 인과성을 확인·입증할 수 없다.[28] 그렇기 때문에 책임원칙의 관점에서 보면 내부자에게 그 거래에 대한 형사책임을 귀속시키는 것은 적절하지 않다.

Standford Law Review (Vol. 35, No. 5, 1983), 868쪽.

26 위험형법에서 말하는 이 "사회적 위험성"이 있는 행위의 특징에 대해서는 우선 이상돈, *형법의 근대성과 대화이론* (홍문사, 1994), 42쪽 아래; Herzog, Nullum Crimen Sine Periculo Sociali oder Strafrecht als Fortsetzung der Sozialpolitik mit anderen Mitteln, in: Klaus Lüderssen/Cornelius Nestler−Tremel/Ewa Weigend (Hrsg.), *Modernes Strafrecht und ultima−ratio−Prinzip* (1990), 107쪽 참조.

27 Otto, Der Mißbrauch von Insider−Informationen als abstraktes Gefährdungsdelikt, in: Bernd Schünemann/Carlos Suàrez Gonzàlez(Hrsg.), *Baustein des europäischen Wirtschaftsstrafrechts. Madrid−Symposium für Klaus Tiedemann* (1994), 452쪽(아래에서는 Mißbrauch로 인용함).

28 내부자거래행위를 형사처벌해야 한다는 이론진영에서도 이점을 인정한다(한국형사정책연구원, *증권범죄에 관한 연구* (1996), 70쪽).

Ⅳ. 정당화 이론

그럼에도 불구하고 내부자거래를 형사처벌하는 것은 정당하다는 견해가 우리사회를 지배한다. 내부자거래의 당벌성(Strafwürdigkeit)을 형법이론적으로 근거지우려는 시도들은 각각의 견해마다 약간의 차이가 있지만 대개는 내부자거래행위가 다음과 같은 보호법익을 침해한다고 본다: ① 일반 투자자의 재산 ② 자본시장의 기능(에 대한 신뢰).

1. 투자자의 재산

먼저 위에서 설명한 심리적 인과고리 가운데 〈내부자거래행위 → 투자자의 재산상 손해〉의 연결고리를 클로즈업시키고 그 인과관계를 실제적인 것으로 바라보는 견해가 있다.[29]

물론 투자자의 재산이 내부자거래죄의 보호법익이라는 견해는 내부자거래행위가 직접적으로 투자자의 재산상의 손해발생에 연결되어 있기 때문에 투자자의 손해발생이 형사소송절차에서 분명하게 입증될 수 있고, 반드시 그래야만 한다는 의미로만 해석되지는 않는다. 즉 투자자의 재산상 손해가 내부자거래의 객관적 구성요건요소로서 직접 요구되는 것은 아니다. 내부자거래가 다른 투자자의 재산에 손해를 야기할 수 있는 적성(適性)이 있다면, 내부자거래의 당벌성이 근거 지워질 수 있다는 것이다.[30]

이런 견해에 따르면 자본시장에 참여하는 사람들 사이에 발생하는 정보의 (양적·질적) 차이, 정확히 말해 내부자와 일반 투자자 사이

29　장영민·조영관, "증권범죄의 현황과 대처방안", 형사정책연구 (1995, 여름호), 42쪽; 한국형사정책연구원, 증권범죄에 관한 연구 (1996), 22쪽; 이승애, "내부자거래의 효율적 예방대책", 증권조사월보 (1991.2), 7쪽; 박삼철, "유가증권 불공정거래규제에 관한 비교법적 연구", 증권조사월보 (1994.12), 9쪽 아래.

30　Otto, Konzeption und Grundsätze des Wirtschaftsstrafrechts, ZStW 96, (1984), 363쪽 아래 참조.

의 '정보불균형'이 (형)법적 비난가능성의 출발점이 된다. 다시 말해 내부자거래의 당벌성은 내부자가 정보원(情報源)에 대한 접근가능성의 차이에 근거하여 획득한 우월한 정보를 증권거래에 이용한다는 점에 있다.[31] 물론 내부자가 다른 일반 투자자들보다 우월한 정보력을 갖고 증권거래에 참여한다는 것은 쉽게 확인될 수 있다. 바로 이런 점에서 내부자와 다른 투자자 사이에 정보의 불평등이 생긴다. 이것은 결국 자본시장에서 **게임의 법칙**(시장참여자가 정당하게 수집·선별·획득한 정보만을 이용한다)이 지켜지지 않음으로써 자본시장의 거래가 불공정하게 이루어진다는 것을 의미한다. 따라서 내부자거래는 적어도 경제(행정)법적인 의미에서는 분명히 불공정거래행위로 인정될 수 있다.

(1) 인과관계의 부존재　　　어쨌든 일반 투자자의 재산을 보호법익으로 보고 내부자거래행위라는 불공정거래행위를 형사처벌 하려면 내부자거래와 일반 투자자의 재산상 손해 사이에 인과관계가 인정되어야 한다. 그러나 일반적으로 내부자거래행위가 없는 경우에도 일반 투자자는 거의 동일한 거래를 다른 누군가와 했을 가능성이 매우 높다. 자본시장에 참여하는 투자자는 내부자와 상관없이 자신의 독자적인 투자결정에 따라 거래하기 때문이다. 즉, 내부자거래 영역에서 개별 내부자의 거래행위가 없었더라면 일반 투자자의 재산상의 손해가 발생하지 않았을 것이라는 **조건관계도 확인되지 않는다.**[32] 더 나아가 개별 내부자거래행위와 일반 투자자의 재산상의 손해 사이의 인과관계는 현재의 통계학적·경영학적 지식을 동원하더라도 입증하기 매우 어렵다. 일반 투자자의 재산상의 손해는 내부자거래행위 때문에 발생했다고 단정적으로 말할 수 없다. 자본시장의 복잡한 구조를 고려할 때 단지 수없이 많은 가격형성요소들의 변화무쌍한 결합에 의해 우

31　Müller/Wabnitz/Janovsky, *Wirtschaftskriminalität*, 4. Aufl., 1997, 16/9.
32　Otto, Mißbrauch, 451쪽.

연하게 발생한 시장가격의 상승이나 하락 때문에 발생했다는 식의 지극히 일반적인 설명만이 가능할 뿐이다. 따라서 내부자거래에서 (윤리적이건 법적이건 간에) 어떤 비난가능성이 존재한다면, 그것은 내부자와 동일한 또는 비슷한 시기에 거래한 다른 일반 투자자들이 손해를 입었음에도 내부자는 자신의 우월한 정보력을 바탕으로 (적극적·소극적) 이익을 취득했다는 점일 것이다.[33]

(2) **손해개념의 변형**   결국 내부자거래를 형사처벌하려는 견해는 재산상 손해의 개념을 내부자거래행위와의 인과관계가 설정될 수 있도록 변형시킬 수밖에 없다.[34]

1) **증권투자의 합리성**   그런 변형의 한 예로 증권투자의 합리성 저해를 손해로 바라보는 견해를 들 수 있다. 이런 견해에 따르면 내부자는 우월한 정보력을 갖고 있음으로 인해 자본시장 참여자들 모두가 동일하게 부담해야 하는 일반적인 거래위험(Geschäftsrisiko)을 전혀 부담하지 않거나, 최소한 다른 일반 투자자들보다는 훨씬 적게 부담한다고 한다. 이런 **정보 불평등과 거래위험의 불균등한 분배**는 일반 투자자들에게 결국 증권거래로부터 획득할 수 있는 이익을 향유하지 못하게 할 위험을 가져다준다. 이 위험은 증권거래라는 경제적 행동의 경제적 목적(예: 시세차익)이 위태롭게 되는 것, 바꿔 표현하면 '증권투자의 합리성'이 그르치게 되는 것을 뜻한다. 이와 같이 증권거래를 통해 이루려고 했던 경제적 목적이 달성되지 못할 위험에 처하게 되거나[35] 일반시민들의 **증권투자가 합리성을 잃어버리게**

---

33 여기서 한 가지 지적해 둘 점은 내부자와 거래하는 투자자가 언제나 손해를 입는다고 보기는 어렵다는 점이다. 내부자와 거래한 투자자도 예를 들어 시세차익을 노리고 단기매매를 한 경우에는 이익을 취득할 가능성도 배제할 수 없다.

34 Otto, Mißbrauch, 451쪽 아래.

35 민사책임과 관련하여 비슷한 이론을 전개하는 견해로는 양창수, *민법연구 제5집* (1999), 217쪽 아래, 특히 244쪽 아래 참조.

되는 것을 투자자의 재산상 손해로 해석함으로써 내부자거래행위는
투자자의 재산상 손해를 발생시키는 인과적 영향력을 지닌 인자로
거듭나게 된다.

　　2) 자본시장의 불공정성　　손해 개념의 또 다른 재구성으로는
미국연방법원이 채택한 바 있는 '정보소유이론'의 관점을 들 수 있다.
이 이론에 의하면 자본시장 참여자들 사이에서 정보의 불평등은 우
월한 정보력을 가진 내부자가 자본시장에서 불공정거래행위를 하고
있다는 것을 의미한다. 거래당사자 사이에 정보가 불평등한 상태에서
이루어지는 증권거래는 "본질적으로 불공정"(inherently unfair)[36]하다는
것이다. 왜냐하면 자본시장의 거래에 참여하는 사람들 사이에 발생하
는 정보불평등은 경쟁수단이 평등하지 않는다는 점, 즉 '무기불평
등'[37]을 의미하기 때문이다. 다시 말해 내부정보원에 대한 접근가능성
의 차이로부터 발생하는 내부자와 일반 투자자 사이의 정보불평등은
공정한 거래질서를 형성하는 머니게임(Money Game) 규칙의 위반을 의
미한다. 여기서 미국 연방대법원은 게임규칙의 위반을 내부자거래가
개별투자자에게 구체적으로 재산상의 손해를 야기 했는가 와는 아무
런 관련 없이, 단지 규칙위반행위가 존재한다는 점 그 자체가 투자자
에 대한 재산상의 손해를 발생시킨 것으로 보는 해석을 감행한다. 이
해석에서 공정한 거래질서의 침해란 현실적인 침해일 필요도 없고,
단지 공정한 거래질서를 침해할 수 있는 추상적인 위험성만으로도
인정할 수 있게 된다. 이러한 이론에 의해서도 내부자거래행위는 투
자자의 재산상 손해에 대해 인과적 영향력을 지닌 요소로 자리 잡을
수 있게 된다.

36　SEC v. Texas Gulf Sulphur Co., 401 F. 2d 833 (2d Cir. 1968), cert. denied, 394
　　U.S. 976 (1969) 참조.
37　한국형사정책연구원, *증권범죄에 관한 연구* (1996), 40쪽.

(3) **인과성의 관념적 기능화와 왜곡**   그러나 이들 두 이론은 내부자거래와 투자자의 재산상 손해 사이의 인과성을 축약시킨다. 이를테면 내부자거래행위의 인과적 전개과정은 〈내부자거래행위 → 자본시장의 불공정성 → 불공정한 주식시세의 형성 → 불공정한 주식거래 → 일반 투자자의 손해〉로 설정될 수 있다.[38] 그러나 이런 인과관계의 입증불가능성[39]에 직면하여 경제적 목적달성의 실패 이론은 인과과정을 〈내부자거래행위 → 자본시장의 불공정성(=정보불평등) → 일반 투자자의 손해(=증권투자의 비합리성)〉라는 세 단계로 축약하고, 불공정한 거래행위 이론은 〈내부자거래행위 → 자본시장의 불공정성(=투자자의 재산상 손해)〉이라는 두 단계로 축약한다. 그리고 이러한 축약은 **재산상 손해의 개념을 관념적으로 기능화** 함으로써 가능한 것이었다. 그러나 그와 같은 관념적 기능화는 인과적 과정의 연결고리를 단순히 축약시키는 것을 넘어서 내부자거래행위와 투자자의 재산상 손해 사이의 인과적 연관관계를 왜곡시킨다. 왜냐하면 자본시장은 앞에서 본 바와 같이 무수히 많은 요소들이 서로 얽히고 섥히어 복합적으로 작용하고 법칙적 분석이 불가능한 메커니즘에 따라 주가가 결정되는 구조를 띠는 시장인데, 위와 같은 인과성의 관념적 기능화는 적어도 내부자거래와 손해 사이의 관계를 일차선형적 관계로 파악할 수 있을 정도로 자본시장의 복잡성을 은폐·축소시키기 때문이다.

(4) **경제법과 형법의 경계**   그러나 이것은 경제(행정)법적 불법과 형법적 불법 사이의 차이를 없애버린다. 즉, 경제(행정)법상의

---

38 이런 인과성구조는 양창수, *민법연구 제5집* (1999), 222쪽의 공정경쟁위반행위의 특징을 내부자거래에 응용한 것이다.

39 내부자거래의 민사책임(구 증권거래법 제188조의3)과 관련하여 서울지방법원 남부지원 1994.5.6. 선고 92가합11689 판결은 내부자거래행위와 투자자의 손해발생 사이의 인과관계의 입증이 매우 어렵다는 점을 인정하면서, 증권거래법 제188조의3을 인과관계의 입증책임을 완화하기 위한 규정으로 해석한다.

불공정행위가 곧바로 형법의 범죄행위로 해석되는 것이다. 왜냐하면 이와 같은 내부자거래의 금지는 자본시장의 공정한 거래질서를 위해 설정된 **경제법상의 의무를** 법익보호원칙이나 책임원칙의 충족여부와 관계없이 **형법상의 의무로 전환**시키고 있기 때문이다. 결국 내부자거래에서는 경제법적 의무의 위반이 형사책임의 귀속거점이 된다. 이와 같은 귀속거점과 귀속책임 사이의 이질성은 자본시장의 공정성을 유지하기 위한 의무(또는 책임)분배의 불공정성을 의미한다. 왜냐하면 투자자들의 투자실패를 초래한다는 자본시장의 불공정성은 많은 부분 경제법상의 제도들(예: 상장여부심사제도, 회계감사제도, 대형펀드규제제도 등)이 충분하게 완비되어 있지 않거나 제대로 기능하고 있지 않은 데에서 비롯되고 있기 때문이다. 그러므로 제도의 결함이 개인의 형사책임으로 전가되고 있다고 말할 수 있을 것이다.

2. 자본시장의 기능과 신뢰

(1) **기능보호를 통한 인간의 보호**   내부자거래의 당벌성(Strafwürdigkeit)을 정당화하는 두 번째 근거는 '자본시장의 기능과 이에 대한 일반 투자자의 신뢰'이다. 이런 주장의 핵심을 요약하면 다음과 같다: '내부자거래가 계속·반복적으로 발생하게 된다면, 일반 투자자들이 자본시장의 기능에 대해 갖고 있는 신뢰가 동요될 것이다. 자본시장의 기능에 대한 일반 투자자의 신뢰를 보호하지 않는다면 투자자의 시장이탈이 가속화될 것이고, 결국 투자자의 재산형성과 기업의 자본공급이라는 기능을 갖는 자본시장은 붕괴되고 말 것이다.'[40] 독일 형법학에서 경제체계의 '기능'과 이에 대한 '신뢰'라는 두 가지 개념요소를 통해 경제범죄의 당벌성을 근거지우려는 이론적 시도는 이른바 **'경제형법에서 신뢰구상'**(Vertrauensgedanke im Wirtschaftsstrafrecht)으로

---

40 Otto, Mißbrauch, 452, 453쪽.

모아지고 있다. 우리나라에서도 경제체계의 기능에 대한 신뢰의 보호
는 핵심형법에 의한 초개인적 법익의 보호와 같은 맥락에서 자연스
런 귀결로 받아들여지고 있다.[41] 더 나아가 '내부자의 투자자에 대한
신뢰위반'을 내부자거래의 불법을 구성하는 핵심요소로 이해하는 견
해[42]도 주장된다. 대법원도 "내부자가 당해 법인의 업무 등과 관련하
여 접근이 허용되었던 법인의 공개되지 아니한 내부정보 중 유가증
권의 투자판단에 영향을 미칠 수 있는 중요한 정보를 이용하여 유가
증권의 거래에 관여할 경우에는 … 거래당사자의 평등을 해치게 되
어 유가증권거래의 공정성과 유가자본시장의 건전성에 대한 일반 투
자자들의 신뢰를 손상시킴으로써 유가자본시장이 국민자금을 효율적
으로 배분하는 기능을 저해하는 결과를 초래하게 되는 것"이라고 판
시한 바 있다.[43]

　　이와 같은 신뢰구상은 오늘날 자본시장이 국가경제에서 차지하
는 중대한 의미와 기능을 이론적 출발점으로 삼는다. 즉, 자본시장은
자본주의 경제체제에서 지주 역할을 하고 있는 기업에게는 자본을
조달하고, 시민에게는 기업이윤의 재분배와 거래차익을 통해 자본소
득을 얻을 수 있게 하는 기능을 한다. 여기서 자본시장의 기능에 대
한 신뢰란 개별 투자자가 자본시장의 기능이 정상적으로 작동할 것
이라는 점, 즉 자본시장에 참여하는 모든 사람이 동등한 조건에서 공
정한 게임규칙을 준수함으로써 자신도 증권거래를 통해 일정한 이익
을 획득할 수 있을 것이라는 점에 대한 '기대의 상호적 보장'을 의미
한다고 볼 수 있다. 반대로 자본시장에 참여하는 개별 투자자가 자신

41　대표적으로 한국형사정책연구원, *경제범죄의 유형과 대처방안* (1993), 19쪽 아래;
　　박삼철, "유가증권 불공정규제에 관한 비교법적 고찰", *증권조사월보* (1994.12),
　　10쪽 참조.

42　한국형사정책연구원, *증권범죄에 관한 연구* (1996), 41쪽.

43　대판 1994.4.26, 93도695.

이 획득할 가능성이 있는 거래이익이 부당한 가격형성행위를 통해
침해되지 않을 것이라는 점에 대한 믿음도 자본시장의 공정성에 대
한 (소극적인) 신뢰의 내용으로 볼 수 있다.[44] 다시 말해 신뢰구상은
'사회체계의 기능 보호를 통한 인간보호'라는 기획을 좇는 이론이라
고 할 수 있다. 물론 이러한 기획에는 자본시장의 기능이나 이에 대
한 일반 투자자의 신뢰와 같은 '집단적 이익'(kollektive Güter)[45]이 형법
의 보호법익으로 수용된다는 점에서 사회국가적 형법모델, 바꿔 말해
형법을 통한 사회체계의 조종이라는 프로젝트가 전제되어 있다.

(2) **자본시장에 대한 신뢰**   물론 이런 사회국가적 형법모델은
탈산업사회의 현실, 즉 인격발현의 전제조건인 재화를 생산하고 분배
하는 기능을 담당하는 사회적 하부체계의 기능이 제대로 작동되지
않는다면 인간의 생존이 심각하게 위협받을 수 있다는 현실인식에
바탕을 두고 있다. 따라서 사회적 하부체계의 기능을 법규범의 관할
영역에서 완전히 배제하는 법정책은 타당하지도 않을 뿐만 아니라,
현실적으로 가능하지도 않다. 내부자거래 영역도 마찬가지이다. 자본
시장이 국민경제에서 차지하는 의미를 고려할 때 내부자거래를 법규
범의 관할영역 밖에 그대로 내버려둘 수는 없을 것이다. 그러나 문제
는 자본시장의 기능과 이에 대한 일반 투자자의 신뢰라는 집단적 이
익이 '형'법이라는 수단을 통해 보호되어야만 하고, 또한 현실적으로
보호될 수 있는가 하는 점이다. 이 물음은 구체적으로 말해 다음과
같은 것이다.

　－ 자본시장에 참여하는 일반 투자자들이 과연 내부자 자신이 내부정보

---

44 따라서 자본시장의 공정한 거래질서를 내부자거래처벌조항의 보호법익으로 보자
　　는 견해도 자본시장의 기능과 그에 대한 신뢰를 보호법익으로 보는 견해에 합류
　　한다고 볼 수 있다.

45 Peters, *Rationalität, Recht und Gesellschaft*, 1991, 81쪽 아래.

원에 접근할 수 있는 지위를 바탕으로 획득한 내부정보를 이용함으로써 공정한 증권거래질서를 깨뜨리지 않을 것이라는 점을 실제로 신뢰하는가?
— 또한 그런 신뢰가 실제로 존재한다고 하더라도 그러한 신뢰가 형법에 의해 보호되어야 하는 자본시장체계의 기능을 '구성'하는 요소라고 볼 수 있는가?
— 그리고 그와 같은 자본시장(의 기능)에 대한 신뢰가 존재한다면, 그런 신뢰를 형법적으로 보호하는 것이 타당한가?

1) 신뢰의 존재 문제   자본시장은 투자자 개인들 사이에 현실적으로 존재할 수 있는 정보수집·분석 능력의 차이를 고려하지는 않는다. 자본시장에 참여하는 모든 투자자는 자기의 책임 아래 주식시세에 영향을 미칠 수 있는 정보를 수집·분석함으로써 거래여부, 거래규모 그리고 적절한 거래시점을 결정한다. 모든 투자자는 자신의 투자결정으로부터 발생할 수 있는 일정한 부정적인 결과(예: 경제적 손실), 즉 일반적인 거래위험(Geschäftsrisiko)을 감수해야 한다. 자본시장은 이 거래위험을 제도화함으로써 우월한 정보력을 갖고 있는 투자자가 다른 투자자보다 더 많은 자본소득을 올릴 가능성을 보장하고 있다. 따라서 **일반적인 거래위험**을 인식하고 자본시장에 참여하는 투자자는 다른 투자자들이 자신보다 우월한 정보(수집·분석)력을 바탕으로 경제적 이익을 얻지 않을 것이라는 신뢰를 갖고 있지 않다. 그렇다면 어떤 투자자가 우월한 정보력을 바탕으로 자본시장에서 경제적 이익을 획득하거나 손실을 회피하는 행위는 그 자체로는 자본시장의 기능에 대한 일반 투자자의 신뢰를 동요시키는 행위로 볼 수 없을 것이다. 결국 내부자거래에서 신뢰보호의 초점은 내부자가 미공개정보를 이용하여 증권거래를 한다는 점이 아니라, 내부자가 미공개정보를 '**불공정하게**' **이용**하는 것에 존재한다는 점을 알 수 있다. 여기서 '불공정성'을 근거 짓는 행위기초로는 첫째, 다른 투자자들이 미공개

정보의 내용을 인식할 수 있도록 공시하지 않았다는 점, 둘째, 미공개 정보의 이용이 일정한 계약상의 의무를 위반한다는 점을 들 수 있다.

(가) **정보소유이론**   첫 번째 근거는 미국 연방대법원이 내부자 거래를 규율하기 위해 채택한 바 있는 이른바 '정보소유이론'(Information Possession Theory)[46]의 관점이다. 정보소유이론은 내부자가 미공개정 보를 이용하는 것이 '본질적으로 불공정한'(inherently unfair) 거래라는 점으로부터 출발한다. 즉, 다른 투자자가 알지 못하는 중요한 미공개 정보(material, nonpublic information)에 접근할 수 있는 내부자가 그 정보 를 이용하여 증권거래를 함으로써 이익을 취득하는 것은 (시장에 대한) 사기(fraud on the market)[47]에 해당한다고 본다. 이 이론에 따르면 내 부자는 미공개정보를 반드시 공시해야 할 의무를 부담하지는 않지만, 미공개정보를 공시하지 않고서는 자신의 이익을 위해 이 정보를 증 권거래에 이용해서는 안 된다. 이것이 이른바 **'공시 아니면 단념'** (disclose or abstrain)**의 원칙**이다. 미국 연방대법원이 취한 정보소유이 론을 신뢰보호의 맥락에서 살펴보면, 내부자가 미공개정보를 공시하 지 않은 채 그 정보를 이용하여 자본시장에 참여하는 것은 일반 투자 자의 신뢰를 동요시키는 행위로 해석될 수 있다.

그러나 어떤 투자자가 증권거래에 들어가기 전에 주식시세형성 에 중대한 영향을 미칠 가능성이 있는 정보를 공시할 것이라는 점에 대한 신뢰를 '현실적으로' 갖는다고 보기는 어렵다. 오히려 자본시장 참여자는 자신이 수집·분석활동을 통해 획득한 중요정보를 다른 투 자자에게 공개하지 않은 상태에서 증권거래를 할 때만이 자신이 의 도한 경제적 이익을 획득할 가능성이 높다. 이런 점에서 시장참여자

---

46 대표적으로 SEC v. Texas Gulf Sulphur Co., 401 F. 2d 833 (2d Cir. 1968), cert. denied, 394 U.S. 976 (1969) 참조.
47 '시장에 대한 사기이론'에 대해서는 김건식·송옥렬, *미국의 증권규제* (2001), 331, 332쪽; 석명철, *미국증권관계법* (2001), 1059쪽 이하 참조.

에게 자신이 획득한 우월한 정보를 공개한 후에 증권거래를 하라는
요구는 거래현실과는 너무 동떨어진 것, 또는 적어도 모든 증권거래
참여자에게 보편화할 가능성이 있는 행위규범으로 승인될 수 없는
요구로 보인다. 여기서 더 나아가 투자자들은 **자신들에게 유리한 불**
공정한 거래에 의해 이익을 보려는 기대를 갖고 시장에 참여한다고
보는 것은 결코 지나친 견해가 아닐 것이다. 그러므로 자본시장에서
다른 투자자가 자신의 정보를 공개할 것이라는 점에 대한 일반 투자
자의 신뢰가 존재한다고 보기는 어렵다.

  (나) 주주에 대한 수탁의무이론   두 번째로 미공개정보이용행위
의 '불공정함'은 내부자거래행위가 일정한 계약상의 의무위반과 관련
을 맺고 있다는 점에서 찾을 수 있다. 이점은 미국 연방대법원의 '주
주에 대한 수탁의무이론'(Fiduciary Duty to Shareholder Theory)[48]에서 잘
확인된다. 이 수탁의무이론은 정보소유이론에서 채택된 '공시 아니면
단념' 원칙의 적용범위를 제한하기 위해 미국 연방대법원이 전개한
이론이다. 이 이론에 따르면 미공개정보를 소유하고 있다는 점만으로
는 내부자에게 그 정보를 공시해야 할 의무가 존재하는 것은 아니고,
그 사람과 거래상대방 사이에 **'믿음과 신뢰의 관계'**(relation of trust and
confidence)**가 존재할 때에만 내부자는 공시의무**가 있다고 한다. 이 이
론이 적용될 수 있는 전형적인 사례는 회사내부자가 미공개정보를
이용하는 경우이다.

  그러나 이 이론에 따를 때 예를 들어 '어떤 인쇄소의 직원 甲이 어떤 기
  업의 재무관련 서류를 인쇄하는 과정에서 그 기업이 아직 공개하지 않
  은 공개매수(tender offer)에 관한 서류(공개매수를 하는 회사와 대상회
  사의 상호는 공란으로 남아있음)를 보았고, 또한 다른 서류를 참고하여
  두 회사의 상호를 알아낸 뒤에 공개매수대상회사의 주식을 매수한'사안

─────────
48 Chiarella v. U.S. 445 U.S. 222 (1980).

에서⁴⁹ 인쇄소 직원 甲과 공개매수대상회사의 주주 사이에 신뢰관계가
존재한다고 보기 어렵기 때문에 내부자거래는 인정되기 어렵다.

그러나 우선 내부자와 거래상대방(거래대상회사의 주주) 사이에 일
정한 신뢰관계에 따른 의무(예: 거래상대방에게 자신이 그 회사에 관한
미공개정보를 갖고 있다는 점을 고지해야 할 의무)가 존재한다고 보기는
어렵다. 왜냐하면 거래관계의 한 당사자인 내부자가 증권거래의 동기
나 제반 상황에 관한 모든 정보를 다른 당사자에게 반드시 알려주어
야 할 의무가 신의칙에 의해 인정될 수 있는지는 의문일 뿐만 아니
라, 예를 들면 많은 경우 **증권회사의 시장대리인을 통해** 이루어지는
증권거래의 현실을 고려할 때 내부자가 다른 사람에게 미공개정보를
알려준다는 것은 거의 불가능하기 때문이다. 그렇다면 결국 일반 투
자자는 내부자가 일정한 신뢰관계를 위반하여 미공개정보를 이용하
지 않을 것이라는 점에 대한 신뢰를 갖고 있다고 보기는 어려울 것이
다. 주주에 대한 수탁의무이론이 적용될 수 있는 사안에서 존재하는
신뢰위반의 문제는 주로 회사내부자가 그 회사와의 (근로)계약상 부
담하는 일정한 의무를 위반하였다는 관점에서 파악되어야 할 것이다.
그러나 이러한 계약상 의무의 위반은 사법상의 계약위반의 법리(예:
손해배상, 해고)에 따라 해결하면 충분할 것이다.

  2) **규범적·추상적 신뢰의 이중적 정당화기능**   여기서 자본시
장의 기능에 대한 일반 투자자의 신뢰는 자본시장 참여자들 사이에
형성될 수 있는 현실적이며 구체적인 인격적 신뢰가 아니라는 점, 다
시 말해 자본시장에서는 투자자 개인들 사이에 신뢰가 실제로 존재하
지 않는다는 점을 확인할 수 있다.⁵⁰ 그렇다면 내부자거래처벌조항의

49 Chiarella v. U.S. 445 U.S. 222 (1980).

50 여기서 한편으로는 경제체계의 기능에 대한 신뢰가 '경제 질서 및 경제 제도와 관
    련한 추상적인 신뢰'라고 이해하면서도(한국형사정책연구원, *경제범죄의 유형과*

근거로서 신뢰는 **규범적·추상적 신뢰**만이 가능하게 된다. 이런 신뢰
개념은 자본시장의 기능 연관체를 구성하는 규범적 요소이면서 처벌
의 근거가 된다. 그러나 이처럼 내부자거래의 처벌근거로서 규범적·
추상적 신뢰 개념은 자본시장이라는 사회적 하부체계의 기능 그 자
체로부터 분리·독립될 수 없다. 왜냐하면 신뢰할 수 있음이 곧 기능
함의 조건이며 기능할 수 있음이 곧 신뢰함의 조건이기 때문이다. 그
렇기에 **체계의 기능은 언제나 기능신뢰**(Systemvertrauen)**로서만 가능
하다.** 내부자거래처벌조항은 이와 같이 규범적이며 추상적인 기능 신
뢰를 형법에 의해 보호하지 않고서는 자본시장체계가 기능할 수 없
다는 전제에 서 있는 것이다.

　　이는 물론 경제형법의 기본구상과 상통한다. 즉, 경제체계에 대
한 신뢰는 '경제거래에서 기대 및 이익에 대한 전망이 어렵게 되고,
위험에 대한 예측이 불가능하게 되는 것을 방지'[51]하기 위해서 형법적
인 보호를 받아야 한다는 것이다. 이런 구상에 따르면 자본시장의 기
능신뢰도 당연히 보호되어야 한다. 이와 같은 형법에 의한 기능보호
사상은 루만(Luhmann)의 법사회학적 이론에 의해서 잘 설명된다. 내부
자거래는 기능 신뢰를 깨뜨리는 행위, 루만의 용어로는 일종의 규범
적 기대(normative Erwartungen),[52] 그러니까 자본시장에서 주가를 결정
하는 매우 다양하고 복잡한 요소들의 분석 불가능한 상호작용에도
불구하고 행위자는 그의 행위가 야기할지도 모르는 부정적인 결과를
회피할 수 있는 방향으로 자신의 행위를 조종해야 한다는 점에 대한
반反사실적인(kontrafaktisch) 기대를 좌절시키는 사람이고, 따라서 형법

　　대처방안 (1993), 19쪽 아래), 다른 한편으로는 내부자거래의 불법을 구성하는 요
　　소가 '내부자의 투자자에 대한 신뢰위반'이라고 보는 것(한국형사정책연구원, *증
　　권범죄에 관한 연구* (1996), 41쪽)은 서로 모순되는 이론구성이다.
51　한국형사정책연구원, *경제범죄의 유형과 대처방안* (1993), 19쪽 아래.
52　Luhmann, *Rechtssoziologie*, 2.Aufl., (1983), 40쪽 아래.

은 내부자거래를 한 행위자에게 제재를 가함으로써 그런 기대(=자본
시장의 기능 신뢰)를 안정화시켜야 한다는 것이다. 이렇게 되면 사법절
차는 일반 투자자가 자본시장의 기능에 대해 갖는 신뢰를 상징적으
로 회복시키는 과정을 의미하게 되고, 형법은 자본시장의 복잡성, 좀
더 구체적으로는 주가결정요소들의 상호작용의 복잡성을 감축시키는
기능을 갖게 된다. 즉, 내부자거래의 형사처벌은 자본시장의 정보평
등이라는 도덕적 행위규범을 시장참여자들에게 내면화시키는 것보다
는 정보평등이라는 상징, 즉 '시뮬라크르'(Simulacra)를 창출하고 유지
하기 위한 것이다.

   3) 형법의 행위규범 관리기능   그러나 이러한 복잡성의 축소
(Reduktion von Komplexität)는 시장의 현실을 왜곡하지 않고서는 내부
자거래처벌조항을 정당화할 수 없다. 자본시장의 복잡한 가격결정메
커니즘 때문에 자본시장에 참여하는 사람은 내부자를 포함하여 행위
이전에(ex ante) 자신의 행위가 다른 투자자의 정당한 이익(또는 그것의
획득가능성)을 침해할 수도 있다는 점을 예측하여 그러한 행위를 피하
면서도 아울러 여전히 자신에게 투자이익을 가져다주는 행동방식을
안내해주는 규범(행위규범)을 결코 발견할 수 없다. 여기서 형법에 의
한 기능신뢰의 보호가 정당화되기 어려움을 알 수 있다. 왜냐하면 행
위규범이 발견되지 않는 곳에서 단지 기능적 일탈만을 이유로 형벌이
라는 가혹한 제재를 가하는 것은 생활세계에서 사회적 통합을 달성하
는 형법의 임무에 비추어 불필요한 권력 작용일 뿐만 아니라 형벌을
가한다고 해서 기능적 일탈의 행위들이 통제될 것이라고 기대할 수도
없기 때문이다. 형법은 수범자들의 상호이해가 가능한 규범을 관리하
는 제도로서 남아 있어야 한다.[53] 형법이 하버마스(Habermas)가 말하

---

53 형법의 관할영역을 대화이론적으로 근거 짓는 대표적인 견해로 이상돈, "책임의
    개인적 귀속과 형법의 관할영역", *형사정책연구* (1998·여름호), 91쪽 아래, 특히

는 것처럼 "제도로서의 법"(Recht als die Institution)[54]으로 남아 있어야
한다면, 자본시장의 기능신뢰를 보호하기 위한 내부자거래의 형사처
벌은 정당화되기가 매우 어렵다.

(3) 내부자거래 형법의 역기능

1) 진실의무   그럼에도 불구하고 내부자거래를 형사처벌한
다면 그것은 결국 자본시장의 참여자에게 일종의 **'진실을 말할 의무'**
를 부과하는 것이 된다.[55] 즉, 내부자거래형법은 자본시장 참여자에
게 주식시세의 형성에 영향을 미칠 수 있는 일체의 정보를 공개할 의
무를 부과하는 것이다. 이런 의무귀속이론은 미국 연방대법원의 **정보
유용이론**(misappropriation theory)[56]이 제시하는 의미와 거의 같다. 이
이론에 따르면 미공개정보를 부정 유용하여 증권거래에 이용하는 행
위는 정보원(the source of the information)에 대한 사기행위가 되고, 이
행위는 결국 '유가증권의 거래와 관련된' 증권사기행위라는 것이다.
즉, 정보유용자가 그가 일정한 회사와의 고용계약이나 위임계약관계
에서 지켜야 할 비밀준수의무를 위반하여 미공개정보를 증권거래에
이용하여 이익을 얻는 행위는 증권사기에 해당한다는 것이다.

118쪽 아래 참조.

54 Habermas, *Theorie des kommunikativen Handelns*, Bd.2, 1981, 536쪽.

55 독일 형법 제264a조(자본투자사기)와 관련하여 이 점을 지적하는 견해로는 Zaczyk,
Der Begriff "Gesellschaftgefährlichkeit" im deutschen Strafrecht, in: Klaus Lüderssen/
Cornelius Nestler—Tremel/Ewa Weigend (Hrsg.), *Modernes Strafrecht und ultima—
ratio—Prinzip*, 126쪽 아래.

56 정보유용이론은 1980년대 초 Chiarella v. U.S. 445 U.S. 222 (1980)에서 검찰에 의
해 최초로 제기되었다. 미국 연방대법원은 U.S. v. Newman, 664 F.2d 12 (2d Cir.
1981), cert. denied, 464 U.S. 863 (1983)에서 최초로 정보유용이론을 받아들였고,
U.S. v. O'Hagan, 117 S. Ct. 2199 (1997)에서 이 이론을 확고하게 채택하였다. 내
부자거래와 관련된 미국 판례에 대해서 자세하게는 금융감독원, *증권시장의 불공
정거래 사례* (1999), 121쪽 아래 참조.

★ **정보유용이론**   예를 들어 1987.7.에 A회사는 B회사의 보통주에 대한 공개매수계획을 수립하고 C로펌을 대리인으로 선임하였는데, 甲은 C로펌의 파트너였다. 甲은 공개매수 대리행위에는 참여하지 않았지만 B회사의 보통주 및 콜 옵션을 매수하였다. 이후 A회사가 공개매수계획을 발표하자 B회사의 보통주의 주가는 급등하였고, 甲은 주식 및 콜 옵션을 매각하여 340만 달러 이상의 이익을 얻었다. 여기서 甲이 C와의 계약을 이행하는 과정에서 미공개정보에 접근하여 취득한 정보를 이용한 증권거래행위는 비밀준수의무를 위반한 정보원에 대한 사기가 되고, 따라서 내부자거래에 해당한다.

이 정보원에 대한 사기이론 또는 정보유용이론의 궁극적인 함의는 결국 미공개정보를 취득한 사람이 그 정보를 증권거래에 이용한다는 사실을 누군가에게 — 여기서는 미공개정보에 접근을 허락한 정보원에 대해 — 말하지 않고 미공개정보를 이용하는 것은 처벌되어야 할 내부자거래에 해당한다는 것이다. 이것은 사실상 자본시장 참여자에게 미공개정보를 이용한다는 사실을 말할 의무를 부과하는 셈이다.

2) 반시장성   그러나 이런 진실을 말해야 할 법적 의무는 일반 투자자는 물론이고 거래를 통해 일정한 이익을 획득하려는 의사를 갖고 있는 내부자에게도 설정될 수 없다. 왜냐하면 내부자는 물론이고 어떤 투자자이건 자신이 자본시장에서 다른 투자자보다 우월한 정보를 — 공정하게든 불공정하게든 간에 — 이용하고 있다는 점을 거래상대방에게 말해야 한다면 투자의 성공을 기대하기 어렵다고 보고 결국에는 시장을 이탈하게 될 것이기 때문이다. 모든 자본시장참여자들은 오히려 그런 정보유용의 가능성을 갈망하고 있을 것이다. 따라서 내부자거래금지에서 전제된 에토스는 현실에서는 반反시장적인 것이라고 말할 수 있다. 자본시장의 기능에 대한 신뢰의 보호는 자본시장의 효율적인 조직화를 목표로 하는 법, 예를 들어 투자자보호를 위한 각종 공시제도나 단기매매차익반환제도와 같은 경제(행정)법적 수

단에 의해 실현되어야 할 것이다.

★ **비도덕적 시장과 도덕적 참여자** 자본시장참여자들의 속성은 공정하지 않은 거래를 지향하는 반면, 자본시장을 유지·구축하기 위해서는 최소한의 공정성이 요구된다. 따라서 투기적 거래의 비중이 커질수록 공정성에 대한 요구는 높아진다. 여기서 공정성(fairness)은 도덕개념에 해당하는 것이므로 결국 내부자거래의 규제는 시장 참여자의 도덕성을 확보하는 제도로 볼 수 있다. 이렇게 볼 때 내부자거래의 규제는 도덕적이지 못한 시장에서 도덕적인 참여자를 요구하는 결과가 된다. 이는 원래 자본시장참여자들의 속성에 부합하지 않는 것이다.

3) 잘못된 이익형량 또한 자본시장의 기능 신뢰를 보호하는 형법의 정당화과정에는 잘못된 이익형량적 사고가 작용하고 있다. 즉, 이들은 자본시장의 기능에 대한 신뢰의 보호를 통해 유지될 수 있는 자본시장의 기능(신뢰)이라는 '보편적 이익'과 내부자의 증권거래의 자유[57]와 같은 시민의 구체적인 자유이익을 서로 저울질하여 기능 신뢰의 이익을 우월적인 이익으로 평가하고 형법에 의해 보호하려 한다.

★ **합병정보의 이용** 예를 들어 A기업이 규모의 경제를 실현하기 위해 B기업을 합병하려고 시도하는 과정에서 A회사에서 합병업무를 담당하는 이사 甲이 B기업의 주식을 매수했다고 하자. 여기서 내부자거래죄를 형법이론적으로 정당화하다고 보는 관점에 따르면 A기업에서 합병업무를 담당하는 이사 甲은 그 합병교섭이 타결되고 그 정보를 공시절차에 따라 공시하고 난 후 일정시간이 경과하기 전까지는[58] 이 합병정보를 이

---

57 내부자가 증권거래를 하는 이유는 다양할 수 있다. 예를 들어 내부자는 내부자거래로 인한 시세차익의 취득이나 손실의 회피 등의 목적 이외에도 소유주식의 지분관리, 투자위험분산을 위한 개인 투자 포트폴리오의 조정, 자금의 유동성확보 등을 위해 주식거래를 할 수도 있다.

58 자본시장법 시행령 제201조.

용하여 증권거래를 해서는 안 된다. 이사 甲은 이 정보를 다른 투자자들이 알 수 있도록 공시하지 않고서는 증권거래를 단념해야 할 의무가 있기 때문이다. 따라서 甲의 행위는 내부자거래금지위반의 범죄에 해당한다.

그러나 이런 관점은 내부자의 증권거래의 자유를 심각하게 제한하는 것일 수 있다. 한편으로 우월적 이익으로 평가된 자본시장의 기능신뢰는 앞에서 본 바와 같이 '규범적'이긴 하지만 반사실적인 그래서 '허구적'일 수도 있는 신뢰이익인 반면, 내부자의 증권거래의 자유는 '현실적'인 이익일 뿐만 아니라 더 나아가 '정당한' 이익일 수도 있기 때문이다. 여기서 정당하다고 보는 것은— 예를 들면 위 사례에서 이사 甲의 투자의 성패가 내부자의 업무수행의 성공에 좌우될 수도 있다면 — 내부자의 투자행위가 오히려 내부자의 업무수행의 성공을 더욱 촉진시키는 순기능을 발휘할 수도 있기 때문이다.[59] 다시 말해, **투자의 성공과 업무수행의 성공이 운명을 같이 하는 한 내부자의 투자행위는 정당한 것**으로 인정될 수 있다. 이런 관점에서 보면 거래상황이 매우 탄력적으로 변화하는 현실 속에서 합병협상의 기간이나 합병협상의 성공여부 등이 매우 불확실함에도 불구하고 내부자(이사 甲)에게 언제나 그 정보와 관련된 증권거래를 해서는 안 될 의무를 부과하고, 그 의무위반을 근거로 그리고 '내부자거래 규제의 실효성'[60]을 목표로 형사처벌하는 것은 내부자의 거래 자유를 과도하게 제한하는 것일 수 있다('과잉금지원칙'의 위반). 물론 투자의 성공과 업무수행의 성공은 서로 분리되거나 상반될 수도 있다. 증권투자의 성

59 이와 같이 내부자의 투자의 성패와 업무수행의 성패가 운명을 같이 한다면 내부자는 진지한 정보를 바탕으로 하여 증권거래를 하게 되고, 이러한 진지한 정보를 인지한 투자자에 대하여는 거래비용의 감소라는 이익이 발생하게 되는 긍정적인 효과도 기대해 볼 수 있다. 즉, 불공정성을 지향하는 자본시장참여자들이 활동하는 자본시장에 진지한 정보를 제공함으로써 거래비용을 감소시킬 수도 있을 것이다.
60 이승애, "내부자거래의 효율적 예방대책", 증권조사월보 (1991.2), 11쪽.

패는 단시간에 좌우될 수 있지만 인수합병의 업무는 상당한 시간이 경과해야 그 성공여부가 판가름 날 수 있기 때문이다. 이런 경우에 내부자(이사 甲)의 거래행위는 불공정한 것이 된다. 그러나 이러한 불공정성을 시정하는 수단으로 투자의 성패를 자신의 업무수행의 성공에 거는 바와 같은 내부자의 행위까지 민사법적 배상책임이나 행정법적 재제를 넘어 형사처벌하는 것은 분명 자유에 대한 과잉제한이라고 볼 수 있다.

V. 내부자거래의 이득액 산정

이상의 논의와 같이 내부자거래에 관한 형법적 통제가 과연 정당성을 갖는 것인지 의문을 가질 필요가 있음에도 자본시장법 제443조는 내부자거래행위로 얻은 이익이나 회피한 손실액에 따라 형사처벌의 법정형을 다르게 정하고 있다.

제443조(벌칙) ① 다음 각 호의 어느 하나에 해당하는 자는 1년 이상의 유기징역 또는 그 위반행위로 얻은 이익 또는 회피한 손실액의 3배 이상 5배 이하에 상당하는 벌금에 처한다. 다만, 그 위반행위로 얻은 이익 또는 회피한 손실액이 없거나 산정하기 곤란한 경우 또는 그 위반행위로 얻은 이익 또는 회피한 손실액의 5배에 해당하는 금액이 5억원 이하인 경우에는 벌금의 상한액을 5억원으로 한다.
　1. 제174조 제1항을 위반하여 상장법인의 업무 등과 관련된 미공개중요정보를 특정증권등의 매매, 그 밖의 거래에 이용하거나 타인에게 이용하게 한 자
　2. 제174조 제2항을 위반하여 주식등에 대한 공개매수의 실시 또는 중지에 관한 미공개정보를 그 주식등과 관련된 특정증권등의 매매, 그 밖의 거래에 이용하거나 타인에게 이용하게 한 자
　3. 제174조 제3항을 위반하여 주식등의 대량취득·처분의 실시 또는 중지에 관한 미공개정보를 그 주식등과 관련된 특정증권등의

매매, 그 밖의 거래에 이용하거나 타인에게 이용하게 한 자
② 제1항 각 호(제10호는 제외한다)의 위반행위로 얻은 이익 또는 회피한 손실액이 5억원 이상인 경우에는 제1항의 징역을 다음 각 호의 구분에 따라 가중한다. 〈개정 2018. 3. 27., 2021. 1. 5.〉
　　1. 이익 또는 회피한 손실액이 50억원 이상인 경우에는 무기 또는 5년 이상의 징역
　　2. 이익 또는 회피한 손실액이 5억원 이상 50억원 미만인 경우에는 3년 이상의 유기징역
③ 제1항 또는 제2항에 따라 징역에 처하는 경우에는 10년 이하의 자격정지를 병과(竝科)할 수 있다.

여기서 제2항은 가중적 양형규정이라고 볼 수 있다. 이 규정의 표지인 "이익 또는 회피한 손실액"의 산정은 책임주의와 과형균형원칙 및 비례성원칙에 맞게 이루어져야 한다. 내부자거래의 형사처벌과 직접적인 연관성을 가지는 이득액의 산정기준은 신중하게 검토될 필요가 있다.

1. 이득액의 산정방법

아래에서는 내부자거래의 이득액 산정의 전제가 되는 위반행위에 따른 이득액 산정대상 및 범위와 구체적인 산정방식을 살펴보기로 한다.

(1) 위반행위 및 이득액 산정의 대상거래

첫째, 이득액 산정의 대상이 되는 거래는 '해당 미공개중요정보를 알게 된 후 공개되기 전까지의 특정증권 등의 매매 및 그 밖의 거래' 및 이와 관련된 거래이다. 다른 사람으로 하여금 이용하게 하는 내부자거래는 그 다른 사람이 '해당 미공개중요정보를 전해 듣고 공개되기 전까지 특정증권 등의 매매 및 그 밖의 거래' 및 이와 관련된 거래이다.

둘째, 이득액 산정의 대상이 되는 거래는 ① 호재성 정보를 미리

알고 정보를 모르는 자로부터 주식을 매수 후 정보가 공개되어 주가
가 상승하면 이를 매도하거나 계속 보유함으로써 매매차익을 취득하
는 호재성 정보 이용거래와 ② 악재성 정보를 미리 알고 정보를 모르
는 자에게 주식을 매도하여 정보 공개 후 주가 하락에 따른 손실을
회피하는 악재성 정보 이용거래로 구분할 수 있다.

★ **호재성 정보 이용**　　A회사(주)의 대표이사인 甲은 乙에게 'A사에서 주
가부양을 위해 자사주를 취득할 것이다'라는 사실을 알려주고, 같은 해
乙에게 'A사에서 한 달 뒤 정도에 해외신주인수권부사채를 발행할 것이
다'라는 사실을 알려주어 乙로 하여금 일반인에게 공개되지 아니한 중요
한 정보를 A사 주식 매매거래에 이용하게 하였다.[61]
★ **악재성 정보 이용**　　B회사(주)의 재무팀장 甲은 B사의 적자가 누적됨
에 따라 자본 부족 문제로 인하여 재무구조가 급속히 나빠져 회사의 경
영상황이 악화되고, 상반기 1차 유동성 위기 해소를 위해 실시된 1조 원
상당의 자본 확충이 끝났음에도 재무구조의 악화 등으로 B사에서는 추
가 자기자본 확충을 위하여 조만간 수천억 원 이상 규모의 유상증자가
이루어져야 하는 상황이라는 정보를 알고, B사 주식을 매도하여 손실을
회피하였다.[62]

이 두 가지 유형에 따라 대상이 되는 특정증권 등의 종류에 따라
달라질 수 있다. 가령, 주식 가치 또는 가격에 상승요인이 되는 정보
는 해당 주식을 기초자산으로 하는 풋 주식워런트증권(ELW)[63]의 가치

61　대판 2004.3.26, 2003도7112.
62　대판 2008.11.27, 2008도6219.
63　주식워런트증권(Equity Linked Warrant)은 특정 대상물을 사전에 정한 미래 시기
　　에 미리 정한 가격으로 매도할 수 있는 권리 또는 매수할 수 있는 권리를 보유하
　　는 증권으로 ELW의 종류 중 풋 워런트(Put Warrant)는 "기초자산을 권리행사가격
　　으로 발행자에게 인도하거나 그 차액(권리행사가격－만기결제가격)을 수령할 수
　　있는 권리가 부여된 워런트로 기초자산의 가격하락에 따라 이익이 발생"한다(김
　　병영, "주식워런트증권(ELW) 이해", *상장* (2006년 11월호, 2006.11), 126쪽). 서울
　　중앙지방법원 2011.11.28. 선고 2011고합600 판결은 "미래의 특정시점(만기)에 미
　　래 정해진 가격(행사가격)으로 기초자산(특정주식이나 KOSPI200 주가지수)을 사

또는 가격에는 하락요인이 되는 정보이므로, 이 경우 풋 ELW를 매도하는 행위는 손실을 회피하는 행위로 보아 이득액을 산정한다.

(2) 얻은 이익 및 회피한 손실　　내부자거래는 미공개중요정보를 이용한 단기의 시세차익을 주요 목적으로 하는 거래가 대부분이므로, 해당 거래에 내재되어 있는 무형의 이익을 고려하기에 앞서 미공개중요정보가 주가에 미친 영향을 우선적으로 검토할 필요가 있다.[64] 내부자거래의 부당이득은 미공개중요정보의 사전이용 이후에 정보가 공개됨에 따른 주가의 변동을 살펴봄으로써 해당 정보의 가치를 추정하는 것이 가능하다.[65]

내부자거래의 이득액 계산방식은 위반행위로 얻은 이익(profit gained)과 위반행위로 회피한 손실(loss avoided)로 계산할 수 있는데, 얻은 이익의 경우에는 이를 실현이익(profit realized) 및 미실현이익(profit unrealized)으로 구분하여 산정한다. 내부자거래에서 이득액을 산정하는 가장 기본적인 방식은 **단순차액산정방식**이다. 판례에 의하면 내부자거래의 위반행위로 얻은 이익이란 "당해 위반행위로 인하여 행위자가 얻은 이득, 즉 그 **거래로 인한 총 수입에서 그 거래를 위한 총 비용을 공제한 차액**을 말하므로, 미공개정보 이용행위로 얻은 이익은 그와 관련된 유가증권거래의 총 매도금액에서 총 매수금액 및 그 거래비용을 공제한 나머지 순 매매이익을 의미"한다.[66] 검찰

거나(call 옵션) 팔 수(put옵션) 있는 권리를 가진 금융투자상품(유가증권)"으로 ELW의 개념을 판시한 바 있는데, 자본시장법의 개념인 금융투자상품을 활용하여 개념을 정의하면서 파생상품임을 명확히 설명하고 있는 법원의 개념이 적절하다는 설명으로 김정철, *자본시장법상 금융투자상품의 투자자보호를 위한 제도에 관한 연구* (고려대 박사학위논문, 2014), 82쪽.

64　김정수, *내부자거래와 시장질서 교란행위* (서울파이낸스앤로그룹, 2016), 531~532쪽.
65　노혁준, "자본시장법상 불공정거래로 인한 부당이득의 법적 문제", *증권법연구* (제19권 제1호, 2018.4), 245쪽.
66　대판 2006.5.12, 2004도491.

과 금융당국에서 이득액 산정 시 기본적으로 사용하는 **[(매도단가) −
(매수단가) × 매매일치수량]**의 산식도 이 차액정산방식과 그 실질이
거의 같다.

    (3) **호재성 정보와 악재성 정보**   내부자거래에서 호재성 정보
이용행위와 악재성 정보 이용행위의 구분은 이득액 산정방식에 유의
미한 차이를 가져온다. ① 호재성 정보이용의 경우는 실현이익과 미
실현이익[67]을 포함하는 얻은 이익을 통해 이득액을 산정하는데,[68] 이
경우 상대적으로 수량이 일치하는 매도단가 및 매수단가를 특정하기
용이하므로 이득액은 **[(가중평균 매도단가 − 가중평균 매수단가) ×
매매일치수량 − 제비용]**의 산식으로 계산할 수 있다. 이에 비해 ② 악
재성 정보 이용행위[69]가 회피한 손실액은 해당 정보 공개 이전에 보
유 주식을 처분하여 취득한 **매각대금**에서 만약 처분한 주식을 계속
보유하고 있었다고 가정하는 경우에 해당 **정보의 공개가 주가하락에
영향을 미친 이후 보유 주식의 평가금액을 공제**하는 산식으로 계산
할 수 있다.[70] 즉, 미공개중요정보를 이용한 거래와 악재성 정보의 공
개 이후 당해 주식의 가격 내지 가치만큼의 차액이라고 볼 수 있다.

    (4) **차액계산의 기준시점과 주가의 평가**   차액을 계산하려면

---

67 호재성 정보의 공개로 당해 정보가 가격에 반영된 이후에도 보유하고 있는 주식
    을 매도하지 않고 계속하여 보유하는 경우 미실현이익에 해당한다. 임재연, *자본
    시장법* (박영사, 2020), 1114쪽.

68 내부자거래행위와 관련하여 대법원은 "이익의 산정에 있어서는 피고인의 이익실
    현행위를 기준으로 하여 그에 따른 구체적 거래로 인한 이익, 아직 보유 중인 미
    공개정보 이용 대상 주식의 가액, 미공개정보 이용행위와 관련하여 발생한 채권
    등이 모두 포함되어야 한다"라는 입장이다(대판 2006.5.12, 2004도491).

69 악재성 정보의 공개 이후 해당 정보가 주가에 반영되고 난 이후 매도한 경우는
    증권 불공정거래행위로 보기 어렵고, 악재성 정보 공개 이전에 보유 주식을 처분
    하여 취득한 이익에 상응하는 회피손실은 실현이익에 해당하는 것이므로, 미실현
    이익은 호재성 정보의 경우에만 문제된다.

70 임재연, *자본시장법과 불공정거래* (박영사, 2019), 616쪽.

① 첫째, 호재성 정보가 공개되어 주가가 상승하는 경우 정보의 공개로 인한 효과가 반영된 가격과 그 기준시점을 정해야 한다. 하급심 판례 중에는 정보공개 이후 **최초로 형성된 최고가일 종가**를 매도단가로 삼기도 한다.[71] 그러나 호재성 정보의 공개 직후 주가가 급등하다가 점차 시간이 지나면서 주가가 일정 부분 하락하는 추세를 보이는데,[72] 이런 기준에 따라 위반행위로 발생된 위험을 측정하면 정보공개로 인한 초기효과만 과도하게 반영하는 불합리가 발생한다. 이에 관해 대법원은 피고인이 보유하고 있는 주가를 그와 **동종 주식의 최종 처분행위시의 주가**를 기준으로 산정하기도 한다.[73]

② 둘째, 악재성 정보의 공개에 의해 하락한 주가와 그 평가시점도 마찬가지이다. 하급심 판례 중에는 **정보공개 후 최초로 형성된 최저종가**를 기준으로 삼기도 한다.[74] 이런 입장에 따르면 정보 공개 직후에 거래가 정지된 경우에는 거래 재개 이후의 종가를 기준으로 판단하여야 한다.[75] 그러나 이 산정방식도 정보공개의 초기 충격효과를 과도하게 반영하는 문제점이 있다.[76] 이에 비해 대법원은 다음과 같이 **정보공개 후 주가가 안정화된 시점의 가격**을 기준으로 설정하여

---

71 서울중앙지방법원 2011.4.7. 선고 2010고합775 판결.
72 다만, 호재성 정보의 공개 전 시장이 이를 이미 예견하는 등 전반적인 시장상황에 따라 호재성 정보의 공개 이후 오히려 주가가 하락하는 경우도 존재한다.
73 대판 2006.5.12, 2004도491.
74 서울중앙지방법원 2007.5.30. 선고 2007노346 판결; 서울중앙지방법원 2007.2.9. 선고 2006고합332 판결: "미공개정보를 이용하여 당해 정보 공개 이전에 보유 주식을 처분함으로써 얻은 현실적인 매각대금 총액에서 그와 같이 처분된 물량을 계속 보유하고 있었다고 할 때, 당해 정보의 공개가 주가에 영향을 미친 후의 보유 주식의 평가금액 총액, 즉 악재성 정보의 공개에 따른 주가하락분(정보공개 후 형성된 해당 주식의 최저 종가)에 위반행위자의 정보 공개 이전의 주식 처분물량을 곱하여 산정한 금액이다."
75 김영록, "자본시장법상 미공개중요정보이용행위와 법적규제에 관한 고찰", *국제법무* (제9집 제2호, 2007.11), 48쪽.
76 임재연, *자본시장법* (박영사, 2020), 1110쪽.

야 한다고 본다.[77] "얻은 이익이나 회피한 손실의 가액을 엄격하고 신
중하게 산정함으로써, 범죄와 형벌 사이에 적정한 균형이 이루어져야
한다는 죄형균형의 원칙이나 형벌은 책임에 기초하고 그 책임에 비
례하여야 한다는 책임주의 원칙이 훼손되지 않도록 유의하여 회피손
실액을 산정하여야 하고, 나아가 어느 정보가 공개되어 그 영향으로
인하여 주가가 상승 또는 하락함으로써 이익을 얻거나 손실을 회피
하였는지 여부는 해당 정보가 충분히 시장에 공개된 이후 주가가 안
정화된 시점을 기준으로 판단하여야 할 것이다."[78]

정보의 공개로 인해 발생하는 특정증권 등의 가격 내지 가치의
변화 현상을 충분히 반영하려면 이득액이나 회피한 손실액 정보가
충분하게 시장에 공개된 이후 가격이 안정되는 시점을 기준을 삼아
야 한다. 왜냐하면 정보의 효율성[79]과 관련된 효율적 자본시장 가설
(Efficient Capital Market Hypothesis)[80]에 의하면 내부자거래죄가 실현하
려는 '투자정보 향유의 평등성'은 당해 정보의 완전한 공개가 이루어

---

[77] 대판 2006.5.12, 2004도491.

[78] 서울고등법원 2008.6.24. 선고 2007노653 판결; 대판 2008.11.27, 2008도6219.

[79] 정보의 효율성은 "증권과 증권가격을 평가하기 위하여 사용할 수 있는 정보의 이
    용"이라고 말하는 이상복, *자본시장법상 내부자거래* (박영사, 2010), 107쪽; 정보의
    효율성에 대하여 현재의 증권가격(present security prices)은 증권거래에 참가하는
    모든 투자자에게 비용이 들지 않게(costlessly) 알려져 있으며, 미래의 증권가격에
    대한 정보(information about future security prices)는 이러한 현재의 가격에 완전히
    반영(fully reflect)된다고 말하는 Mark Rubinstein, "Securities Market Efficiency in
    an Arrow—Debreu Economy", *The American Economic Review* (Vol. 65, 1975),
    812쪽.

[80] 창시자인 Eugene F. Fama 교수는 시장은 시가가 이용 가능한 정보를 완전히 반영
    할 때 효율적이라고 설명하였다. Eugene F. Fama, "Efficient Capital Markets: A
    Review of Theory and Empirical Work", *The Journal of Finance* (Vol. 25, 1970),
    383쪽; 효율적 자본시장 가설(Efficient Capital Market Hypothesis)의 이론적 전개
    과정에 관하여 상세히는 John F. Barry, "The Economics of Outside Information
    and Rule 10b—5", *University of Pennsylvania Law Review* (Vol. 129, 1981), 1330
    쪽 이하.

져 정보가 특정증권 등의 가격 또는 가치에 완전히 반영된 때에 실현
되기 때문이다.[81] 달리 말하면 내부자거래로 인하여 시장의 공정성과
정보평등을 해칠 위험은 내부정보를 이용하거나 정보를 전달하여 타
인으로 하여금 당해 정보를 이용하게 하는 행위가 있는 때에 시작하
여 당해 정보의 완전한 공개[82]로 위반행위자와 다른 거래자들의 지위
가 동등해지고, 그에 따라 특정증권 등의 가격변화가 종료하는 때에
끝난다. 이 점에서 판례의 입장은 합리성이 있다.

  1) 거래량 가중평균가격설   그러나 위험의 존속기간이 상당
히 길수록 주가에 영향을 주는 제3의 요인이 개입하는 등의 불확실성
이 증가한다. 다시 말해 내부자거래가 창출하는 위험의 시작과 종료
시점 사이의 모든 주가변동이 내부자거래로 인한 것은 아니다. 여기
서 그러한 불확실성을 비록 제거할 수는 없지만 가능한 최소화하는
산정방법이 요구된다. 그런 방법으로 두 가지를 고려할 수 있다.

  (가) 거래량 가중평균 가격   그런 방법으로 종가기준이 아니라
거래량 가중평균 가격기준이 더 합리적으로 보인다. 가령 내부자거래
와 관련한 위반행위자가 호재성 정보를 미리 알고 이를 이용하여 주식
을 매수한 시점으로부터 해당 종목의 거래량 가중평균 가격의 추이를
검토하여 당해 정보의 공개 후 거래량 가중평균 가격이 최초로 하락하
는 날까지를 위반행위로 창출된 위험의 존속시기로 평가하는 것이다.

---

81 시장은 주가가 이용 가능한 정보에 신속하고 정확하게 반응하여 모든 이용 가능
   한 정보에 비추어 예상되는 위험과 수익 측면에서 증권의 실제 경제적 가치에 대
   한 가능한 최선의 추정치를 반영하는 경우 효율적이라고 설명하는 Lynn A. Stout,
   "The Mechanisms of Market Inefficiency: An Introduction to the New Finance",
   Law&Economics Research Paper (No. 03-23, 2003), 8쪽.
82 내부자들이 거래를 하는 경우 증권의 가격은 당해 정보가 공개된 때의 가격에 근
   접하게 될 것이며, 극단적으로 내부자거래는 정보의 완전한 공개만큼이나 전적으
   로 드러내는 것이 될 수 있다는 견해로 Dennis W. Carlton/Daniel R. Fischel, "The
   regulation of Insider Trading", *Standford Law Review* (Vol. 35, No. 5, 1983), 868쪽.

(나) **위험의 귀속가능성과 사건연구방법**   제3의 개입요소의 주
가영향을 배제하는 것은 가중적 양형규정의 표지인 이득이나 회피한
손실에 대해 내부자거래행위에 그 귀속가능성을 검토하는 작업이기
도 하다. ① 이 귀속가능성을 판단하기 위해서는 먼저 내부자거래로
인한 이득액의 산정에 대해서는 내부자거래행위라는 이벤트(event)
이외에 주가에 영향을 미칠 수 있는 별개의 이벤트가 존재하는지 여
부를 살펴보아야 한다.[83] 위반행위로 인하여 발생한 위험은 위반행
위로 인하여 발생한 금융투자상품 가격의 공정성 침해 내지 왜곡을
측정하는 것이므로 위반행위가 없었더라면 형성되었을 정상가격을
기초로 이러한 **정상가격 이외의 추가적인 위험의 창출 내지 증가를
측정**하여야 한다. 이러한 측정의 방법론으로 미국 SEC에서 증권 관
련 범죄에 따른 이익금액 환수를 결정할 때 사용하는 방법론인 **사건
연구방법(Event Study)**을 고려할 만하다. 사건연구방식은 Fama 교수
등이 뉴욕증권거래소에서 주식분할 공시의 정보효과를 분석하여 효
율적 시장가설을 증명하기 위하여 만든 계량경제학적 분석 모델로
서,[84] 증권 불공정거래가 주가에 미친 영향을 판단[85]하는데 활용되고
있다.[86] 우리나라에서도 이 모델은 이득액의 인과관계에 대해 검사
가 입증책임을 다하지 못하여 무죄판결이 나는 사례들이 누적됨에
따라 활용되기 시작했다. 이 방법론이 증권 불공정거래의 인과관계

---

83 한국증권법학회, *자본시장법(주석서 I)* (박영사, 2015), 1206쪽.

84 우민철·김명애, "사건연구(event study) 방법론을 이용한 정상주가 산정", *증권법
    연구* (제15권 제3호, 2014.12), 355쪽.

85 사건연구방식을 이용하여 정상주가를 산정하는 수학적인 방법에 대하여 자세히는
    Ronald J. Gilson/Bernard S. Black, *The Law and Finance of Corporate Acquisitions*
    (Foundation Press, 1995), 185쪽 이하.

86 사건연구방식에 대해 효율적 시장가설에 기반하여 "사건발생이 주식가치의 변동
    에 유의한 영향을 주는지를 검증한다"는 권순만·한창희, "정보유출이 기업가치에
    미치는 효과분석", *한국전자거래학회지* (제21권 제2호, 2016.5), 84쪽.

있는 이득액을 산정에 효율적인 수단으로 작동한다는 견해[87]도 있고, 검찰도 이 방법론을 입증방법으로 활용하고자 하지만, 법원에서는 사건연구방식의 객관성을 신뢰하기 어렵다는 회의적인 입장이 두드러진다.[88]

★ 판례: 사건연구방법   "사건연구 방법은 독립변수(설명변수)의 선정(무엇을 독립변수로 할 것이냐, 독립변수를 1개로 정할 것이냐 아니면 여러 개로 정할 것이냐)과 검증기간의 범위 선정에 연구자의 자의가 개입될 여지가 많고, 특정 회사의 주가 및 전체 시장의 주가수익률은 연쇄적인 상호작용을 거치면서 함께 변동하는 것인데 이와 같은 독립변수가 일방향으로 대상회사 주가의 수익률에 영향을 미친다고 가정해 버리며, 또한 현실세계에서는 수많은 요인이 특정 회사의 주가형성에 영향을 미치는데 단지 몇 개의 독립변수를 설정하는 것만으로 특정 사건이 당해 회사에 미친 영향을 분석해내기 어렵고 그렇다고 많은 독립변수를 설정하면 통계학적 해결이 용이하지 않아 결국 분석결과의 현실 적합성이 연구자의 열의와 노력에 좌우되어 버리고 만다."[89]

이러한 사건연구방법은 그 사례 자체가 아직 많지 않고, 통계적 유효성을 판단하는 기준이 명확하지 않으며,[90] 주가에 영향을 미치는 다른 변수들의 통제가 중요[91]한데도 그런 통제방법이 확립되어 있지

---

87   사건연구방식은 "시세조종 및 허위공시 등의 행위로 인한 주가의 영향을 분석하는데 있어 유용한 수단으로 활용"하는 것이 가능하다는 우민철·김명애, "사건연구(event study) 방법론을 이용한 정상주가 산정", 증권법연구 (제15권 제3호, 2014.12), 372쪽.

88   성희활, 자본시장법 강의 (캐피털북스, 2018), 347쪽.

89   서울중앙지방법원 2007.2.9. 선고 2006고합332 판결. 구 증권거래법위반 사건에서 변호인은 미공개중요정보 이용으로 인한 손실회피가 없었음을 입증하기 위하여 이벤트스터디 보고서를 제출한 바 있다.

90   사건연구방식의 한계에 관하여 자세히는 A. Craig Mackinlay, "Event Studies in Economics and Finance", Journal of Economic Literature (Vol. 35, 1997), 34~35쪽.

91   우민철·김명애, "사건연구(event study) 방법론을 이용한 정상주가 산정", 증권법

못하고, 그런 까닭에 분석자의 주관이 개입될 가능성을 배제하기 어려우며, 그 결과 감정인에 따라 동일사항에 대한 사건연구방법의 결과가 크게 차이가 나는 등으로 아직 높은 신뢰성을 얻기 어렵다.[92] 또한 더 결정적인 점은 통계적인 인과관계가 곧 형법상의 인과관계가 될 수 없다는 것이다. 바로 그렇기에 아울러 그럼에도 불구하고 현재로서는 증명력이 낮은 인과관계의 간접증거로만 활용될 수 있을 것이다.

2. 정보전달에 의한 내부자거래의 이득액

내부자가 미공개정보 전달하고, 이를 이용하여 그 정보를 전달받은 자가 이익을 얻은 경우에 이득액 산정은 어떻게 할 것인지가 문제된다.

(1) 공범관계의 불성립과 이득액 산정　　① 자본시장법 제174조 제1항은 미공개중요정보를 "특정증권 등의 매매, 그 밖의 거래에 이용하거나 타인에게 이용하게 하여서는 아니 된다"고 정하고 있는데, 여기에서 "이용하게 한 자"는 형법 제31조의 교사범을 의도한 것이 아니라[93] 내부자거래죄의 **독자적인 실행행위**를 규정한 것이다. 이 규정에서 미공개중요정보를 다른 사람에게 이용하게 하는 자는 정보전달자가 되고, 그 상대방은 정보수령자라고 표현된다. ② 정보수령자는 1차 정보수령자(the first tipee)와 2차 정보수령자 등으로 확대될 수 있다. 판례에 의하면 1차 정보수령자와 2차 정보수령자는 **편면적 대향범**과 유사한 관계에 있다고 한다.[94] 대향범에 대해서는 별도의 처벌

연구 (제15권 제3호, 2014.12), 372쪽.

92　한국증권법학회, *자본시장법(주석서 I)* (박영사, 2015), 1206쪽.

93　이 규정의 '이용하게 한 자'에 대해 "만일 교사범을 규정한 것이라면 특별히 이를 규정할 필요 없이 형법의 일반이론에 의하여 당연히 교사범으로 처벌받을 것"이라는 임재연, *자본시장법과 불공정거래* (박영사, 2019), 265쪽.

94　대법원은 "결국 구 자본시장법 제443조, 제174조 제1항은 내부자로부터 미공개

규정이 없는 이상 형법총칙상의 공범규정이 적용되지 않으므로[95] 2차 정보수령자를 1차 정보수령자의 공범으로 처벌할 수는 없게 된다.

★ 판례: 2차 정보수령자의 공범관계   "제174조 제1항의 금지행위 중의 하나인 내부자로부터 미공개 내부정보를 수령한 제1차 정보수령자가 다른 사람에게 유가증권의 매매 기타 거래와 관련하여 당해 정보를 이용하게 하는 행위에 있어서는 제1차 정보수령자로부터 당해 정보를 전달받는 제2차 정보수령자의 존재가 반드시 필요하고, 제2차 정보수령자가 제1차 정보수령자와의 의사 합치 하에 그로부터 미공개 내부정보를 전달받아 유가증권의 매매 기타 거래와 관련하여 당해 정보를 이용하는 행위가 당연히 예상된다. 그와 같이 제1차 정보수령자가 미공개 내부정보를 다른 사람에게 이용하게 하는 같은 법 제174조 제1항 위반죄가 성립함에 있어 당연히 예상될 뿐만 아니라, 그 범죄의 성립에 없어서는 아니 되는 제2차 정보수령자의 그와 같은 관여행위에 관하여, 이를 처벌하는 규정이 없는 이상 그 입법취지에 비추어 제2차 정보수령자가 제1차 정보수령자로부터 1차 정보수령 후에 미공개 내부정보를 전달받아 이용한 행위가 일반적인 형법 총칙상의 공모, 교사, 방조에 해당된다고 하더라도 제2차 정보수령자를 제1차 정보수령자의 공범으로서 처벌할 수는 없다 (구 자본시장법 제174조 제1항과 같은 취지의 구 증권거래법 제188조의2 제1항 시행 당시의 대법원 2002. 1. 25. 선고 2000도90 판결[96] 참조)"(대판

내부정보를 전달받은 제1차 정보수령자가 유가증권의 매매 기타의 거래에 관련하여 당해 정보를 이용하거나 다른 사람에게 이용하게 하는 행위만을 처벌할 뿐이고, 제1차 정보수령자로부터 1차 정보수령과는 다른 기회에 미공개 내부정보를 다시 전달받은 제2차 정보수령자 이후의 사람이 유가증권의 매매 기타의 거래와 관련하여 전달받은 당해 정보를 이용하거나 다른 사람에게 이용하게 하는 행위는 그 규정조항에 의하여는 처벌되지 않는 취지라고 판단된다"고 판시하였다(대판 2019.7.11, 2017도9087). 다만, 2015.7.1.부터 시장질서 교란행위의 금지(자본시장법 제178조의2) 규정이 시행되어 2차 이상의 다차 정보수령자의 경우에도 형사제재는 아니지만, 행정제재로서 과징금을 부과받을 수 있다.

95 대판 2001.12.28, 2001도5158; 대판 2014.1.16, 2013도6969.
96 대판 2002.1.25, 2000도90의 사건개요를 정리하면, "신문기자인 K씨는 1998.8.17. ㈜신동방(이하 '신동방')의 홍보이사로부터 신문사에 취재요청과 함께 모사전송한

2019.7.11, 2017도9087).

③ 이처럼 내부자, 1차 정보수령자 및 2차 정보수령자 사이에 공범관계가 성립되지 않는다면, 1차 정보수령자의 부당이득을 내부자의 부당이득으로 보거나, 2차 정보수령자의 부당이득을 1차 정보수령자의 부당이득으로 산입할 수 없다. 하급심 판례 중에도 "타인으로 하여금 미공개정보를 이용하게 하는 유형의 범죄에 있어 그 정보를 이용한 타인을 정보제공자인 내부자나 1차 정보수령자의 공범으로 보아 그가 취득한 이익을 내부자나 1차 정보수령자의 이익으로 간주할 수는 없다"고 판시한 바 있다.[97] 그러나 단순히 정보제공의 대가로 일정 부분의 이익을 수령하거나 그 밖에 경제적 이익을 취득하였다면, 공범관계의 성립가능성을 검토하고, 이득액에 산입할 가능성이 있다.

(2) 공범관계의 성립과 이득액 산정   먼저 내부자거래에 있어서 1차 정보수령자와 2차 정보수령자의 관계를 대향범의 논리[98]에 따라 일률적으로 판단하는 것은 적절한 것으로 보기 어렵다. 제174조 제1항은 정보전달자가 미공개중요정보를 다른 사람에게 이용하게 하

보도자료 등을 통하여 상장법인인 신동방에서 다음날 새롭게 개발한 무세제 세탁장치의 시연회를 개최한다는 사실을 알게 되자 해당 기사가 보도되기 전날 22:00경에 동생에게 전화를 하여 그 사실을 알려주었고, 동생은 그 다음날 신동방 주식 34,280주를 매수하였다가 그 후 무세제 세탁장치의 개발 사실이 언론에 보도되어 주식의 가격이 급상승한 후인 그 달 20일부터 그 해 9.8.까지 매수한 주식을 주당 15,450원 내지 21,000원에 매도하여 464,445,950원의 매매차익을 취득하였다"는 것이다.

97 서울고등법원 2014.7.24. 선고 2014노1034 판결(해당 하급심 판결은 대판 2015.2.12, 2014도10191로 확정되었다).

98 편면적 대향범 중 처벌규정이 없는 일방에게 공범규정의 적용을 부인하는 대법원의 입장에 대하여 "이러한 태도는 일반인의 법감정에 반하여 처벌의 흠결상황을 발생시키고, 미공개정보 이용행위의 경우에는 처벌의 불평등한 상황까지 발생하고 있다. 이러한 형사정책적 문제점으로 인하여 학자들은 물론이고, 하급심 판례에서도 대법원 입장의 타당성에 대한 의문이 제기되고 있는 상황"이라는 구길모, "대향범에 대한 공범규정 적용의 타당성 — 자본시장법상 미공개정보 이용행위에 대한 처벌규정을 중심으로 —", *안암법학* (제40호, 2013.1), 120쪽.

는 행위를 하면 범죄가 성립하는 적성범(구체적 - 추상적 위험범)의 구
조로 규정되어 있으므로, 문리해석으로는 1차 정보수령자의 '타인에
게 정보를 이용하게 하'는 행위에 수반되는 행위는 2차 정보수령자가
당해 정보를 전달받는 행위일 뿐이고, 2차 정보수령자가 그러한 정보
를 이용하는 행위까지 당연히 예정되어 있는 것은 아니다.[99] 즉, 1차
정보수령자와 2차 정보수령자가 언제나 필요적 공범관계에 있는 것
도 아니다. 따라서 2차 정보수령자가 1차 정보수령자로부터 우연한
사정에 의해 정보를 제공받은 것이 아니라 **1차 정보수령자를 적극적
으로 독촉하여 정보를 전달받은** 경우에는 2차 정보수령자는 1차 정
보수령자의 형법총칙상 교사범이 된다고 볼 수 있다.[100] 예컨대 코스
닥상장법인의 대표이사인 남편의 전화통화 중 회사의 미공개중요정
보를 그의 부인(1차 정보수령자)이 듣고 해당 정보를 2차 정보수령자
에게 제공하였으며, 2차 정보수령자가 주식을 거래함에 있어 그 부인
(1차 정보수령자)이 주식매수자금의 대부분을 제공하였고 사전 합의에
따라 그 부인에게 주식매매차익의 60%가 분배된 사건에서 대법원은
"1차 정보수령자가 1차로 정보를 받은 단계에서 그 정보를 거래에 막
바로 이용하는 행위"에 해당하고 2차 정보수령자는 1차 정보수령자
의 이러한 행위에 공동 가담한 것으로 보았다.

　★ 판례: 2차 정보수령자의 공범성립　　"비록 1차 정보수령자가 주식거래
　　를 직접 실행한 바 없다 하더라도 공범인 피고인의 주식거래행위를 이
　　용하여 자신의 범행의사를 실행에 옮긴 것으로 보아야 할 것이고, 여기

99　김영기, "자본시장 불공정거래 범죄의 형사법적 쟁점", *증권 불공정거래의 쟁점*
　　(제2권, 2019), 327~328쪽.

100　대판 2002.1.25, 2000도90에 대한 평석으로 김정수, *자본시장법원론* (서울파이낸스
　　앤로그룹, 2014), 1145~1147쪽; 김상철, "제1차 정보수령자로부터 전달받은 미공
　　개 내부정보를 이용하여 증권거래를 한 제2차 정보수령자를 제1차 정보수령자에
　　대한 증권거래법위반죄의 공범으로 처벌할 수 있는지 여부", *대법원판례해설* (제
　　41호, 2002.12), 707쪽 이하.

에 주식 매수자금 대부분을 자신이 제공한 점, 주식매매를 통해 얻은 매매차익의 60% 정도가 자신에게 귀속된 점 등의 사정까지 종합해 보면, 피고인과 1차 정보수령자의 위 주식거래는 1차 정보수령자가 1차로 정보를 받은 단계에서 그 정보를 거래에 막바로 이용한 행위에 해당하고, 피고인은 1차 정보수령자의 위와 같은 행위에 공동 가담한 것으로 보아야 한다"(대판 2009.12.10, 2008도6953).

이러한 판결은 1차 정보수령자와 2차 정보수령자 사이의 공모 여부 및 적극성의 정도, 이익의 귀속 등을 고려한 것으로 보인다. 다만, 1차 정보수령자가 내부자거래죄의 주체(신분)가 되기 위해서는 단순한 정보전달을 넘어서 다른 사람(2차 정보수령자)에게 내부정보를 제공해주고 그 정보를 이용한 거래행위를 적극 교사하는 행위를 한 경우에 국한하여야 한다. 그리고 이와 같이 2차 정보수령자와 1차 정보수령자의 공범관계를 인정하는 경우 정보수령자와 정보전달자 사이의 공범성이 인정되는 한 이용한 자(2차 정보수령자)의 부당이득을 이용하게 한 자(1차 정보수령자)의 부당이득으로 볼 수 있게 된다.

(3) **가중처벌규정의 적용**   자본시장법 제443조 제2항은 내부자거래죄의 법정형을 그 이득액이나 회피한 손실액의 규모에 따라 가중하고 있다. 이 가중적 양형규정도 타인의 이용행위로 발생한 부당이득을 모두 위반행위자에게 귀속시켜서 계산한 이득액을 기준으로 적용할 수 있다. 또한 이런 해석이 "위반행위로 얻은 이익 또는 회피한 손실액"(제443조 제2항 본문)의 문언에 위배되는 것도 아니다. 하지만 이런 해석은 피고인에게 불리한 것이어서 지속적으로 유추금지 위배의 의혹을 받을 수밖에 없다. 그렇기에 특정경제범죄법 제3조 제1항의 문언처럼 "제3자로 하여금 취득하게 한" 이득을 명시하는 문언을 추가하는 자본시장법의 개정이 필요하다.[101]

---

[101]   김건식·정순섭, *자본시장법* (두성사, 2013), 499쪽.

3. 내부자거래의 죄수 판단

내부자거래가 여러 행위로 이루어져 있는 경우에 그 행위들이
죄수론상 포괄일죄로 판단되면 그 이득액이 합산되고, 실체적 경합범
으로 판단되면 각각의 이득액을 기준으로 가중적 양형규정(제443조 제
1항, 제2항)의 적용 여부를 검토하게 된다.[102]

(1) **미공개중요정보의 수**   내부자거래의 처벌은 자본시장의
공정성, 특히 투자정보 이용의 평등성을 실현하기 위한 것,[103] 즉 내
부자와 다른 일반 투자자 사이의 정보의 비대칭을 방지하기 위한
것[104]이라는 점, 행위자가 거래에 이용한 미공개중요정보의 가치가
이익 취득이라는 — 비록 구성요건적 결과는 아니고 가중적 양형규정
의 요소이긴 하지만 넓은 의미에서는 범죄구성요건에 속하는 — 결과
발생에 결정적인 영향을 미친다는 점 등의 법익측면을 고려하면, 내
부자거래죄의 죄수판단에서는 원칙적으로 투자정보 이용의 평등성을
저해한 **미공개중요정보의 수**가 가장 중요한 기준이 될 수 있다. 즉,
정보의 이용행위 또는 타인에게 이용하게 하는 행위의 대상이 되는

---

102 "죄수가 결정되지 않은 상태에서는 경합형태를 확정할 수도 없고 죄수가 잘못
확정되면 경합형태도 잘못 확정되므로 이를 토대로 하는 양형판단 역시 오류일
수 밖에 없"으므로 죄수가 우선적으로 결정되어야 한다는 김성돈, "죄수결정의
기준", *법학논고* (제14집, 1998.12), 191쪽.

103 자본시장의 불공정성(unfairness)은 내부자가 단순히 많은 정보를 소유할 수 있
다는 점에서부터 비롯되는 것이 아니라 자본시장에 참여하는 다른 거래자가 정
보에 접근하는 것을 법률적으로 차단당한 상태에서 정보상의 우위를 이용한 특
권적 입장에 있는 내부자와 경쟁을 할 수 없는 불평등에서 비롯된다는 Victor
Brudney, "Insiders, Outsiders, and Informational Advantages under the Federal
Securities Laws", *Harvard Law Review* (Vol. 93, 1979), 346쪽.

104 Bryan C. Smith, "Possession Versus Use: Reconciling the Letter and the Spirit of
Insider Trading Regulation Under Rule 10b-5", *California Western Law Review*
(Vol. 35, 1999), 381쪽.

미공개중요정보의 수를 기준으로 위반행위의 수를 확정하는 것이 합리적일 것이므로, 이 경우 위반행위자가 하나의 미공개중요정보를 이용하여 수 개의 특정증권 등을 거래하거나 하나의 미공개중요정보를 본인이 이용하는 이외에 타인으로 하여금 이용하게 하는 경우에도 이를 하나의 위반행위로 보아 이득액을 산정하게 될 것이다.

　(2) **시퀀스고의**　　이와 같은 죄수판단의 객관적 요소에 대응하는 주관적 요소로는 범죄의사가 있다. 행위의 수나 침해된 보호법익의 수 등에서 수 죄로 판단되는 경우에도 판례[105]의 포괄일죄 법리에 의하면 내부자거래의 범죄의사가 "단일하고 계속된 범의"였던 경우에는 포괄일죄(연속범)가 될 수 있다. 이러한 연속고의의 판단에서는 정보의 내용, 정보의 생성 및 입수 경위, 정보별 입수시기와 거래시기의 차이 등이 주된 고려요소가 된다.[106] 물론 내부자거래의 포괄일죄는 여러 개의 미공개중요정보를 이용하고, 그 이용을 통해 범행계획에서 볼 때 이익의 극대화라는 목표를 향해 나아가는 하나의 시퀀스(sequence)를 이루는 경우에 인정되어야 한다. 이는 내부자거래행위들이 보호법익인 자본시장의 공정성에 미치는 부정적 효과를 누적적으로 확대시키는 경우에 가중처벌의 근거가 확보된다는 점을 고려한 것이다. 따라서 내부자거래의 연속범고의는 **시퀀스고의**이어야 한다. 이 점에서 내부자거래죄의 연속범고의와 개인의 재산을 침해하는 형법상 재산범죄(예: 절도, 강도 등)의 연속범고의는 차이가 있다.

105　대판 2000.1.21, 99도4940.

106　한국증권법학회, *자본시장법(주석서 I)* (박영사, 2015), 1188쪽.

Ⅵ. 형법정책

지금까지 검토한 내부자거래죄는 많은 해석의 폭을 갖고 있지만, 기본적으로 어느 정도는 형법의 법치국가원칙(법익보호원칙, 책임원칙, 비례성원칙)을 위축시키지 않고는 그 '경제정책적인 조종기능'[107]을 최적화하기가 어려운 범죄구성요건이다. 여기서 내부자거래를 비범죄화하거나 그 규율영역을 엄격하게 제한하는 등의 법정책을 구상해볼 필요가 있다.

1. 관할영역의 재설정

이런 구상을 위해서는 먼저 현행 자본시장법에서 내부자거래의 통제와 관련을 맺고 있는 개별제도들을 살펴볼 필요가 있다.

(1) **내부자거래 예방제도의 활성화**   이런 제도로는 첫째, 단기매매차익거래금지제도(제172조), 공시제도(제161조) 그리고 주식소유 및 대량보유 보고제도(제173조 제1항, 제147조 제1항)를 들 수 있다. 이 개별제도들을 민법, (경제)행정법 그리고 형법적인 통제수단에 따라 도표로 정리하면 다음과 같다.

❑ 내부자거래관련법규정

	(특별)민법적 제재	행정법적 제재	형법적 제재
내부자거래 (제174조)	○ (제175조)	○ (제426조)	○ (제443조)
공매도제한 (제180조 제1항)	×	○ (제426조, 제449조)	○ (제445조)

---

107 Albrecht, Erosionen des rechtsstaatlichen Strafrechts, KritV 2/1993, 166쪽.

주식소유변동보고 (제173조 제1항)	×	○ (제426조)	○ (제446조)
주식대량보유보고 (제147조 제1항)	×	○ (제150조, 제151조 제1항)	○ (제444조, 제445조)
공시의무 (제161조 제1항)	×	○ (제429조 제3항)	○ (제444조, 제446조)
단기매매차익반환 (제172조)	×	○ (제426조)	○ (제445조)

　　현행 자본시장법에는 내부자거래금지규정과 이웃해 있는 여러 구성요건들이 있다. 예를 들어 **공매도제한** 제도는 소유하지 아니한 상장증권의 매도나 차입한 상장증권으로 결제하고자 하는 매도를 금지함으로써 자본시장의 안정과 공정한 가격형성을 도모한다. **단기매매차익반환** 제도는 내부자가 미공개정보를 이용하여 단기매매차익을 얻으려는 동기를 차단함으로써 내부자거래를 예방할 수 있다. 그리고 **주식소유변동보고**와 **주식대량보유보고** 제도는 상장기업의 임·직원 또는 주요주주의 주식거래를 일일이 확인함으로써 내부자거래를 감시할 수 있게 한다. 마지막으로 **공시의무**는 상장기업의 경영·재산에 관한 정보를 일반 투자자가 알 수 있도록 공시하게 함으로써 정보의 독점적 이용을 방지하는 역할을 한다. 자본시장법은 이러한 공매도, 주식소유변동보고의무, 주식대량보유보고의무 및 공시의무의 위반을 내부자거래와 마찬가지로 범죄화하고 있다.

　　먼저 이처럼 내부자거래를 **예방하는 의무구성요건**들은 비범죄화되어야 한다. 그런 의무구성요건들은 단지 자본시장의 기능에 대한 잠재적 위험(내부자거래의 위험)을 관리하는 전형적인 행정법적 의무에 속하기 때문이다. 다시 말해 그런 의무구성요건을 위반하는 행위는 행정권력 작용에 대한 단순 불복종행위(echt ungehorsames Verhalten)에 해당한다. 즉, 공매도, 주식소유변동보고의무, 주식대량보유보고의무 그리고 공시의무의 위반은 비범죄화 되어야 한다. 더 나아가 이러한 제도들에 의한 내부자거래의 예방적 제도나 해임권고 등의 사후 교정적 제재가 활성화된다면 내부자거래금지위반죄의 비범죄화는 그만큼 더 설득력을 갖게 될 수 있다. 이 점은 바로 금융감독원의 실무가 반증해주고 있다. 금융감독원의 실무를 살펴보면, 혐의가 있는 내부자에 대해 조사(자본시장법 제426조 제1항)를 한 뒤, 이 혐의가 확인되면 대개는 검찰에 '고발'하거나 '통보'(자본시장법 시행령 제138조 3호)하는 조치를 취하고 있다. 이것은 현재 금융위원회(또는 증권선물위원회)가 내부자거래 혐의자에 대해 취할 수 있는 상당수의 행정법적 조치들을 거의 활용하고 있지 않다는 점을 보여준다. 그러나 금융위원회가 형사고발보다 예를 들어 주주총회에 대해 임원의 해임권고 또는 주식발행의 제한 등의 행정법상의 조치(자본시장법 제422조, 자본시장법 시행령 제374조 등)를 충분히 활용한다면[108] 이것만으로도 내부자거래의 예방이 상당한 정도까지 가능할 것이다.

(2) 형법에 앞선 자율규제와 구조적 사전조치   그러나 이런 행정실무의 변화와 함께 내부자거래의 근본적 발생요인을 제거할 수 있도록 자율적 규제메커니즘의 형성과 구조적 개혁정책이 강구되어야 한다. 우선 주식발행을 대행하는 증권회사에서 내부정보가 유통되는 것을 차단할 수 있는 업무분담장치(일명 Chinese Wall)의 구축,[109]

---

108 현재 금융위원회의 해임권고에 따라 해임된 회사의 임원은 상당기간 동종업종에 재취업할 수 없다고 한다.

109 정보차단장치는 예를 들어 증권회사 내부에서 투자결정을 하는 부서와 투자고객에 대해 중개·자문하는 부서를 인적·공간적으로 분리시킴으로써 내부정보가 유통되는 것을 차단하는 것을 들 수 있다. 2019.5. 금융위원회는 정보교류차단(차이니즈 월) 규제에 관한 대대적인 개편을 포함하는 '금융투자업 영업행위 규제 개선방안'을 발표하여 ① 기존의 '업 단위' 규제를 이해상충 방지를 위해 정보교류 차단이 필요한 '정보 단위'별 규제로 전환하고, ② 정보교류 차단이 필요한 정

내부자거래와 관련되어 있다고 판단되는 증권거래(예: 차명거래)의 거부[110] 그리고 불공정거래행위에 대한 내부교육 프로그램의 마련 등과 같이 증권회사 스스로 내부자거래를 예방할 수 있는 내부 장치들을 마련해야 할 것이다.

다음으로 내부자거래에 대한 근본적인 예방은 증권거래의 투명성과 정보유통의 효율성을 높이기 위한 **거시적인 경제구조정책**의 실행에 의하여 뒷받침될 수 있다. 또한 이렇게 할 때에만 내부자거래의 예방과 투자자보호가 효과적으로 실행될 수 있을 것이다. 이와 같은 제도로는 다음과 같은 경제정책을 예로 들 수 있다.

- **소유와 경영의 분리**　　현재 형사사건화 된 내부자거래를 살펴보면,[111] 상장기업의 대주주나 임원에 의한 행위가 거의 대부분이다. 이것은 우리 기업의 대부분이 소유와 경영이 분리되어 있지 않은데다, 개발독재 이래로 경영권 확보를 위해 대주주 1인의 높은 지분율을 제도적으로 보장해 온 결과이다.[112] 따라서 내부자거래의 발생가능성을 원천적으로 차단할 수 있도록 소유와 경영을 완전히 분리시킬 수 있는 경제구조정책이 실행되어야 한다.
- **주식소유변동신고제도 및 금융실명제의 보완**　　현행 자본시장법 제173조는 상장기업의 임원 및 주요주주가 다른 사람의 명의이지만 자기의 계산으로 거래한 주식의 변동사항에 대해서도 보고하도록 되어

보를 '미공개중요정보'와 '고객자산 운용정보'로 구분하여 차이니즈 월 규제를 구축하게 된다고 밝힌 바 있다(금융위원회 보도자료, "금융투자업 영업행위 규제 개선방안", 2019.5.27.). 2020.4.29. 국회 본회의를 통과한 자본시장법 개정안은 위와 같은 개선방안을 반영하여 미공개중요정보 및 고객자산 운용정보를 기준으로 정보교류차단 원칙을 정하고, 정보의 특성에 부합하는 정보교류차단이 이루어질 수 있도록 금융투자업자의 내부통제기준 마련의무를 규정하였다(제45조).

110　증권회사의 거래창구에서는 예를 들어 차명거래자(내부자거래 대부분이 차명계좌를 이용하여 행해짐)도 별다른 확인절차 없이 증권거래를 할 수 있다고 한다.

111　금융감독원, *증권시장의 불공정거래 사례* (1999), 23~43쪽.

112　박삼철, "유가증권 불공정거래규제에 관한 비교법적 고찰", *증권조사월보* (1994.12), 38쪽; 이승애, "내부자거래의 효율적 예방대책", *증권조사월보* (1991.2), 19쪽.

있다. 하지만 대부분의 내부자거래는 차명계좌를 이용하여 발생하고
있다. 따라서 임원 및 주요주주의 차명거래와 주식소유의 변동을 파
악할 수 있는 제도적 장치(예: 임원 및 주요주주의 가족 등의 주식소
유상황의 직접 신고의무의 설정)를 마련할 필요가 있다. 또한 증권거
래를 할 때 차명계좌의 이용을 막을 수 있는 제도적 장치의 도입도
시급하다.

- **공시제도의 보완**   투자정보 유통의 효율성을 높이기 위해 새로
운 정보공시매체의 개발과 활용을 적극적으로 추진하여야 한다. 이
와 관련하여 금융위원회는 자본시장법 제436조, 자본시장법 시행령
제385조, 구 유가증권의 발행 및 공시 등에 관한 규정 제10장에 의거
하여 전자공시제도를 마련하여 운영하고 있다.[113]

- **실질적 상장심사**   현재 주식상장제도를 살펴보면 거래소에 주식
을 상장할 수 없을 정도로 부실한 기업도 형식적인 주식상장심사를
통해 상장이 이루어지고 있다.[114] 따라서 부실기업의 주식상장을 정
확히 걸러낼 수 있도록 실질적인 상장심사를 가능하게 하는 제도적
장치의 마련이 시급하다.

- **국제적 회계기준의 도입**   나아가 분식회계와 부실정보의 유통을
원천적으로 예방할 수 있는 제도적 장치, 예를 들어 국제적 회계감사
기준의 마련 등과 같은 제도의 마련이 요구된다. 이러한 요구에 부합

---

113 이에 따라 전자공시시스템(일명 DART System[Data Analysis, Retrieval and Transfer
System])이 구축되었다. 이는 상장법인 등이 인터넷을 통하여 공시서류를 제출하
면, 투자자 등 이용자는 제출 즉시 인터넷을 통해 그 공시서류를 조회할 수 있도록
하는 종합적인 기업공시시스템이다. 이는 ⅰ) 누구든지 시간과 장소에 구애받지
않고 금융감독원에 제출된 모든 공시자료를 열람하는 것이 가능하고, ⅱ) 인터
넷을 통해 자료를 제출하고 동일서류를 제출하는 창구가 일원화 되어 상장법인
등 공시의무자의 부담이 경감되며, ⅲ) 신고서의 접수뿐 아니라 접수여부의 확
인 등 일체의 과정이 전산화 되어 행정의 투명성과 효율성을 제고할 수 있고,
ⅳ) 신속한 정보에 대한 투자자의 접근이 용이해져 자본시장의 건전한 발전을
도모할 수 있다는 장점을 갖는다. 자세한 내용은 인터넷의 http://dart.fss.or.kr 사
이트에서 확인할 수 있다.

114 고수익·고위험을 제도적으로 보장하고 있는 코스닥시장의 경우에는 주식상장기
준이 거래소보다 훨씬 더 완화되어 있다.

하여 「주식회사 등의 외부감사에 관한 법률」 제5조 제1항 1호에 회계처리기준의 적용방법으로 국제회계기준위원회의 국제회계기준을 채택하여 정한 회계처리기준을 규정하고 있다.

2. 내부자거래죄의 축소

이렇게 내부자거래를 예방하는 제도가 발전하고 활성화되어도 남는 내부자거래에 대한 통제는 형법의 몫으로 남는다. 그러나 그런 보충적인 내부자거래형법도 여전히 형법이론적으로는 그 정당성에 의문이 남는다. 특히 내부자거래행위가 일반 투자자의 재산상의 손해와 같은 부정적인 결과를 야기할 수 있다는 점이 경험(과학)적으로 충분히 입증하지 못한 상태이기 때문이다. 그런 상황에서는 '의심스러울 때에는 시민자유의 이익으로'(in dubio pro libertate) ― 원칙에 따라 비범죄화 하는 것이 비례성원칙에 부합한다. 현행 내부자형법의 입법과정에서도 이와 같은 내부자거래의 당벌성은 거의 논증되지 않았던 것으로 보인다. 그렇기에 내부자거래행위를 범죄화한 것은 시민의 자유이익에 불리한 법률실험(Gesetzesexperiment)[115]을 한 셈이다. 하지만 IMF - 경제위기를 전후로 해서 공식적인 범죄통계에 잡히고 있는 내부자거래의 발생건수가 점점 더 증가하는 반면,[116] 내부자거래를 차단하는 구조개혁은 아직 충분하지 않기에 내부자거래처벌조항을 폐지하는 입법은 기대하기 어렵다. 그렇다면 내부자거래의 범죄구성요건이 폐지될 때까지만이라도 현행법을 목적론적 축소해석의 방법으로 그 적용범위를 제한하는 법정책이 감행될 필요가 있겠다.

---

115   Marxen, Strafgesetzgebung als Experiment? Gesetzesexperimente in strafrechtlicher Sicht, GA (1985), 547쪽 아래.

116   금융감독원, *증권시장의 불공정거래 사례* (1999), 14쪽 아래; 금융감독원, *자본시장 불공정거래 조사 30년사* (2018), 341~343쪽.

(1) 내부자거래형법의 관할과 경계   그런 법정책의 기초는 아래의 도표가 보여주듯이 내부자거래와 관련을 맺고 있는 경제(행정)법과 경제형법의 관할영역의 한계를 명확하게 설정하는 것이다.

☐ 내부자거래규제법의 관할영역 ─────────────

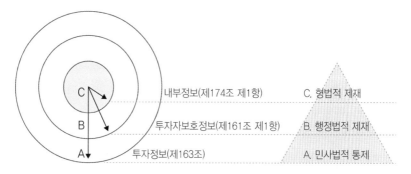

위의 도표에서 각각의 원 영역은 '투자판단에 중대한 영향을 미치는 정보'의 중요성, 공시의무 그리고 정보의 공시방법의 차이 등을 고려하여 획정한 것이다. 이 도표에서 보면 자본시장에서 투자판단에 영향을 미치는 정보는 투자정보(도표의 A영역), 투자자보호정보(도표의 B영역) 그리고 내부정보(도표의 C영역)로 세분화되어 있다. ① 첫째, **투자자보호정보**(B)는 투자자의 투자판단에 영향을 미칠 수 있는 정보 중에서 특히 중요한 것으로서 거래소에 신고해야 할 의무가 있는 정보(공시의무정보)를 의미한다. 이런 공시의무정보는 경제(행정)법적으로 투자자의 보호와 직접 관련을 맺고 있어서 **행정법의 영역**에 속한다. ② 둘째, **투자정보**(A)는 상장법인에 관한 풍문 및 보도에 의한 정보, 즉 일반적인 시장정보(allgemeine Marktdaten)[117]를 의미한다. 이 투자정보는 일반적으로 공시의무가 있는 정보는 아니지만, 투자자의 보

───────────
117 일반적인 시장정보는 상장회사의 내부로부터 창출된 정보가 아니라는 점에서 내부정보에 해당되지 않는다고 보아야 한다.

호를 위해 공시가 필요하게 된 정보를 말한다. 즉, 이 영역의 정보는 그 정보의 특성상 제163조(사업보고서등의 공시)와 같은 적시공시제도가 적절하지 않다. 그러나 현행 자본시장법은 투자정보도 수시공시제도(동법 제163조)에 의해 행정적 관리의 대상으로 삼고 있을 뿐만 아니라, 행정법적 제재(제163조/제164조 제2항)까지 관리의 수단으로 활용하고 있다. 그러나 이런 투자정보는 행정적 관리의 대상으로 삼을 수는 있지만, 그 관리를 위해 설정된 의무(구성요건)의 위반에 대해서는 (특별)**민사법적 제재**에 머무르는 것이 바람직하다.[118] ③ 셋째, **내부정보**(제174조)는 단지 상장법인의 업무 등과 관련하여 일반인에게 공개되지 아니한 중요한 정보(제174조)이어야 할 뿐만 아니라 동시에 자본시장법 제174조의 '투자자의 투자판단에 중대한 영향을 미칠 수 있는 미공개의 정보'이면서 동시에 제161조 제1항의 공시의무가 있는 정보에 국한되어야 한다.

> (구) 증권거래법은 제188조의2의 적용을 받는 미공개의 정보는 "제186조 제1항의 공시의무가 있는 정보 중 투자자 판단에 중요한 영향을 미치는 것으로 한정(구 증권거래법 제188조의2 제2항)"하는 것으로 규정하고 있었다. 그러나 판례는 기존의 증권거래법 제188조의2의 미공개정보 해석에 있어서 제186조 제1항의 공시의무가 있는 정보를 예시로 보고 공시의무 이외의 중요한 모든 정보를 포함[119]한다고 해석해왔다.

> 현행 자본시장법은 종래의 판례의 입장을 수용하여 제174조(구

---

[118] 거래소의 정보제공요구에 불응하는 행위에 대해 금융위원회가 취하는 조치 가운데 주총에 대한 임원의 해임 권고조치는 유가증권발행제한조치나 의결권행사제한조치와 같은 전형적인 행정법적 제재와 사법적인 제재의 중간에 위치한다고 볼 수 있다.

[119] 대판 2008.11.27, 2008도6219. 판례는 제174조의 투자자의 투자판단에 중대한 영향을 미칠 수 있는 정보를 제161조에 열거한 유형이 개별적으로 예시한 것으로 보아 모든 중요정보를 포함하는 것으로 확대해석하고 있다.

증권거래법 제188의2)와 제161조 제1항(구 증권거래법 제186조 제1항)의 연계조항을 없앰으로써 제174조의 미공개의 정보에 공시의무가 있는 정보 이외 모든 중요한 정보를 포함한 것으로 제정되었다. 그러나 내부정보를 이용한 거래행위를 형사처벌하기 위해서는 투자자의 투자판단에 중대한 영향을 미칠 정보일 뿐만 아니라, 제161조 제1항의 **수시공시의무**가 있는 정보이어야 한다.

(2) **내부자거래의 축소해석**   이와 같이 내부자거래형법의 관할영역을 설정하는 법정책을 추구한다면 앞서 살핀 현행 자본시장법상 내부자거래 구성요건(제174조 제1항)도 축소해석할 수 있다. 이 축소해석의 방향정립에는 EC에서 1989년에 발효된 '내부자거래에 관한 법규정의 동화를 위한 지침법'에서 법 동화를 위한 최소한의 규제내용으로 정립한 것에 근접하도록 현행법을 해석하고, 동 지침법이 법문화적·법체계적 차이로 인해 합의가 불가능한 사항, 그래서 개별구성국에 그 규제를 위임한 것들[120]은 현행법상 내부자거래의 규범영역에서 배제시키는 해석이 유용할 수 있다. 그러한 축소해석의 대표적인 예로서 다음과 같은 것들을 들 수 있다.

1) **사실상의 지배주주**   현행법상 내부자인 '주요주주'(제174조 제1항 2호)로서 '사실상의 지배주주'(법 제9조 제1항 및 「금융회사의 지배구조에 관한 법률」 제2조 6호 나목의 2))[121]는 상법상 주주로서 장부열람권(상법 제466조)이나 검사인선임청구권(상법 제467조)을 가질 수 있는 발행주식 총수의 3% 이상을 갖고 있는 주주에 국한한다.

---

120 이에 관해서 자세하게는 이준섭, *EU은행·증권법* (1995), 198~213쪽.
121 사실상의 지배주주를 포함한 것은 지분율이 매우 낮으면서도 선단식 경영으로 계열기업을 지배하는 재벌총수의 내부자거래를 규제하기 위한 것이다(이승애, "내부자거래의 효율적 예방대책", *증권조사월보* (1991.2), 32쪽 참조).

2) 내부자의 범위　　　① '중요한 정보를 직무와 관련하여 알게
된 자'에서 회사와의 신뢰관계가 없는 자는 배제하도록 하여야 한다.[122]
여기서 회사와 내밀한 관계를 맺고 정보를 창출하거나 지배할 수 있
는지를 기준으로 내부자의 범위를 검토하는 것이 필요하다. 다시 말
해, 정보창출자를 임원, 사외이사, 계열사 등으로 세분화하고 이들의
투자정보이용행위를 유형화하고자 한다.[123] 첫째, 스톡옵션을 받을
정도의 임원들은 **정보창출자인 경영진**으로 볼 수 있으나, 그 외의 임
원들은 실질적으로 **정보수령자**와 유사한 지위를 갖게 된다. 왜냐하면
회사의 내부자인 임원들도 회사의 중요 정보에 접근할 기회가 동일
한 것이 아니기 때문이다. 둘째, **사외이사**의 경우는 법률상으로는 정
보창출자이지만 지배주주와의 관계에 따라 다르게 보아야 한다. 지배
주주와 적대적인 관계를 맺고 있는 사외이사는 경영진의 행위를 비
판하고 견제하는 역할을 수행하기 때문에 현실적으로 경영진과 함께
정보를 창출하거나 지배하기 힘들다는 점에서 내부자 신분을 갖고
있다고 보기 어렵다. 반면 지배주주와 우호적인 관계를 맺고 있는 사
외이사는 경영진의 조력자 역할을 수행하면서 미공개중요정보를 접
할 기회를 가지게 된다. 그러나 정보접근이 가능한 영역은 사회적으
로, 특히 시민단체로부터 불법경영이라는 비판이 가능한 경영행위 또
는 지배주주와 실무경영자의 의견조율이 필요한 경영행위에 사실상
국한된다. 따라서 이런 제한적 영역에서만 비로소 정보창출자의 신분
성을 가지게 된다. 셋째, 계열사의 경우 출자구조에 따라 다르게 판

122　따라서 청소부와 같이 우연히 내부정보를 접하게 된 자의 경우에는 내부자로 볼
　　　수 없다. 앞에서 소개한 미국의 주주에 대한 수탁의무이론도 내부자의 해석에서
　　　는 이와 같은 결론에 도달한다. 그러나 이와 관련지어 우리나라 대법원은 "정직
　　　처분을 받았더라도 그 자체만으로 내부정보에 대한 부당한 이용의 가능성이 전
　　　혀 없는 경우에 해당하지 않는다"고 판단하고 내부정보에 대한 부당한 이용가능
　　　성을 넓게 인정하고 있다(대판 2008.3.13, 2006다73218).
123　이상돈·지유미·박혜림, *기업윤리와 법* (법문사, 2008), 39쪽.

단될 수 있는데, 계열사들이 순환출자를 가지고 있는 경우에는 계열
사들은 기업집단의 실질적 경영자의 지배를 받는 구조가 되기 때문
에 그룹의 지배자(owner)만이 정보창출자의 지위를 가지게 되는 반
면, 50%이상 출자를 통해 다른 계열사의 의사결정을 실질적으로 지
배할 수 있는 계열사의 경우는 정보를 창출하는 내부자로서의 신분
성을 가지게 된다.

　　② 현재 법률상 정보수령자 역시 정보창출자와 동일하게 내부자
거래행위의 주체성을 인정하고 있다. 그러나 정보를 수령하더라도,
정보의 신뢰성, 정보가 미치는 주가 영향력, 시장의 반응 등에 대한
판단 자체가 불확실해 정보 비수령자(일반 투자자)와 마찬가지로 위험
을 감수하고 거래에 임하게 된다. **원칙적으로 정보수령자들에게는 내**
부자거래의 신분 주체성을 인정하기 어려움에도 불구하고 정보수령
자를 정보창출자와 동일하게 내부자거래행위의 주체로 인정하고 있
다. 따라서 '이들로부터 당해 정보를 받은 자'(2차내부자)의 경우에는
지득한 내부정보를 단순히 다른 사람에게 전달하는 행위는 금지되지
않는 것으로 보아야 한다. 그리고 '… 그 정보를 다른 사람으로 하여
금 이를 이용하게 하는 행위'의 신분성은 단순한 정보전달[124]을 넘어
서 다른 사람에게 내부정보를 제공해주고 그 정보를 이용한 거래행
위를 '적극적으로 교사'하는 행위를 한 경우에만 인정해야 한다.

　　3) 상장 전 정보이용의 목적조항　　　내부정보란 상장법인의 업
무관련정보이어야 하며 6개월 이내에 상장하는 법인의 업무관련정

124　미국의 증권거래위원회(SEC, Securities and Exchange Commission)는 정보가 수
　　차례에 걸쳐 단계적으로 전달된 경우에 모든 간접 정보수령자에게 내부자거래의
　　책임이 있다는 판결을 내린 바 있다(이승애, "내부자거래의 효율적 예방대책",
　　증권조사월보 (1991.2), 11쪽 아래). 이에 반해 독일 유가증권거래법 제14조 제2
　　항은 2차내부자의 경우에는 본인이 직접 미공개정보를 이용하여 거래를 하는 행
　　위만을 금지하고 있다(이른바 'Verwertungverbot'). 물론 여기서 2차내부자에는
　　기자처럼 업무상 회사내부의 정보를 지득할 가능성이 있는 자는 포함되지 않는다.

보[125]를 이용하는 행위의 경우에는 '상장을 통해 내부자거래에 의한 시세차익을 취득하려는 목적'이 행위자에게 있을 것을 요구한다.

4) 내부정보의 범위　　　① 내부정보는 공시의무가 있는 정보로서, ② '증권시세에 현저한 영향을 미칠 것이 명확하고 확실한 정보', 즉 '특히 중요하고'(fact of special significance)[126] '정확한'[127] 정보이어야 하며 동시에 ③ '일반인에게 공개되지 아니한 정보', 즉 (공시의 시점이 아니라) 예를 들면 언론매체를 통하여 정보가 공중에게 전파된 정보[128]

125　1998년에 구 증권거래법은 '6월내에 상장 또는 협회등록하는 법인'의 업무와 관련된 정보도 내부정보에 해당할 수 있도록 개정된 바 있다. 결국 내부자거래의 가벌성의 범위가 확대되어 대법원이 무죄판결을 선고한 사건(대판 1999.6.11, 98도3097)도 내부자거래행위에 해당할 수 있게 되었다. 그러나 이 경우에도 다시 목적조항을 넣어 해석함으로써 그 가벌성의 범위를 다소 제한할 수 있을 것이다.

126　이런 기준은 미국법률협회(America Law Institute)가 제안한 연방증권법(Federal Securities Code) §1603(1978)에 따른 것이다. 이 기준에 따르면 '특히 중요한 사실'이란 ① 일반인에게 공시된다면 유가증권의 가격에 현저한 영향을 미칠 가능성이 있거나, ② 그 구체적인 정도나 그 당시에 일반인이 지득한 정보와의 차이 또는 그 성질 및 신뢰성 등에 비추어 보아 일반인이 투자결정을 할 때에 특별히 중요하다고 인정하는 사실이다.

127　EC의 내부자거래규제지침법 제1조 1호는 "유가증권의 발행자 또는 당해 유가증권에 관한 것으로서 만일 그것이 공개되었더라면 당해 유가증권의 시세에 상당한 영향을 줄 수 있는 공개되지 아니한 정확한 정보"라고 규정한다. 이에 관한 해석으로 Grunewald, Neue Regeln zum Insiderhandel, ZBB 1990, 128쪽 아래, 132쪽; 이준섭, 앞의 책, 206쪽 아래 참조.

128　자본시장법의 위임을 받은 시행령 제201조(정보의 공개 등)는 ① 법령에 따라 금융위원회 또는 거래소에 신고되거나 보고된 서류에 기재되어 있는 정보의 경우 그 내용이 기재되어 있는 서류가 금융위원회 또는 거래소가 정하는 바에 따라 비치된 날부터 1일, ② 금융위원회 또는 거래소가 설치·운영하는 전자전달매체를 통하여 그 내용이 공개된 정보의 경우 공개된 때부터 3시간, ③ 「신문 등의 진흥에 관한 법률」에 따른 일반일간신문 또는 경제분야의 특수일간신문 중 전국을 보급지역으로 하는 둘 이상의 신문에 그 내용이 게재된 정보의 경우 게재된 날의 다음 날 0시부터 6시간(다만, 해당 법률에 따른 전자간행물의 형태로 게재된 경우에는 게재된 때부터 6시간), ④ 「방송법」에 따른 방송 중 전국에서 시청할 수 있는 지상파방송을 통하여 그 내용이 방송된 정보의 경우 방송된 때부터 6시간, ⑤ 「뉴스통신진흥에 관한 법률」에 따른 연합뉴스사를 통하여 그 내용이

가 아니어야 한다. 따라서 '결산실적을 추정한 결과'[129](①②요건의 결여), '회사외부에서 창출된 정보'[130](①요건의 결여), '회계장부에 나타나지 않은 누적적자와 자금난'과 같이 '주식거래의사결정에 중요한 정보'[131](②요건의 결여) 등은 아직 내부정보에 해당한다고 보기 어렵다.

제공된 정보의 경우 제공된 때부터 6시간으로 명시하여 정보매체별로 주지기간을 구체화하여 정하고 있다.

129   대판 1995.6.29, 95도467은 이를 내부정보로 본다. 그러나 이런 정보는 추정정보로서 정보의 중요성 요건을 충족하지 못할 뿐만 아니라 공시의무정보에도 포함되지 않는다는 점에서 내부정보에 해당하지 않는다고 보아야 한다.

130   김건식, *미국증권법* (1996), 175쪽.

131   대법원은 중대성에 관해 "투자자의 투자판단에 중대한 영향을 미칠 수 있는 정보라 함은 법 제186조 제1항 제1호 내지 제11호에 그 사실 등의 유형이 개별적으로 예시되고 나아가 제12호에 포괄적으로 규정되어 있는 법인경영에 관하여 중대한 영향을 미칠 사실들 가운데, 합리적인 투자자라면 그 정보의 중대성과 사실이 발생할 개연성을 비교·평가하여 판단할 경우 유가증권의 거래에 관한 의사를 결정함에 있어서 중요한 가치를 지닌다고 생각하는 정보를 가리키는 것이라고 해석함이 상당하고, 나아가 그 정보가 소론과 같이 반드시 객관적으로 명확하고 확실할 것까지 필요로 하지는 아니하는 것"이라고 보고 있다(대판 1994.4.26, 93도695).

제3장
사기적 부정거래행위죄

CHAPTER 03

사기적 부정거래행위죄

Ⅰ. 사기적 부정거래의 의의

1. 사기적 부정거래의 법제

사기적 부정거래(이하 "사기적 부정거래" 또는 "부정거래행위")[1]는 금융투자상품의 매매(증권의 경우 모집·사모·매출을 포함) 및 그 밖의 거래와 관련하여 ① 부정한 수단, 계획 또는 기교를 사용하는 행위(제178조 제1항 1호), ② 중요사항에 관하여 거짓의 기재 또는 표시를 하거나 타인에게 오해를 유발시키지 아니하기 위하여 필요한 중요사항의 기재 또는 표시가 누락된 문서, 그 밖의 기재 또는 표시를 사용하여 금전, 그 밖의 재산상의 이익을 얻고자 하는 행위(제178조 제1항 2호), ③ 금융투자상품의 매매, 그 밖의 거래를 유인할 목적으로 거짓의 시세를 이용하는 행위(제178조 제1항 3호), ④ 금융투자상품의 매매, 그 밖의 거래를 할 목적이나 그 시세의 변동을 도모할 목적으로 풍문의 유포, 위계의 사용 폭행 또는 협박을 하는 행위(제178조 제2항)를 말한다.[2]

---

1 판례는 '사기적 부정거래'라는 표현을 사용하고 있으나(대판 2020.1.30, 2019도 13900; 대판 2017.6.8, 2016도3411), '부정거래행위'라고 표현하기도 한다(김병연·권재열·양기진, *자본시장법* (박영사, 2019), 483쪽; 임재연, *자본시장법* (박영사, 2020), 1010쪽).

2 서울지방법원은 피고인이 A사의 전환사채를 인수하거나 해외인수자를 물색하여

자본시장법 제178조(부정거래행위 등의 금지) ① 누구든지 금융투자상품의 매매(증권의 경우 모집·사모·매출을 포함한다. 이하 이 조 및 제179조에서 같다), 그 밖의 거래와 관련하여 다음 각 호의 어느 하나에 해당하는 행위를 하여서는 아니 된다.

1. 부정한 수단, 계획 또는 기교를 사용하는 행위
2. 중요사항에 관하여 거짓의 기재 또는 표시를 하거나 타인에게 오해를 유발시키지 아니하기 위하여 필요한 중요사항의 기재 또는 표시가 누락된 문서, 그 밖의 기재 또는 표시를 사용하여 금전, 그 밖의 재산상의 이익을 얻고자 하는 행위
3. 금융투자상품의 매매, 그 밖의 거래를 유인할 목적으로 거짓의 시세를 이용하는 행위

② 누구든지 금융투자상품의 매매, 그 밖의 거래를 할 목적이나 그 시세의 변동을 도모할 목적으로 풍문의 유포, 위계(僞計)의 사용, 폭행 또는 협박을 하여서는 아니 된다.

제443조(벌칙) ① 다음 각 호의 어느 하나에 해당하는 자는 1년 이상의 유기징역 또는 그 위반행위로 얻은 이익 또는 회피한 손실액의 3배 이상 5배 이하에 상당하는 벌금에 처한다. 다만, 그 위반행위로 얻은 이익 또는 회피한 손실액이 없거나 산정하기 곤란한 경우 또는 그 위반행위로 얻은 이익 또는 회피한 손실액의 5배에 해당하는 금액이 5억원 이하인 경우에는 벌금의 상한액을 5억원으로 한다.

8. 금융투자상품의 매매(증권의 경우 모집·사모·매출을 포함한다), 그 밖의 거래와 관련하여 제178조 제1항 각 호의 어느 하나에

줄 능력이 없어 A사의 전환사채가 정상적으로 발행될 가능성이 없게 되자 A사가 정상적으로 전환사채를 발행하고 홍콩의 회사가 전환사채를 인수한 것처럼 가장한 후 이를 이용하여 국내투자자들을 기망하여 자금을 조달하기로 마음먹고, A사와 전환사채인수계약을 체결하고 코스닥시장을 통해 1,200만불의 해외전환사채를 역외펀드가 인수한다는 사실을 일반 투자자에게 허위 공시되도록 하고, 국내투자자 6명에게 위 전환사채인수계약서, 역외펀드의 사업자등록증 등을 보여주어 이에 속은 이들과 전환사채 매입계약을 체결하고 대금 명목으로 49억원을 교부받은 행위는 "유가증권의 매매 기타 거래와 관련하여 부당한 이득을 얻기 위하여 고의로 허위의 사실을 유포하거나 위계를 사용"한 사기적 부정거래에 해당한다는 취지의 판시를 하였다(서울지방법원 2000.2.11. 선고 99고단13171 판결).

해당하는 행위를 한 자

9. 제178조 제2항을 위반하여 금융투자상품의 매매(증권의 경우 모집·사모·매출을 포함한다), 그 밖의 거래를 할 목적이나 그 시세의 변동을 도모할 목적으로 풍문의 유포, 위계의 사용, 폭행 또는 협박을 한 자

② 제1항 각 호(제10호는 제외한다)의 위반행위로 얻은 이익 또는 회피한 손실액이 5억원 이상인 경우에는 제1항의 징역을 다음 각 호의 구분에 따라 가중한다. 〈개정 2018. 3. 27., 2021. 1. 5.〉

1. 이익 또는 회피한 손실액이 50억원 이상인 경우에는 무기 또는 5년 이상의 징역

2. 이익 또는 회피한 손실액이 5억원 이상 50억원 미만인 경우에는 3년 이상의 유기징역

③ 제1항 또는 제2항에 따라 징역에 처하는 경우에는 10년 이하의 자격정지를 병과(並科)할 수 있다.

사기적 부정거래 금지에 관한 구 증권거래법 제188조4 제4항은 "누구든지 유가증권의 매매 기타 거래와 관련하여, 부당한 이득을 얻기 위하여 고의로 허위의 시세 또는 허위의 사실 기타 풍설을 유포하거나 위계를 쓰는 행위(1호)와, 중요한 사항에 관하여 허위의 표시를 하거나 필요한 사실의 표시가 누락된 문서를 이용하여 타인에게 오해를 유발하게 함으로써 금전 기타 재산상의 이익을 얻고자 하는 행위(2호)를 하지 못한다"고 규정하였다. 그러나 구 증권거래법 제188조의4 제4항은 "부당한 이득을 얻기 위하여"(1호), "금전 기타 재산상의 이익을 얻고자 하는"(2호)이라고 규정하여 목적성을 제시하였고, 행위유형을 너무 구체적이고 한정적으로 열거함으로써 다양한 유형의 증권사기행위를 규제하는데 한계가 있다는 비판을 받았다.[3] 자본시장법 제178조는 구 증권거래법 제188조의4 제4항 규정을 계승[4]하면서 이

---

3 금융감독원, *금융감독개론* (2020), 597쪽.

4 구 증권거래법 제188조의4 제4항 1호가 자본시장법 제178조 제1항 1호와 3호로

러한 한계를 보완한 것이다.

　★ 판례: 구 증권거래법상 사기적 부정거래　　주식회사의 대표이사 甲은
분식결산의 방법으로 작성된 허위의 재무제표에 기초하여 회사의 재무
에 관하여 허위의 사항을 기재한 사업보고서 등을 증권거래소에 제출하
고, 불확실한 사업전망을 마치 확정되었거나 곧 착수할 것처럼 공표하면
서 그 내용을 신문보도나 유인물을 통하여 홍보하였다. 이로 인해 회사
의 주가가 상승하자 甲은 자신이 지배하는 주식을 매도하여 상당한 경
제적 이득을 얻었다. 또한 甲은 그에 앞서 미리 사모전환사채를 인수하
는 방법으로 주식의 매도에 대비하였다가 주식을 매도한 후 그 전환사
채를 주식으로 전환하여 그 회사에 대한 자신의 지분율을 유지하였다.
① 판례는 "피고인이 유가증권의 매매 등과 관련하여 부당한 이득을 얻
기 위하여 허위의 사실을 유포하고, 중요한 사항에 관하여 허위의 표시
를 한 문서를 이용하여 타인에게 오해를 유발함으로써 재산상의 이익을
얻었다고 할 것이고, 설사 상고이유에서 주장하는 바와 같이 피고인이
필요한 회사의 운영자금을 마련하기 위하여 자신이 보유하는 주식을 매
도하였다고 하더라도 그와 같은 사정은 피고인에게 부당한 이득이나 재
산상의 이익을 얻을 목적이 있었다고 인정하는 데에 아무런 장애가 되
지 아니한다고 할 것이므로, 원심이 피고인을 증권거래법 제188조의4 제
4항 제1호, 제2호 소정의 사기적 거래행위로 인한 증권거래법위반죄로
처벌한 조치는 정당하"[5]고 판시하여 甲에 대해 사기적 부정거래행위
를 인정하였다. ② 이 판결은 구 증권거래법 제188조의4 제4항 1호와 2
호를 일괄하여 사기적 거래행위로 판시하였는데, 위 제4항은 다양한 형
태로 나타나는 증권사기행위를 규제함에 있어 포괄적 사기금지조항으로
기능하기에는 일정한 한계가 있었다.

구분되면서 제178조 제1항 1호의 규정 내용이 포괄적으로 변경되었고, 3호에는
유인할 목적이 추가되었다.
5　대판 2001.1.19, 2000도4444.

이 규정은 미국의 포괄적 사기금지조항(general anti-fraud provision)[6]
인 1934년 증권거래법(Securities Exchange Act of 1934) Section 10(b)[7]와
그 위임에 의해 공포된 SEC Rule 10(b)-5[8]를 모델링하여 만들어진
것이다. 그리고 문언의 내용을 살펴보면 일본 금융상품거래법 제157
조[9]와 비교하여 상당히 유사한 면이 존재한다.

---

6 포괄조항(general provision)의 개념은 이에 관해 William B. Herlands, "Criminal
   Law Aspects of the Securities Exchange Act of 1934", *Virginia Law Review* (Vol.
   21 No. 2, 1934), 141, 143쪽 참조.

7 SECURITIES EXCHANGE ACT OF 1934 SEC. 10. It shall be unlawful for any
   person, directly or indirectly, by the use of any means or instrumentality of
   interstate commerce or of the mails, or of any facility of any national securities
   exchange— …… (b) To use or employ, in connection with the purchase or sale of
   any security registered on a national securities exchange or any security not so
   registered, or any securities-based swap agreement, any manipulative or
   deceptive device or contrivance in contravention of such rules and regulations as
   the Commission may prescribe as necessary or appropriate in the public interest
   or for the protection of investors.

8 SEC Rule 10b-5 (Employment of Manipulative and Deceptive Devices): It shall be
   unlawful for any person, directly or indirectly, by the use of any means or
   instrumentality of interstate commerce, or of the mails or of any facility of any
   national securities exchange, To employ any device, scheme, or artifice to defraud,
   To make any untrue statement of a material fact or to omit to state a material fact
   necessary in order to make the statements made, in the light of the circumstances
   under which they were made, not misleading, or To engage in any act, practice,
   or course of business which operates or would operate as a fraud or deceit upon
   any person, in connection with the purchase or sale of any security.

9 金融商品取引法（不正行為の禁止）第百五十七条　何人も、次に掲げる行為をして
   はならない。
   一　有価証券の売買その他の取引又はデリバティブ取引等について、不正の手段、
       計画又は技巧をすること。
   二　有価証券の売買その他の取引又はデリバティブ取引等について、重要な事項につ
       いて虚偽の表示があり、又は誤解を生じさせないために必要な重要な事実の表示
       が欠けている文書その他の表示を使用して金銭その他の財産を取得すること。
   三　有価証券の売買その他の取引又はデリバティブ取引等を誘引する目的をもっ
       て、虚偽の相場を利用すること。（風説の流布、偽計、暴行又は脅迫の禁止）

2. 포괄적인 규정의 필요성과 보호법익

자본시장의 환경이 변화함에 따라 자본시장의 질서를 교란하고 일반 투자자의 신뢰를 훼손하는 새로운 형태의 증권 불공정거래행위가 출현할 개연성은 매우 높다. 이와 같이 금융환경이 급격하게 변화하고 금융투자상품이 고도로 전문화되고 복잡해짐에 따라 나타나는 새로운 유형의 불공정행태에 대비하기 위한 효과적인 대응 방법은 일반적이고 포괄적인 금지조항을 규정하는 것이다.[10]

(1) **포괄적 금지조항**   자본시장법상 사기적 부정거래의 금지 규정은 행위의 주체, 행위의 방식 및 장소 등을 특정범위로 제한하지 않고 다양한 유형의 불공정거래행위에 적용할 수 있도록 **포괄구성요건**(Auffangstatbestand)으로 규정되어 있다. 즉, 자본시장법 제178조는 행위의 주체를 구체적으로 특정하지 않고, 행위대상을 금융투자상품으로 광범위하게 설정하고 있을 뿐만 아니라 유형적, 무형적 행위요소를 모두 포함하는 한편, 행위의 장소로 장내와 장외를 구별하지 않고 있다.[11] 다만, 이 규정이 주된 규제 대상으로 삼는 것은 유통시장

(번역) "제157조(부정행위의 금지) 누구든지 다음 각 호에 해당하는 행위를 하여서는 아니 된다. 1. 유가증권의 매매 기타 거래 또는 파생상품거래 등에 관하여 부정한 수단, 계획 또는 기교를 사용하는 것 2. 유가증권의 매매 기타 거래 또는 파생상품거래 등에 관하여 중요한 사항에 대하여 허위의 표시가 있거나 오해를 발생시키지 아니하기 위하여 필요한 중요한 사실의 표시가 누락된 문서 기타 표시를 사용하여 금전 기타 재산을 취득하는 것 3. 유가증권의 매매 기타 거래 또는 파생상품거래 등을 유인할 목적으로 허위의 시세를 이용하는 것(풍설의 유포, 위계, 폭행 또는 협박의 금지)"

10 자본시장법이 금융투자상품의 정의를 확장시킴으로써 다양한 상품의 설계가 가능하게 되었는데, 이러한 개정방향은 금융투자상품의 복잡성을 증가시켜 금융시장의 건전성과 완결성 보호에 흠결을 발생시킬 수 있으므로, 금융당국에게 재량의 기초를 부여하는 규제장치로서 일반적이고 포괄적인 부정거래행위 개념의 필요성을 지적하는 최승재, "자본시장법 제178조 제1항 제1호에 대한 연구", *금융법연구* (제6권 제2호, 2009.12), 20쪽.

11 변제호·홍성기·김종훈·김성진·엄세용·김유석, *자본시장법* (지원출판사, 2015),

에서의 거래가 될 것이다.[12]

(2) **사회적 보호법익**　　사기적 부정거래를 금지하는 이유는 증권거래에 관한 사기적 부정거래가 불특정 다수인에게 영향을 미치고 자본시장의 건전성을 훼손할 수 있기 때문에 증권거래에 참가하는 일반 투자자의 이익과 자본시장에 대한 신뢰를 보호하기 위한 것이다. 판례도 자본시장법 제178조의 보호법익은 "상장증권 등 **거래의 공정성 및 유통의 원활성 확보**라는 사회적 법익이고, 상장증권의 소유자 등 개개인의 재산적 법익은 그 직접적인 보호법익이 아니"[13]라고 판단하면서, "증권거래에 관한 사기적 부정거래가 다수인에게 영향을 미치고 자본시장 전체를 불건전하게 할 수 있기 때문에 증권거래에 참가하는 개개의 투자자의 이익을 보호함과 함께 투자자 일반의 자본시장에 대한 신뢰를 보호하여 자본시장이 국민경제의 발전에 기여할 수 있도록 함에 그 목적이 있다"[14]고 본다.

★ **판례: 사기적 부정거래의 판단방법**　　"상장증권의 매매 등 거래를 할 목적인지 여부나 위계인지 여부 등은 행위자의 지위, 행위자가 특정 진술이나 표시를 하게 된 동기와 경위, 그 진술 등이 미래의 재무상태나 영업실적 등에 대한 예측 또는 전망에 관한 사항일 때에는 합리적인 근거에 기초하여 성실하게 행하여진 것인지, 그 진술 등의 내용이 거래 상대방이나 불특정 투자자들에게 오인·착각을 유발할 위험이 있는지, 행위자가 그 진술 등을 한 후 취한 행동과 주가의 동향, 행위 전후의 제반 사정 등을 종합적·전체적으로 고려하여 객관적인 기준에 따라 판단하여야 한다"(대판 2018.4.12, 2013도6962).

727~728쪽.
12　김건식·정순섭, *자본시장법* (두성사, 2013), 473쪽.
13　대판 2018.4.12, 2013도6962.
14　대판 2001.1.19, 2000도4444.

(3) **다른 불공정거래행위와의 관계**   부정거래행위는 구성요건
형식이 추상적으로 규정되어 있는 특성상 어느 행위가 내부자거래행
위 내지 시세조종행위에 해당하면서 동시에 부정거래행위에 해당할 수
있다. 이 경우 ① 자본시장법 제178조 제1항 1호의 부정거래행위를
독자적인 규정으로 보는 견해는 해당 규정과 나머지 불공정거래금지
규정 사이에 적용의 우선순위가 없으므로 다른 유형의 증권 불공정
거래행위에 관한 규정을 우선 적용해야 하는 것은 아니고, 자본시장
법 제178조 제1항 1호를 바로 적용할 수 있다고 본다.[15] ② 이와 달
리, 자본시장법 제178조 제1항 1호의 부정거래행위는 내부자거래행위
또는 시세조종행위로 규제하는 것이 불가능한 행위에 적용되는 **보충**
규정으로 보는 견해가 존재한다.[16] 이 견해에 의하면, 자본시장법 제
178조 제1항 1호는 일반조항으로서 다른 불공정거래행위와 법조경합
의 관계에 있어 내부자거래행위 또는 시세조종행위에 해당하는 경우
부정거래행위의 적용은 배제될 것이다.[17] 자본시장법 제178조는 규정
의 도입 취지상 일반적이고 포괄적인 금지조항으로서 내부자거래행
위 또는 시세조종행위로 처벌하기 어려운 새로운 불공정거래 행태에
대비하기 위하여 도입된 점,[18] 자본시장법 제178조의 포괄적인 성격

---

15 김학석, *금융투자상품의 부정거래행위에 관한 연구* (고려대 박사학위논문, 2010),
    190쪽.

16 이와 같이 부정거래행위에 관한 구 증권거래법 제188조의4 제4항의 성격을 보충적
    규정으로 본 견해로는, 최인섭·이천현, "한국의 증권범죄의 실태 및 대책", *형사
    정책연구* (제14권 제2호, 2003.6), 34쪽; 표성수, "증권거래법 제188조의4 시세조종
    등 불공정행위에 대한 형법적 문제", *법조* (제55권 제6호, 2006.6), 168쪽.

17 최승재, "자본시장법 제178조 제1항 제1호에 대한 연구", *금융법연구* (제6권 제2호,
    2009.12), 43쪽.

18 각양각색의 증권거래상황에 대응한 모든 사기적인 행위를 사전에 상세하게 열거
    하고 그에 해당하는 것만을 위법하다고 판단하는 것은 적절하지 않으므로, 이러
    한 부당성을 회피하기 위해 포괄적인 금지조항의 도입이 필요하다고 보는 神崎克
    郎·志谷匡史·川口恭弘, *證券取引法* (靑林書院, 2006), 856~857쪽.

으로 인해 발생 가능한 죄형법정주의 위반 문제[19]를 최소화하기 위해서는 이론적으로 확립된 증권 불공정거래 범죄로서 내부자거래행위 또는 시세조종행위에 해당하는 경우에는 해당 조항을 적용하여 규율하는 것이 타당하다.[20] 따라서 자본시장법 제178조는 내부자거래금지 또는 시세조종금지조항과는 법조경합,[21] 특히 보충관계에 놓인다. 판례도 "제178조의 부정거래행위 금지규정은 일반조항으로서 특별규정인 제176조 시세조종행위 금지규정과 법조경합관계에 있어 시세조종행위에 대해서는 제176조가 우선 적용된다"고 본다. 다만 판례가 법조경합 가운데, 특별관계로 보는지 아니면 보충관계로 보는지는 분명하지 않다.

3. 사기죄와의 불법의 비교

사기적 부정거래라는 자본거래는 사기적 요소를 내재하고 있다. 예를 들어 중요사항에 관하여 "거짓의 기재 또는 표시를 하"여 투자자를 착오에 빠뜨리거나 "기재 또는 표시가 누락된 문서"를 사용함으로써 오해를 유발하는 행위는 투자자인 "타인을 기망"하는 사기죄의 실행행위가 될 가능성이 있다. 그러므로 자본시장법상의 사기적 부정거래는 형법전상의 사기죄와의 불법을 비교해 볼 필요가 있다.

(1) 불법의 유연화　　부정거래행위죄는 사기죄보다는 성립의 요건이 완화되어 있어, 그 성립이 훨씬 용이하다. 부정거래행위죄는

19　"불공정거래에 대한 규제의 공백을 해소하기 위하여 도입된 포괄적 사기금지규정 (자본시장법 제178조 제1항 1호)의 경우 그 내용이 너무 추상적이어서 향후 제도를 시행하는데 어려움이 따를 것으로 전망된다"고 설명하는 김순석, "자본시장과 금융투자업에 관한 법률상 불공정거래의 규제", *인권과 정의* (제389호, 2009.1), 55쪽.

20　변제호·홍성기·김종훈·김성진·엄세용·김유석, *자본시장법* (지원출판사, 2015), 727~728쪽.

21　대판 2011.10.27, 2011도8109; 이러한 판례의 입장은 내부자거래에 관한 제174조와 제178조의 관계에서도 적용이 가능할 것으로 보인다.

기망적 수단을 사용한 것만으로 범죄가 성립하고, 재산처분행위나 손
해의 발생과 이익의 취득은 성립요건이 아니기 때문이다. 또한 행위
반가치 불법의 핵심인 기망도 사기죄처럼 '사실'(Tatsache)에 대한 기
망이어야 하는 것이 아니고 견해나 가치판단도 오해를 유발시키는
표시면 무방하다.[22] 이처럼 부정거래행위죄는 사기죄보다 불법이 유
연화되어 있다.

(2) **보호법익과 보호객체의 차이**   부정거래행위죄는 자본시장
에 참여하는 **행위의 도덕성**을 요구함으로써 투자자를 보호하는 구성
요건이다. 이 점은 시장의 가격결정기능을 보호하려는[23] 주가조작죄
와 다르고, 사기죄의 보호기획에 근접한 것이다. 그러나 다른 한편 부
정거래행위죄는 부정거래행위자가 피해자 또는 그 대리인을 직접 기
망해야 하는 사기죄와는 달리 거래시장을 속일 때 이미 성립가능하다.
즉, 부정거래행위죄는 **시장에 대한 사기**(fraud on market)인 반면, 사기
죄는 사람에 대한 사기인 것이다. 이로써 부정거래행위죄의 보호법익
은 보편적 법익(사회적 법익)인 반면, 사기죄는 개인적 법익(재산)이 된
다. 물론 보호법익이 보편적 법익이므로 형법논리적으로는 부정거래
행위죄는 **불법이득의사**가 필요하지 않다고 볼 수 있다.[24] 하지만 명확
성과 비례성을 높이기 위해 불법이득의사는 부정거래행위죄에도 필요
하다고 볼 수 있다. 자본시장법 제178조 제1항 2호의 구성요건은 "중
요사항에 관하여 거짓의 기재 또는 표시를 하거나 … 그 밖의 기재 또

---

22 이런 결론을 독일 증권법(Börsengesetz) 제88조의 유토사기죄 해석에서도 보여주
   는 Eberhard Schwark, *Börsengesetz* (C.H. Beck, 2004), §88-5 참조.
23 그러므로 부정거래행위죄를 "증권시장의 합리적 가격결정과 자유로운 수급질서"
   (금융감독원, *증권시장의 불공정거래 사례* (1999), 8쪽)를 위태롭게 하는 행위들
   로 보는 것은 적절하지 않다.
24 이런 관점은 독일 증권법 제88조의 Kursbetrug의 실행행위의 해석으로 지배적인
   것이기도 하다.

는 표시를 사용하여 금전, 그 밖의 재산상의 이익을 얻고자 하는 행위"라고 규정함으로써 불법이득의사를 명문으로 요구하고 있다.

(3) 상호보완적 관계　　　이상에서 보면 부정거래행위죄와 사기죄는 이론적으로는 그 불법의 유형적 본질이 서로 다르면서도, 실무적으로는 부정거래행위죄가 사기죄에 대해 우선적으로, 사기죄가 부정거래행위죄에 대해 보충적으로 사용되는 상호보완적 관계에 놓인다. 이런 관계는 아래 도표와 같다. 가령 어느 행위자가 오해를 유발시키는—사실이 아닌—'의견'을 기재한 사업설명서를 사용하였다면(A.영역) 사기죄는 적용이 불가능하고 부정거래행위죄만 적용이 가능하고, 허위의 '사실'을 기재한 사업설명서를 사용하였다면(B.영역) (그 밖의 사기죄요건을 충족함을 전제로) 둘 다 적용이 가능하며, 사업설명서에 거짓으로 기재된 사항이 "중요사항"이 아니라면(C.영역) 오로지 사기죄의 적용만이 검토될 수 있다.

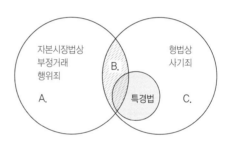

Ⅱ. 사기적 부정거래행위의 유형

자본시장법 제178조는 부정거래행위로 4개의 유형을 규정하고 있다. 즉, 사기적 부정거래는 금융투자상품의 매매, 그 밖의 거래와 관련하여 부정한 수단 등의 사용 금지(1호), 허위·부실표시의 금지(2호), 거짓의 시세 이용금지(3호) 등 3가지의 사기적 부정거래를 금지하는 조항(제1항)과 금융투자상품의 매매 또는 시세의 변동을 도모할 목적으로 풍문의 유포 및 위계사용 등을 금지하는 조항(제2항)으로 구성되어 있다. 자본시장법 제178조는 구성요건이 보다 구체화되어 있

는 제1항 2호, 3호 및 제2항을 두면서 포괄적인 제1항 1호를 두고 있
다.²⁵ 이 **포괄적인 금지조항**(catch-all provision)²⁶은 거래구조 또는 자본
시장의 환경변화에 따라 새로운 유형의 사기적 부정거래가 발생할
개연성이 높은 반면 사기적 부정거래의 유형을 사전에 모두 열거하
여 규제하기 어려운 현실을 고려한 입법이다.²⁷

1. 부정한 수단 사용에 의한 부정거래

자본시장법 제178조 제1항 1호는 "부정한 수단, 계획 또는 기교
를 사용하는 행위"를 금지한다.

(1) 부정한 수단, 계획 또는 기교의 목적론적 해석   제178조
제1항 1호의 "수단, 계획 또는 기교"는 SEC Rule 10(b)-5의 "device,
scheme, or artifice"를 그대로 번역한 문언인데, 미국에서는 이러한
용어의 의미를 명확하게 구별하여 사용하지 않는다.²⁸

★ **판례: 자신의 선행매수·매도가능성을 숨긴 매수추천**   "투자자문업자
등이 추천하는 증권을 자신이 선행매수하여 보유하고 있고 추천 후에
이를 매도할 수도 있다는 그 증권에 관한 자신의 이해관계를 표시하지
않은 채 그 증권의 매수를 추천하는 행위는 자본시장법 제178조 제1항
제1호에서 말하는 '부정한 수단, 계획, 기교를 사용하는 행위'에 해당하
는 한편, 투자자들의 오해를 초래하지 않기 위하여 필요한 중요사항인
개인적인 이해관계의 표시를 누락함으로써 투자자들에게 객관적인 동기
에서 그 증권을 추천한다는 인상을 주어 거래를 유인하려는 행위로서
자본시장법 제178조 제2항에서 정한 '위계의 사용'에도 해당한다"(대판
2017.3.30, 2014도6910).

---

25 한국증권법학회, *자본시장법(주석서 I)* (박영사, 2015), 1152쪽.
26 Marc I. Steinberg, *Understanding Securities Law* (LexisNexis, 2007), 223쪽.
27 서울고등법원 2016.4.22. 선고 2015노3069, 2016초기59 판결.
28 임재연, *자본시장법과 불공정거래* (박영사, 2019), 440쪽.

이러한 부정거래행위에 해당하는지를 판단하기 위해서는 '부정한'의 의미가 중요하다. '부정한'은 법이론적으로는 **가치충전필요개념**(wertausfüllungsbedürftiger Begriff)에 가깝다. 즉, 법적용자의 가치판단이 광범위하게 개입하는 구성요건표지인데, 자본시장법과 불공정거래행위규제의 목적을 고려할 때 그런 가치판단은 궁극적으로는 **자본시장의 기능을 위태화할 적성에 지향**되어야 한다. 판례도 "어떠한 행위를 부정하다고 할지는 그 행위가 법령 등에서 금지된 것인지, 다른 투자자들로 하여금 잘못된 판단을 하게 함으로써 공정한 경쟁을 해치고 선의의 투자자에게 손해를 전가하여 **자본시장의 공정성, 신뢰성 및 효율성을 해칠 위험**이 있는지를 고려해야 한다"[29]고 본다.

가령 판례에 의하면 경제전문지기자가 그 우월적인 지위를 이용하여 경제전문지 기사를 쓰고 그 기사의 영향력을 이용한 주식매매를 하거나 주가연계증권(Equity-Linked Securities: ELS) 상환조건 성취를 방해한 사례 등은 부정한 수단에 의한 부정거래에 해당하지만, 증권회사가 제공한 속도편의서비스로 주식워런트증권(ELW)의 초단타매매(scalping)를 하는 것은 부정한 수단의 부정거래에 해당하지 않는다.

★ **판례: 우월적 지위를 이용한 기교의 사용**   판례는 인터넷 경제신문 전문기자 甲이 A(주)에 대하여 마치 새로운 호재가 발생한 것처럼 호재성 기사를 보도하였으나, 사실은 A(주)의 LED칩 관련 보도는 이미 2010년 상반기 개발이 완료되어 이미 잘 알려진 내용임에도 불구하고 마치 A(주)가 보도 시점에 새로운 기술을 개발하여 상당한 호재가 새롭게 발생한 것처럼 오인될 수 있는 보도를 하여 일반투자자들의 매수세를 유인하고, 보도시점인 2010.12.1. 14:24:39 직전인 같은 날 13:50:48부터 14:24:28까지 A(주) 8,607주를 매수한 다음, 기사가 보도되고 불과 약 1분 25초 후인 같은 날 14:26:04부터 14:28:19까지 기존에 매입한 주식을 포함한

---

29   대판 2018.4.12, 2013도6962.

9,100주를 매도하는 행위는 경제 전문지 기자라는 우월적 지위를 이용하여 자신이 작성한 기사를 주식매매에 이용하는 방법으로 시세 차익을 얻어 부정한 기교를 사용하였다고 보았다.[30]

★ 판례: 주가연계증권의 상환조건 성취 방해　"특정 시점의 기초자산 가격 또는 그와 관련된 수치에 따라 권리행사 또는 조건성취의 여부가 결정되거나 금전 등이 결제되는 구조로 되어 있는 금융투자상품의 경우에 사회통념상 부정하다고 인정되는 수단이나 기교 등을 사용하여 금융투자상품에서 정한 권리행사나 조건성취에 영향을 주는 행위를 하였다면, 이는 금융투자상품의 거래와 관련하여 부정행위를 한 것으로서 자본시장법 제178조 제1항 제1호를 위반한 행위에 해당"한다(대판 2015.4.9, 2013마1052, 1053).

★ 판례: 주식워런트증권(ELW)의 스캘핑　증권회사가 주식워런트증권(Equity Linked Warrant)의 특정 소수 초단타매매자(scalper)에게 차별적인 서비스를 제공하여 일반투자자를 부당하게 차별하였는지 문제된 사건에서 ① 대법원은 "금융투자업자 등이 특정 투자자에 대하여만 투자기회 또는 거래수단을 제공한 경우에는 그 금융거래시장의 특성과 거래참여자의 종류와 규모, 거래의 구조와 방식, 특정 투자자에 대하여만 투자기회 등을 제공하게 된 동기와 방법, 이로 인하여 다른 일반투자자들의 투자기회 등을 침해함으로써 다른 일반투자자들에게 손해를 초래할 위험이 있는지 여부, 이와 같은 행위로 인하여 금융상품 거래의 공정성에 대한 투자자들의 신뢰가 중대하게 훼손되었다고 볼 수 있는지 등의 사정을 구 자본시장법의 목적·취지에 비추어 종합적으로 고려하여 판단하여야"[31] 한다고 하면서, ② 피고인들이 증권회사로부터 속도 편의서비스를 제공받아 ELW를 거래하는 것이 구 자본시장법 제178조 제1항 1호의 '부정한 수단, 계획 또는 기교'를 사용하는 행위에 해당한다고 보기 어렵다고 판단하였다.

30　서울중앙지방법원 2012.6.25. 선고 2012고단2326 판결.
31　대판 2014.1.16, 2013도9933.

(2) **부정성과 기망성**　　　자본시장법 제178조 제1항 1호의 해석
과 관련하여 기망성이 요구되는지도 문제이다. 일본 금융상품거래법
제157조 1호는 자본시장법 제178조 제1항 1호와 동일하게 부정(不正)
성을 요건으로 정하고 있는데, 일본에서도 '부정한 수단, 계획 또는
기교'에서의 부정성의 의미에 관하여 사기적 행위로 한정하는 해석
론[32]과 사회통념에 따라 부정하다고 인정되는 모든 수단을 의미한다
고 보는 해석론[33]이 나뉘어 있다. 우리나라 하급심 판례는 기망행위
를 요한다고 보기도 하고(아래 ①) 기망행위를 요하지 않는다고 보기
도(②) 한다.

★ **판례: 부정한 수단의 기망행위 필요여부**　　　① 자본시장법 "제178조 제1
항 제1호에서 정한 '부정한 수단, 계획 또는 기교'라 함은 거래상대방 또
는 불특정투자자를 기망하여 부지 또는 착오상태에 빠뜨릴 수 있는 모
든 수단, 계획, 기교를 말하는 것으로 같은 법 제178조가 정하고 있는 나
머지 행위들을 포괄하는 포괄적인 성격의 조항"이다(서울중앙지방법원
2010.10.14. 선고 2010고합458 판결). ② 자본시장법 "제178조 제1항 제2
호, 제3호 및 제2항이 각 조항에 의하여 금지되는 행위의 내용을 '거짓의
기재를 한 문서 등을 이용하는 행위', '오해를 유발시키지 아니하기 위한
기재를 누락한 문서 등을 이용하는 행위', '거짓의 시세를 이용하는 행
위', '풍문 유포 행위', '위계 사용 행위' 등으로 특정함으로써 다른 투자
자들에 대한 직접적인 기망행위적 요소들을 구성요건으로 하고 있는데
반하여 같은 법률 제178조 제1항 제1호는 이와 같은 특징이 전혀 없으므
로 위 조항에서 말하는 '부정한 수단, 계획 또는 기교'를 다른 투자자들을
직접적으로 기망하는데 동원되는 수단, 계획 또는 기교로만 한정하여 해
석할 근거는 없다"(서울중앙지방법원 2011.11.28. 선고 2011고합600 판결).

32　金融商品取引法研究會, "不公正取引について－村上ファンド事件を中心に", *金融
　　商品取引法研究會研究記録* (第21號, 2008), 20~21쪽.
33　近藤光男・吉原和志・黑沼悦郎, *金融商品取引法入門* (商事法務, 2013), 351쪽.

'부정한 수단, 계획 또는 기교'란 **"사회통념상 부정**하다고 인정
되는 일체의 수단, 계획 또는 기교를 말한다"[34]고 판시한 대법원의
입장은 기망성을 요하지 않는다는 입장으로 이해할 수 있다. 자본시
장법 제178조 제1항 2호, 3호 및 제2항은 기망적 요소를 구성요건으
로 규정하고 있는데 반하여, 제178조 제1항 1호는 법문언상 기망적
요소를 명시적인 구성요건으로 정하고 있지 않으므로 이러한 대법원
판례의 입장은 **문리해석**으로, 또는 법논리적으로는 타당하다고 볼
수 있다.

(3) **구 증권거래법 제188조의4 제4항과의 비교**   구 증권거
래법 제188조의4 제4항 1호는 "부당한 이득을 얻기 위하여 고의로 허
위의 시세 또는 허위의 사실 기타 풍설을 유포하거나 위계를 쓰는 행
위"를 금지하였던 점을 고려하면 허위의 사실 유포도 부정한 수단에
해당할 수 있다. 다만, 허위사실을 유포하거나 허위의 표시를 하였는
지 여부는 공시내용 자체가 허위인지 여부에 의하여 판단하여야 하
고, 공시내용을 실현할 의사와 능력이 있었는지 여부에 의하여 판단
할 것은 아니다. 이를테면 "주주총회의 결의를 거쳐 회사의 사업목적
을 추가하는 정관변경을 한 다음 그 사실을 공시하거나 기사화한 것"
은 비록 실현가능성이 없는 내용이라 할지라도 "허위사실을 유포하
거나 허위의 표시를 한 것으로 볼 수는 없다".[35]

또한 구 증권거래법 제188조의4 제4항이 부당한 이득을 규정하
고 있었던 것과는 달리 자본시장법은 부정한 수단 등을 사용함에 있
어 부당한 이득을 얻고자 함을 그 요건으로 정하지 않고 있다.

(4) **명확성원칙 위배 여부**   사기적 부정거래행위죄의 "부정한
수단, 계획 또는 기교" 등의 추상성과 모호성 정도가 이 조항을 명확

---

34 대판 2011.10.27, 2011도8109.
35 대판 2003.11.14, 2003도686.

성원칙[36]에 위배되는 것으로 보게 만든다는 우려가 존재한다.[37]

★ 판례: 죄형법정주의와의 조화 "자본시장법 제178조 제1항 제1호는 거래구조의 변화나 시장의 환경변화에 따라 다양하고 새로운 유형의 부정거래행위가 발생할 수 있는 개연성이 높은 반면 모든 부정거래행위 유형을 사전에 일일이 열거하여 규제하는 것은 입법기술상 한계가 있는 점을 고려하여 자본시장법 제정과 함께 신설된 조항이다. 그런데 위와 같은 입법취지를 감안하더라도 자본시장법 제178조 제1항 제1호는 그 문언 자체가 지나치게 포괄적·추상적이어서 자칫 형사법의 대원칙인 죄형법정주의와 충돌할 우려가 있다. 따라서 자본시장법 제178조 제1항 제1호를 적용함에 있어서는, 자본시장에서의 금융혁신과 공정한 경쟁을 촉진하고 투자자를 보호하며 금융투자업을 건전하게 육성함으로써 자본시장의 공정성·신뢰성 및 효율성을 높여 국민경제의 발전에 이바지한다는 자본시장법의 목적(자본시장법 제1조)에 유념하면서, 같은 항 제2호, 제3호 및 같은 조 제2항을 통하여 보다 구체화된 부정거래행위의 내용, 그 밖에 당해 행위의 불법성 정도가 다른 규정을 통하여 처벌하더라도 자본시장법의 목적 달성에 지장을 초래하지 않는지 등을 종합적으로 고려하여 죄형법정주의와 최대한 조화를 이룰 수 있도록 신중을 기함이 옳다"(서울고등법원 2011.6.9. 선고 2010노3160 판결[38]).

★ 부정한 수단의 법문언을 사용하는 법률들 '부정한 수단'의 사용에 대해 형사적 제재를 가하고 있는 다른 법률을 살펴보면, 개인정보보호법 제70조 2호와 도로교통법 제152조 3호, 징발법 제26조 제1항 등은 "거짓이나 그 밖의 부정한 수단"이라고 규정하고 있다. 부정경쟁방지 및 영업

---

36 국회 재정경제위원회는 포괄적인 사기금지 규정의 필요성에 관하여 금지하고자 하는 대상행위가 추상적이므로 죄형법정주의 명확성 원칙에 부합하지 않을 수 있다는 취지의 의견을 제시한 바 있다(국회 재정경제위원회, "자본시장과 금융투자업에 관한 법률안 심사보고서", 2007.1, 86쪽).

37 자본시장법 "제178조 제1항 1호는 규정의 모호성이 현저하여 헌법재판소가 말하는 보완적 해석을 시도하더라도 그 불명확성이 극복되기 어렵다"는 이철송, "ELW 거래에서의 전용선 제공행위의 가벌성 — 자본시장법 제178조 제1항 제1호의 적용을 중심으로", *증권법연구* (제12권 제3호, 2012.1), 8쪽.

38 대판 2011.10.27, 2011도8109에 의하여 확정되었다.

비밀보호에 관한 법률 제18조 제1항 2호는 "절취·기망·협박, 그 밖의
부정한 수단"이라고 정하여 부정한 수단의 행위 태양을 명시하고 있고,
조세범처벌법 제3조 제6항은 "사기나 그 밖의 부정한 행위"의 유형을 7
가지로 구분하여 구체화하고 있다.

1) 명확성 판단   명확성이란 "법률이 처벌하고자 하는 행위
가 무엇이며 그에 대한 형벌이 어떠한 것인지를 누구나 예견할 수 있
고, 그에 따라 자신의 행위를 결정할 수 있도록 구성요건을 명확하게
규정하는 것을 의미"[39]한다. 이런 의미의 명확성에 위배되는지를 판
단할 때에는 두 가지 점을 고려하여야 한다. ① 첫째, 복잡한 현대사
회에서 형법의 명확성은 다양한 해석방법을 "종합적으로 고려하는
해석방법"으로써 "그 의미내용을 **합리적으로 파악할 수 있는 해석기준
을 얻을 수 있는지**",[40] 즉 법관의 합리적 해석가능성 여부에 따라 명
확성여부를 판단한다.[41] 그러므로 '법전문가공동체'가 일반인의 다양
한 의견을 민주적으로 수렴하면서 어떤 범죄구성요건이 금지하는 행
위유형을 구체적으로 확정지을 수 있는지 그리고 그렇게 확정되는
구체적인 형법규범(금지행위의 유형)이 기술적인 법정보화메커니즘을
통하여 사람들에게 인지되고 있는지를 기준으로 명확성을 판단해야
한다.[42] 헌법재판소도 "통상의 해석방법에 의하여 건전한 상식과 통
상적인 법감정을 가진 사람이면 당해 처벌법규의 보호법익과 금지된
행위 및 처벌의 종류와 정도를 알 수 있도록 규정하였다면 헌법이 요
구하는 처벌법규의 명확성에 배치되는 것이 아니"며,[43] "법규범이 불

39   대판 2014.1.29, 2013도12939.
40   대판 2014.1.29, 2013도12939.
41   이런 입장의 판례로 대판 1999.10.12, 99도2309; 대판 2000.10.17, 2000도1007.
42   명확성원칙의 내용과 판단기준에 관해 자세히는 이상돈, *형법강론* (박영사, 2020), 22~25쪽 참조.
43   헌재 2019.11.28, 2017헌바182.

확정개념을 사용하는 경우라도 법률해석을 통하여 법원의 자의적인 적용을 배제하는 합리적이고 객관적인 기준을 얻는 것이 가능한 경우는 명확성의 원칙에 반하지 아니한다"[44]라고 본다. ② 둘째, 금융환경이 매우 복잡하고 빠르게 변하는데 그런 변화에 **자본시장형법이 탄력적으로 적응**하지 않는다면 형평성을 상실할 위험성이 커지며, 금융투자상품이 고도로 전문화되어 사기적 부정거래의 행위유형이 매우 다양하다는 점을 고려할 때 포괄적 금지조항이 어느 정도 불가피한 측면이 있다는 점이다. 이렇게 볼 때 제178조 제1항 1호의 법문언이 명확성원칙에 위배된다는 판단을 내리기는 쉽지 않다.

2) **법치국가적 운영**   자본시장법 제178조 제1항의 적용이 문제된 사건에서 "금융투자상품의 매매와 관련한 어떠한 행위가 사회통념상 부정한 수단, 계획 또는 기교에 해당하는지는 해당 금융투자상품 거래시장의 구조, 당해 행위가 거래 시장에 미치는 영향, 다른 투자자들의 이익을 침해할 위험성, 관계법령의 규정 및 신의성실의 원칙 등을 종합적으로 고려하여 판단하되 **형사처벌의 영역이 과도하게 확대되지 아니하도록 신중**하게 판단하여야 한다"[45]고 판시하여 그 적용에 신중하여야 함을 적시하고 있다. 이는 불명확성으로 인해 과잉처벌(또는 책임원칙 및 비례성원칙 위반)이 일어나지 않도록 해야 하는 의미로도 해석할 수 있다. 이런 신중한 운영을 위해서는 ① 첫째, 자본시장법 제178조를 적용할 경우 1호의 보충적 성격을 고려하여 구성요건이 구체화되어 있는 제1항 2호 및 3호를 우선적으로 검토하여야 한다.[46] 이들

---

44 헌재 2007.7.26, 2006헌가9.

45 서울고등법원 2013.1.17. 선고 2011노3527 판결.

46 일본 금융상품거래법 제157조의 경우에도 1호가 정하는 행위는 그 범위가 상당히 넓다는 점에서 추상적 규정에 해당하고, 2호 및 3호가 당해 규정의 적용을 용이하게 하는 구체적 규정에 해당하는 것으로 파악된다. 일본 금융상품거래법 제157조의 포괄 조항적 성격에 관해서는 川村正幸, *金融商品取引法* (中央經濟社, 2009),

조항이 적용이 어려울 경우에 비로소 1호가 제한적으로 적용되는 형태를 통하여 각 부정거래행위의 유형이 종합적으로 유기적인 관계를 형성하도록 적용되어야 한다.[47] 이 경우 1호의 부정거래행위죄는 다른 부정거래행위죄와 보충관계의 법조경합에 놓이는 것이 된다.[48] ② 둘째, 금융당국과 검찰의 실무를 보면 제178조 제1항 1호의 "부정한 수단, 계획 또는 기교"만을 적용한 사례는 찾기 어렵다. 이와 같은 제178조 제1항 1호는 최대한 2호의 허위 또는 부실표시 사용행위, 제2항의 위계사용 등의 행위를 함께 적용하도록 해야 한다.[49]

3) 입법적 보완   명확성원칙에 더욱 충실하기 위해서는 '부정한 수단'의 문언은 이 규정의 모델이 된 미국의 1934년 증권거래법 (Securities Exchange Act of 1934) Section 10(b)처럼 "조작적이거나 사기적인 수단 또는 책략(manipulative or deceptive device or contrivance)"이라든가, 그 위임에 의해 공포된 SEC Rule 10(b)−5처럼 "사기적인 수단, 계획 또는 기교(device, scheme, or artifice to defraud)"라는 문언으로 대체하는 방안을 고려할 필요가 있다. 즉, 제178조 제1항 1호에 "조작적이거나 사기적인" 수단 등을 금지함을 명시하는 것이다.[50] 이로써

473쪽.

47 비슷한 견해로 자본시장법 제178조 제1항 제1호에 관하여 "기본적으로 죄형법정주의의 제약이 있고 또 부정거래 조항의 예비적·보충적 성격도 있어서, 부정거래 조항이 단독으로 사용되거나 다양한 사건에 무차별적으로 적용되는 것은 아니고 상당히 제한적으로 사용된다는 점을 유념할 필요가 있다"는 성희활, *자본시장법 강의* (캐피털북스, 2018), 367쪽.

48 판례는 "자본시장법 제178조 제1항 제1호에서 말하는 부정한 수단, 계획, 기교를 사용하는 행위에 해당하는 한편, 같은 법 제178조 제2항에서 정한 위계의 사용에도 해당한다"(대판 2017.3.30, 2014도6910)고 봄으로써 양자의 관계를 상상적 경합 관계로 보는 듯하다. 그러나 제1호를 포괄적인 일반조항으로 보는 한 논리적으로 법조경합 가운데 보충관계로 보는 것이 타당하다.

49 성희활, *자본시장법 강의* (캐피털북스, 2018), 367쪽.

50 자본시장법 제178조 제1항 1호에 대한 구체적인 법률개정 의견을 제시하는 김학

'부정한'이라는 가치충전필요개념의 도덕중심적 의미는 시장기능에 지향한 의미로 변환될 수 있을 것이다.

2. 허위 또는 부실표시의 부정거래

자본시장법 제178조 제1항 2호는 "중요사항에 관하여 거짓의 기재 또는 표시를 하거나 타인에게 오해를 유발시키지 아니하기 위하여 필요한 중요사항의 기재 또는 표시가 누락된 문서, 그 밖의 기재 또는 표시를 사용하여 금전, 그 밖의 재산상의 이익을 얻고자 하는 행위"를 사기적 부정거래로서 금지하고 있다. 이는 금융투자상품의 거래에 관한 부정거래행위가 다수인에게 영향을 미치고 자본시장 전체를 불건전하게 할 수 있기 때문에 거래에 참가하는 개개 투자자의 이익을 보호함과 함께 자본시장의 공정성과 신뢰성을 높이기 위한 규정이다.[51] 자본시장법 제178조 제1항 2호와 유사한 실행행위표지를 지닌 제176조 제2항 3호의 **주가조작의 허위표시·오해유발표시행위**는 "상장증권 또는 장내파생상품의 매매를 유인할 목적으로"하는 행위만을 금지한다. 제178조 제1항 2호의 사기적 부정거래규정은 이 주가조작규정의 규제공백을 보충하는 규정으로만 기능한다.[52]

(1) **중요사항**　　"중요사항"이란 합리적인 투자자가 유가증권 거래에 중요한 가치를 지닌다고 생각하는 정보를 말하며, 그 구체적 의미는 해석에 맡겨져 있다.[53]

1) **합리적 투자를 위한 정보**　　대법원은 자본시장법 제178조

석, 금융투자상품의 부정거래행위에 관한 연구 (고려대 박사학위논문, 2010), 207~
208쪽.

51　대판 2018.9.28, 2015다69853.

52　임재연, 자본시장법 (박영사, 2020), 1031쪽.

53　바로 이와 같은 점 때문에 이 조항이 명확성원칙을 위반한 것은 아닌지 의심은 남아있지만, 좀더 세심한 검토를 필요로 하기 때문에 여기서는 다루지 않기로 한다.

제1항 2호에서 "중요사항은 해당 법인의 재산·경영에 관하여 중대한 영향을 미치거나 특정 증권 등의 공정거래와 투자자 보호를 위하여 필요한 사항으로서 투자자의 **투자판단에 영향을 미칠 수 있는 사항**을 의미"[54]한다고 판시하여 미공개중요정보와 궤를 같이 하는 것으로 본다.[55] 미국 연방대법원은 1934년 증권거래법(SEA) section 10(b)에 근거한 소송에서 중요성 요건을 판단함에 있어 **합리적 투자자 기준**(reasonable investor standard)을 적용하고 있다. 연방대법원은 중요한 사실이 되려면 "누락된 사실에 대한 공시가 합리적인 투자자에게 이용 가능한 정보의 총체를 중요하게 변경시키는 것으로 여겨질 실질적인 개연성(substandtial likelihood)이 있어야 한다"[56]고 본다. 이런 중요사항은 다음과 같이 분류될 수 있다.

- 증권자체에 관한 정보   우선주의 우선적 내용이나 전환사채의 전환조건
- 증권발행인에 관한 정보   회사의 영업실적 또는 재무상태
- 증권거래에 관한 정보   증권시세 또는 거래량
- 증권시장에 관한 정보   기관투자가 또는 외국인 투자가의 투자동향, 국내시장 전체의 거래상황, 외국증권시장의 거래상황

---

54 대판 2016.8.29, 2016도6297.

55 동일한 취지의 판례로 대판 2009.7.9, 2009도1374; 서울고등법원 2013.7.4. 선고 2012노4066 판결.

56 To be material, "there must be a substantial likelihood that the disclosure of the omitted fact would have been viewed by the reasonable investor as having significantly altered the total mix of information made available.", Paul, Hastings, Janofsky & Walker, LLP, *SECURITIES LAW CLAIMS: A Practical Guide*, 2004, 79쪽 이하 참조.

2) 정보총량의 변화가능성이 아닌 시세영향력   정보의 중요성
은 단순히 이용가능한 정보의 총량을 변경시킬 가능성이 아니라 이
정보들이 **증권시세에 영향을 미칠 수 있는 가능성**(Kursbeeinflußung)에
따라 판단해야 한다. 정보총량의 변경가능성은 사실상 모든 사항이
중요사항으로 인정될 위험성이 크기 때문이다. 다시 말해 중요성은
합리적 투자자의 관점에서 부정거래행위에 의해 창출된 왜곡된 정보
대신에 올바른 정보가 시장에 알려졌다면 다른 (부정적인) 시세가 형
성될 개연성이 있는 경우에 인정되어야 한다. 그러나 이때 영향가능
성은 일반적인 영향가능성임에 주의를 요한다. 즉, 합리적 투자자의
기준이란 주식투자에 참여하는 사람들의 '평균적인 능력과 지식'을
기준으로 판단한다.

예컨대 증권신고서에 허위기재된 회계정보가 바르게 교정될 경
우에 주주들에게 배당될 배당액이 상당히 줄어들거나, 주식의 펀더멘
틀 가치를 나타내는 지표들, 예컨대 주식 1주당 그 기업이 내는 순이
익의 비율, 즉 **주가수익비율**(Price Earnings Ratio: PER)이 상당히 떨어지
게 되는 경우에 그 허위기재된 회계정보는 중요사항에 관한 것이라
할 수 있다. 그 외에도 판례에 의하면 **최대주주 또는 주요주주에 관
한 사항**이나 **차명주식을 누락한 임원·주요주주 주식보유보고서**는 중
요사항에 해당한다.

★ 판례: **최대주주 또는 주요주주에 관한 사항**   "피고인이 2000.6.17. 제출
한 대량보유보고서에 기재된 판시 허위사실들은 H사의 최대주주 또는
주요주주에 관한 사항으로서 H사의 경영에 관하여 중대한 영향을 미치
거나 H사의 기업환경에 중대한 변경을 초래할 수 있는 사실로서 일반
투자자의 투자판단에 영향을 미칠 수 있는 사실에 해당한다고 할 것이
어서 원칙으로 법 제188조의4 제4항 제2호 소정의 '중요한 사항'에 해당
한다 할 것이"다(대판 2003.11.14, 2003도686).

★ 판례: **차명주식 보유 및 매도 여부**   "경영 상황이 점차 악화되고 있던

공소외 1 주식회사가 새로운 사업으로 추진 중이라고 홍보한 규사광산
개발사업 계속 진행 의지와 전망 등에 대하여 투자자들의 관심이 집중
된 상황에서, 피고인이 차명주식을 누락한 채 공시되어 있던 임원·주요
주주 소유 주식 보고서의 내용을 바로 잡지 않고 여전히 차명주식을 누
락한 추가 보고서를 제출하는 방법으로 투자자들로 하여금 피고인이 보
유 중이던 주식을 순차 처분하고 있다는 사정을 알지 못하게 함으로써,
주가에 영향을 미치지 아니한 채 보유 주식을 처분하여 상당한 이익을
취한 행위"는 "허위 또는 부실 표시된 위 보고서들을 이용한 행위로서
구 증권거래법 제188조의4 제4항 제2호에 해당한다"(대판 2009.7.9, 2009
도1374).

(2) **부실표시**   자본시장법 제178조 제1항 2호가 금지하는 행
위는 "거짓의 기재 또는 표시를 하거나 타인에게 오해를 유발시키지
아니하기 위하여 필요한 중요사항의 기재 또는 표시가 누락된 문서,
그 밖의 기재 또는 표시를 사용하"는 것이다. 이 죄와 유사했던 구
증권거래법 제188조의4 제4항 2호는 부실표시의 "문서를 이용하여"
라고 규정하였지만[57] 현행 자본시장법은 "문서를 이용하여"를 삭제하
고, '문서'에 이어 '그 밖의 기재 또는 표시'를 병렬적으로 규정한다.
따라서 부실표시는 문서에 의해 이루어지는 경우가 많을 것이지만,
부실표시의 수단은 문서에 한정되지 않는다.

(3) **금전, 그 밖의 재산상의 이익**   '금전, 그 밖의 재산상의 이
익을 얻고자 하는 행위'는 재산상의 이익을 얻으려는 불법이득의사가
있어야 함을 의미한다.

1) **자기를 위한 불법이득의사**   형법 제347조의 사기죄에 요구
되는 불법이득의사는 동조 제2항이 제3자가 불법이득자인 경우를 포
함하고 있으므로 제3자를 위한 불법이득의사도 포함한다. 그러나 사

---

57 구 증권거래법 하의 판례는 "문서의 이용"이라는 요건이 충족되지 않은 경우 사
    기적 부정거래의 성립을 부정하였다(대판 2010.12.9, 2009도6411).

기적 부정거래행위죄는 "누구든지 … 표시를 사용하여 금전, 그 밖의 재산상의 이익을 얻고자 하는 행위"라고 규정하므로 행위자 자신이 불법이득을 직접 취득하려는 의사가 있는 경우에만 불법이득의사를 인정할 수 있다.

2) 결과발생과 인과관계의 불필요　　　이 죄는 허위 또는 부실표시를 사용하면 기수가 성립하고, 그 사용행위로 인하여 실제로 '타인에게 오해를 유발'하거나 '금전 기타 재산상의 이익을 얻을 것'을 요하지 않는다. 부정거래행위죄는 재산범과 같은 침해범이나 주가조작죄와 같은 적성범이 아니라 **추상적 위험범**이기 때문이다. 추상적 위험을 입법의 동기로 바라보는 판례는 여기서 더 나아가 "거짓의 기재 또는 표시를 한 **문서의 사용행위와 타인의 오해 사이의 인과관계**"도 **필요하지 않다**고 본다. 이는 사기적 부정거래행위죄를 피해자 없는 범죄(Opferlose Straftat)로 바라보는 것이기도 하다.

> ★ **판례: 인과관계**　　"자본시장법 제178조 제1항 제2호의 문언 해석상 일단 타인에게 오해를 유발하게 함으로써 금전, 그 밖의 재산상의 이익을 얻고자 중요사항에 관하여 거짓의 기재 또는 표시를 한 문서를 사용한 이상 이로써 바로 위 조항 위반죄가 성립하고, 문서의 사용행위로 인하여 실제로 타인에게 오해를 유발하거나 금전, 그 밖의 재산상의 이익을 얻을 필요는 없다. 따라서 거짓의 기재 또는 표시를 한 문서의 사용행위와 타인의 오해 사이의 인과관계 유무는 위 조항 위반죄의 성립에 영향을 미치지 아니한다"(대판 2016.8.29, 2016도6297).

3) 부당한 이득의 내용　　　판례는 구 증권거래법 제188조의4 제4항의 '부당한 이득'에 대하여 "유가증권의 처분으로 인한 행위자의 개인적이고 유형적인 경제적 이익에 한정되지 않고, 기업의 경영권 획득, 지배권 확보, 회사 내에서의 지위상승 등 무형적 이익 및 적극적 이득 뿐 아니라 손실을 회피하는 경우와 같은 소극적 이득, 아직 현실화되지 않는 장래의 이득도 모두 포함하는 포괄적인 개념으로

해석하는 것이 상당"⁵⁸하다고 판시함으로써 그 의미를 넓게 해석한
바 있다.

(4) 주식공모의 사기적 부정거래행위   주식공모_{株式公募}⁵⁹는 특
정 주주들만을 대상으로 주식을 발행·배당하는 것이 아니라 일반인
을 대상으로 하여 주식을 모집하는 것을 말한다.

1) 주식공모사기의 의미   따라서 주식공모는 일반 투자자들
에게 발행회사와 증권에 관하여 정확한 정보를 제공할 것이 요구된다.
그러나 때때로 기업들은 공모를 통한 자금조달을 용이하게 하기 위하
여 당해 기업의 재무상황에 대하여 일반적으로 인정된 회계관습이나
기업회계기준에 위반하는 회계처리, 즉 분식_{粉飾}회계를 하기도 한다.⁶⁰
분식회계는 회계정보 이용자의 해당기업의 경제적 실체에 대한 합리
적인 판단과 의사결정을 그르친다는 점에 비난가능성이 있다. 이와
같은 분식회계를 통한 자금조달은 대상회사의 재무상황 등의 투자정
보에 관하여 일반 투자자들을 속이는 구조를 띠기 때문에 일반적으
로 주식공모사기로 불린다. 주식공모사기행위의 대표적인 사례를 살

---

58   대판 2002.7.22, 2002도1696.

59   공모(公募)는 모집과 매출로 나누어지는데, ① 모집이란 50명 이상의 자에게 신규
     로 발행되는 유가증권의 취득의 청약을 권유하는 것이고, ② 매출이란 이미 발행
     된 유가증권의 소유자가 50명 이상의 자에게 그 유가증권의 매도의 청약을 하거
     나 매수의 청약을 권유하는 것을 말한다. 금융감독원, *유가증권 발행·기업공시
     안내* (2004), 8쪽.

60   원래 분식회계라는 표현은 법학, 회계학 등에서 사용되는 용어가 아니며 경제계에
     서 관습적으로 사용되는 용어이다. 경제사전 등에서는 분식회계를 "기업이 회사의
     실적을 좋게 보이기 위해 고의적으로 자산이나 이익 등을 크게 부풀려 회계장부를
     조작하는 것"이라고 정의하고 있다. 이와 같이 분식회계를 고의적으로 회계자료를
     조작한 것(고의적 회계부정)에 한정하는 입장이 있는가 하면 회계기준 적용오류나
     공시오류, 회계적 판단의 차이 등 까지도 분식회계의 범주에 들어간다는 입장도
     있다. 주식공모사기에 있어서는 고의적으로 회계자료를 조작하는 것이므로 분식회
     계의 범위가 어디까지에 미치는가에 관한 논의는 크게 문제되지 않는다.

펴보면 다음과 같다.

★ **주식공모사기**   Y화학공업(주)의 대표이사 甲과 상무이사 乙은 기업
공개를 추진하고 있던 2008.12.경 회계부장 丙으로부터 당해년도에 150
억원의 당기순손실이 발생할 것이라는 보고를 받았다. 甲은 '기업공개요
건에 맞게 당기순이익을 정하고 거기에 맞춰 결산하라'고 丙에게 지시하
였다. 乙도 그 당시 기업공개요건인 '납입자본이익률이 15퍼센트 이상 되
도록 당기순이익을 약 50억 원 정도로 맞추기 위해 재고자산, 매출액 등
을 상향조정하고, 경비 등을 누락시키는 방법으로 분식 결산하라'고 재차
지시하였다. 이에 따라 丙은 원재료인 연괴의 수량을 실제보다 1,000여
톤 증가시켜 재고액을 과대계상하고, 어음채무를 430억 8,200여 만원을
누락시킴으로써 2008사업연도에 50억여원의 당기순이익이 실현된 것처
럼 대차대조표 및 손익계산서 등을 작성하였다. 2009.7.9. 이러한 재무제
표 내용을 그대로 기재한 증권신고서를 작성하여 제출하였고, 2009.7.27.
금융위원회가 위 신고서를 수리함에 따라 액면 금 5,000원권 기명식 보
통주식 2,700,000주, 공모총액 220억 9,500만원(액면가 총액 금 130억
5,000만원)의 주식을 1주당 발행가액 금 8,500원에 발행하여 신주를 모
집하면서, 2009.7.30.에 금융위원회, 한국증권거래소, Y(주) 사무실 소재
지, D증권주식회사 본점 및 지점 등 청약사무 취급 장소에 위 증권신고
서와 동일한 내용의 사업설명서를 비치하였다.

이와 같은 주식공모사기는 사기적 부정거래행위죄와 형법상 사
기죄(제347조), 상법상 부실문서행사죄(상법 제627조), 외부감사법상 분
식회계죄(외부감사법 제20조) 등에 해당할 가능성이 있다.[61] 여기서는
자본시장법상 부정거래행위죄의 성립 여부만을 검토한다.

---

61 우리나라 형법전에는 주식공모사기를 직접 규율하는 독자적인 구성요건이 존재하
지 않으므로 주식공모사기에 대한 형법적 통제와 관련하여서는 이 글에서 논의하
는 자본시장법상의 부정거래행위죄 이외에도 형법상의 사기죄(제347조), 주식회
사의 외부감사에 관한 법률상의 분식회계죄(제39조), 상법상의 부실문서행사죄
(제627조) 등의 적용 가능성이 문제될 수 있다. 이러한 범죄들의 성립 여부에 관
하여 자세히는 이상돈, *증권형법* (법문사, 2011), 95~110쪽 참조.

2) 사기적 부정거래행위죄의 성립 여부   이처럼 분식회계에 의한 허위기재를 증권신고서나 사업설명서에서 그대로 사용하는 주식공모가 제178조 제1항 2호에 해당하기 위해서는 ① 금융투자상품의 매매 기타 거래 ② 중요사항 ③ 허위 또는 오해유발의 기재 또는 표시의 사용 ④ 불법이득의사가 요구된다. 주식공모는 ① 요건을 충족하고, 증권신고서나 사업설명서에 분식회계된 내용을 담고 있다는 것은 ③ 요건을 충족한다. 또한 앞의 주식공모사례를 보면, 분식회계는 적자기업이 납입자본이익률이 15퍼센트 이상 될 정도로 상당한 것이었으므로 그런 회계내용이 전제된 증권신고서나 사업설명서는 중요사항(②)에 관한 거짓의 기재를 한 문서에 해당된다.

그러므로 주식공모사기의 적용을 좌우하는 것은 불법이득의사(④)의 충족 여부가 된다. 분식회계를 이용한 주식공모는 '제3자를 위한 사기'의 구조를 갖고 있다. 허위의 재무제표를 작성하거나 회사의 재무상황을 은폐하는 행위를 하는 자는 회사의 (대표)이사 그리고(또는) 회계담당자인 반면, 주금납입을 통해 재산상의 이익을 취득하는 자는 회사이다. 행위자 자신의 의도 또한 일반적으로 자신이 직접 불법이득을 취득하려는 것이 아니라 회사에 필요한 자본을 조달하기 위한 것이다. 이렇게 보면 주식공모에서 분식회계를 지시한 대표이사 등에게 자본시장법상 제178조 제1항 2호의 부정거래행위죄는 성립할 수 없게 된다.

3) 유추해석   그렇지만 부정거래행위죄가 사기죄와 같은 개인적 재산에 대한 범죄가 아니라 자본시장의 기능을 왜곡하는 범죄라는 점을 중시한다면 회사가 부정거래로 이익을 얻게 한 대표이사 등의 분식행위자들도 부정거래행위죄로 처벌하는 것이 타당하다. 이를 위한 해석방법으로 두 가지를 생각할 수 있다. ① 첫째, "금전 기타 재산상의 이익을 얻고자 하는" 의사를 '**불법이득의사**'가 아니라 부

당이득의사로 해석할 수 있다. 예컨대 제178조 제1항 2호가 적용되는 예로 "회사 내부자 등이 당해 법인의 주식을 매수한 후 신사업진출 등 호재성 재료를 허위로 발표하여 주가를 상승시킨 후에 매도하여 부당이득을 취하는 경우"[62]를 드는 사법학자들의 해석에 주목할 수 있다. 이 해석에 의하면 불법이득의사는 부당이득의사로 확장된다. 부당이득은 재산적 이익에 국한하지 않고, **경영권 획득·강화, 회사 내의 지위 상승·강화** 등도 포함한다. 그러나 이런 해석은 제178조 제1항 2호의 "금전 기타 재산상의 이익"을 유추한 해석이다. 손해배상책임(제179조)을 물을 때 허용가능할 수는 있어도, 형사책임을 물을 때에는 허용되지 않는 해석이다.

　② 또 다른 방법은 "재산상의 이익을 얻"는다는 문언을 직접적으로 얻는 경우 이외에 간접적으로 얻는 경우까지 포함시키는 해석이다. 즉, 분식회계와 주식공모로 자본을 조달하여 사업을 번성시킴으로써 회사의 적자를 극복하고 수익률을 높임으로써 대표이사 등은 **더 많은 연봉이나 스톡그랜트의 이익을 얻게 되는 것도 불법이득에 포함**시키는 해석이다. 이런 해석은 "금전 기타 재산상의 이익을 얻고자 하는"이란 문언의 유추적용이 아니라 확장적용이 된다. 왜냐하면 사기죄의 경우에는 재산상 손해와 취득한 이익이 동질적인 것이어야 하지만, 부정거래행위죄에서는 그런 동질성이 전제되어 있지 않기 때문이다. 이는 개인적 법익인 재산범으로서 사기죄와 보편적 법익인 자본시장의 기능에 대한 범죄로서 부정거래행위죄 사이의 차이에서 비롯되는 것이기도 하다.

62　최승재, "자본시장법상 불공정거래에 대한 규제", *한국금융법학회 2009년 하계 학술발표회* (2009.9.29.) 발표문, 21쪽; 또한 김건식·정순섭, *자본시장법* (두성사, 2009), 336쪽 참조.

4) 제한해석   부정거래행위죄의 법정형은 허위·통정거래에 의한 주가조작죄(제443조 제1항 4호, 제176조 제1항 1, 2, 3호)와 같다. 그러나 부정거래행위죄가 그 정도로 강한 제재를 받아 마땅한 것인지는 의문이다. 왜냐하면 무엇보다도 부정거래행위는 자본시장의 가격결정을 직접 왜곡하는 행위가 아니기 때문이다.

> 가령 분식회계에 의한 주식공모사기에서 증권신고서에 기재된 당해회계연도 당기순이익 500억이라는 결과를 담은 허위기재만으로 해당 회사의 주가가 그렇지 않았을 경우에 형성되었을 주가보다 높게 형성될 개연성이 발생하는 것은 아니다.[63] 분식회계가 없었고, 재무구조가 건실한 회사도 경제상황의 변화에 따라 자금의 유동성위기를 겪다가 마침내는 기업개선작업(work-out)이나 회사정리절차에 들어가고, 주가는 곤두박질칠 수도 있다. 이렇게 볼 때 부정거래행위와 주가 사이에는 형사책임을 귀속시키는 근거가 될 만한 어떤 인과관계도 존재하지 않는다.

여기서 부정거래행위죄의 법정형을 낮추는 입법론적 과제와 법개정 이전까지는 그 구성요건을 최대한 제한해석하는 해석론적 과제가 등장한다. 그런 제한해석의 한 방안으로 "오해를 유발시키"는 문언을 '**투자유인효과**'를 포함하는 의미로 축소해석(목적론적 축소해석)하고, 이 요건을 다른 양태의 실행행위(거짓의 기재 등)에 대해서도 필요하다고 보는 해석이다. 즉, 주식공모사기에서 허위 또는 오해유발의 기재를 한 사업설명서가 투자자가 공모주식을 매수하는 거래의 원인이 되었다는 점(**거래인과관계**)이 입증된 경우에만 부정거래행위죄를 인정하여야 한다. 이는 마치 사기죄의 요건 〈기망 → 착오 → 재산처분행위 → 재산상 손해 → 재산상 이득〉의 인과적 과정에서 〈착오 →

---

63 이렇게 증권범죄영역에서는 과거 또는 현재의 사실을 부실표시의 대상으로 해석하는 것조차 문제가 없지 않은 점을 고려한다면, 미래에 대한 예측과 전망을 부실표시의 대상으로 이해하는 해석(형사정책연구원, *증권범죄에 관한 연구* (1996), 37쪽)은 더욱더 신중하게 살펴보아야 한다.

재산처분행위)의 인과적 과정의 단락을 부정거래행위죄의 요건으로 추가해 넣는 것이라고 볼 수 있다.

3. 거짓의 시세 이용행위

자본시장법 제178조 제1항 3호는 "금융투자상품의 매매, 그 밖의 거래를 유인할 목적으로 거짓의 시세를 이용하는 행위"를 금지되는 사기적 부정거래의 행위유형으로 규정한다.

(1) **규제범위**   이 죄는 매매유인목적이 요구된다는 점에서 시세조종행위에 관한 제176조 제2항의 규정과 개념적으로 유사하지만 제176조 제2항과는 달리 '성황을 이루고 있는 듯이' 오인하게 하는 추가적인 요건을 요구하지 않으며,[64] 또한 제176조 제2항과는 달리 상장증권 또는 장내파생상품만을 적용대상으로 하는 것이 아니라 모든 금융투자상품을 적용대상으로 한다. 따라서 거짓시세이용 부정거래행위죄는 그 적용범위가 주가조작죄보다 훨씬 더 넓다.[65]

(2) **거짓의 시세**   이 조항은 이미 만들어진 거짓의 시세를 이용하는 행위를 규제한다는 점에서 인위적인 개입에 의해 시세를 왜곡하는 시세조종과는 차이가 있다. 이 죄에서 말하는 거짓의 시세는 위법행위로 인해 정상적으로 시세의 형성이 되지 못한 상태를 의미한다. 이 죄는 그처럼 인위적인 조작에 의해 왜곡된 시세임을 인식한 상태에서 이를 이용하는 것이다.[66] 그러므로 행위자가 시세가 왜곡되어 거짓이라는 점을 인식하지 못한 경우에는 거짓시세이용 부정거래행위죄는 성립하지 않는다.

---

64 김정수, *자본시장법원론* (서울파이낸스앤로그룹, 2014), 1327쪽.
65 임재연, *자본시장법과 불공정거래* (박영사, 2019), 470~471쪽.
66 한국증권법학회, *자본시장법(주석서 I)* (박영사, 2015), 1161쪽.

4. 풍문의 유포, 위계사용 등의 행위

자본시장법 제178조 제2항은 "누구든지 금융투자상품의 매매, 그 밖의 거래를 할 목적이나 그 시세의 변동을 도모할 목적으로 풍문의 유포, 위계의 사용, 폭행 또는 협박을 하여서는 아니 된다"라고 규정한다.

(1) **거래목적 또는 시세변동목적**   이 죄가 성립하려면 거래목적 또는 시세변동목적이 있어야 한다. 하지만 자본시장법은 "부당한 이득을 얻기 위하여 고의로 허위의 시세 또는 허위의 사실 기타 풍설을 유포하거나 위계를 쓰는 행위"를 금지했던 구 증권거래법의 "부당한 이득을 얻기 위하여 고의"라는 **부당이득의사(목적)의 문구를 삭제**하여[67] 그 적용영역을 확대하였다. 물론 "고의로"라는 문언을 삭제하였어도 과실범처벌규정을 별도로 두고 있지 않는 한 이 죄를 과실로 범할 수 있는 것은 아니다.

★ **판례: 자본시장법 제178조 제2항의 취지**   "자본시장법 제178조 제2항에서 사기적 부정거래행위를 금지하는 것은, 상장증권 등의 거래에 관한 사기적 부정거래가 다수인에게 영향을 미치고, 증권시장 전체를 불건전하게 할 수 있기 때문에, 상장증권 등의 거래에 참가하는 개개 투자자의 이익을 보호함과 함께 투자자 일반의 증권시장에 대한 신뢰를 보호하여, 증권시장이 국민경제의 발전에 기여할 수 있도록 하는 데 목적이 있다. 그러므로 상장증권의 매매 등 거래를 할 목적인지 여부나 위계인지 여부 등은 행위자의 지위, 행위자가 특정 진술이나 표시를 하게 된 동기와 경

---

[67] 구 증권거래법 하에서도 "부당한 이득을 얻기 위하여"를 부당이득목적으로 보고, 그런 목적은 행위 당시에 구체적이고 확정적으로 존재하여야 하는지에 관해 판례는 "허위의 사실을 유포하는 행위 당시 포괄적인 의미의 부당한 이득을 얻으려는 목적이 있으면 족하며 그 행위 당시부터 장차 유가증권을 처분하여 이득을 얻겠다는 목적이 구체적이고 확정적으로 존재하여야 하는 것은 아니다"(대판 2009.7.9, 2009도1374)라고 봄으로써 그 적용범위를 넓혔었다.

위, 그 진술 등이 미래의 재무상태나 영업실적 등에 대한 예측 또는 전망에 관한 사항일 때에는 합리적인 근거에 기초하여 성실하게 행하여진 것인지, 그 진술 등의 내용이 거래 상대방이나 불특정 투자자들에게 오인·착각을 유발할 위험이 있는지, 행위자가 그 진술 등을 한 후 취한 행동과 주가의 동향, 행위 전후의 제반 사정 등을 종합적·전체적으로 고려하여 객관적인 기준에 따라 판단하여야 한다"(대판 2018.4.12, 2013도6962).

(2) **풍문의 유포**　　　풍문은 "시장에 알려짐으로써 주식 등의 시세의 변동을 일으킬 수 있을 정도의 사실로서, **합리적 근거가 없는 것**"[68]이다. ① 이러한 풍문에는 허위의 사실이 포함되는 것이 대부분이지만 "풍문의 유포"라는 문언으로는 객관적으로 허위여야만 이에 해당하는 것은 아니다. ② 물론 의견이나 예측을 표시하는 행위는 풍문의 유포에 해당되지 않지만 그것이 허위의 객관적 사실과 결합하여 단정적인 의견이나 예측을 피력한다면 풍문의 유포에 해당될 수 있다.[69] ③ 또한 "사후적으로 우연히 진실에 부합하는 것으로 밝혀진다 하더라도, 유포 당시 합리적 근거를 전혀 갖추지 못하였고 유포자 자신도 이를 인식하고서 유포하기에 이른 이상 여기서 말하는 풍문 유포행위에는 충분히 해당한다고 할 수 있다".[70] ④ 풍문이 유포되는 수단에는 제한이 없고, 이메일, 보도자료, 인터넷, 문자 메시지 발송 등이 모두 포함된다. ⑤ 또한 행위자에게 보증인의무와 보증인지위, 개별적 행위가능성과 기대가능성 등이 충족되는 경우 풍문의 '유포'는 부작위(Unterlassung)에 의해서도 실현될 수 있다.

★ **판례: 허위사실의 유포**　　　"언론을 통하여 기업의 사업 추진 현황이나 전망 등에 관한 인터뷰 기사 등이 보도되도록 한 경우, 그것이 단순히

68　서울고등법원 2013.3.22. 선고 2012노3764 판결.

69　서울지방법원 1998.12.15. 선고 98노7566 판결.

70　서울중앙지방법원 2012.9.21. 선고 2012고합662 판결.

사업과 관련된 의견 또는 평가, 단순한 홍보성 발언에 불과한 것이 아니라, 구 증권거래법(2007.8.3. 법률 제8635호로 공포되어 2009.2.4. 시행된 자본시장과 금융투자업에 관한 법률 부칙 제2조로 폐지) 제188조의4 제4항 제1호에 정한 허위의 사실을 유포하는 행위에 해당하는지 및 그러한 행위가 부당한 이익을 얻기 위한 것인지 여부는, 위 조항의 취지를 염두에 두고 행위자의 지위, 해당 기업의 경영 상태와 그 주가의 동향, 인터뷰 및 보도 내용의 구체적인 표현과 전체적인 취지, 보도의 계기 및 그 계속·반복성 여부, 보도 내용과 관련된 기업의 여러 실제 사정 등을 전체적·종합적으로 고려하여 객관적인 기준에 의하여 판단하여야 한다"(대판 2009.7.9, 2009도1374).

(3) 위계사용행위　　　　형법상 위계는 일반적으로 "상대방에게 오인, 착각, 부지를 일으키고 상대방의 그러한 심적 상태를 이용하는 것"을 말한다.[71] 판례는 자본시장법 제178조 제2항에서 위계란 "거래 상대방이나 불특정 투자자를 기망하여 일정한 행위를 유인할 목적의 수단, 계획, 기교 등을 말한다"[72]고 판시한다. 위계는 기망보다 넓은 개념인데, 판례와 같이 위계의 개념을 '투자자를 기망하여'라고 표현하는 것은 위계의 불법요소를 기망행위의 불법과 같은 행위반가치를 지닌 것처럼 과장하는 것이다. 판례에서 위계의 대표적 행위로는 "상장법인 등이 객관적으로 보아 감자 등을 할 법적 또는 경제적 여건을 갖추고 있지 아니하거나 또는 그 임직원이 그 감자 등을 진지하고 성실하게 검토, 추진하려는 의사를 갖고 있지 아니함에도 불구하고 감자 등의 검토 계획을 공표한 것은 위계에 해당한다".

　　★ **판례: 감자계획공표의 위계성**　　　　상장법인인 甲 은행과 그 대주주인 乙 회사 및 乙 회사가 추천한 사외이사 丙 등이 甲 은행의 자회사로서 유동성 위기에 빠진 丁 회사와 甲 은행의 합병을 추진하면서, 보도자료 배포

71　이상돈, *형법강론* (박영사, 2020), 533쪽.
72　대판 2018.4.12, 2013도6962.

및 기자간담회를 통해 '丁 회사의 감자계획이 검토될 것이다'라고 발표하고 그 직후 '丁 회사의 순자산가치를 정확하게 평가해 봐야 감자 여부를 결정할 수 있을 것이나 현재로서는 감자할 가능성이 크다'고 발언한 사안에서, 丙 등은 제반 사정에 비추어 감자를 추진할 객관적 여건을 갖추지 못하였고 감자를 성실하게 검토·추진할 의사가 없음에도 투자자들이 오인·착각을 하여 주식투매에 나섬에 따라 丁 회사의 주가하락이 초래될 것이라고 인식하면서, 합병에 반대하는 丁 회사 주주들에 대한 주식매수청구권 가격을 낮추고 합병신주의 발행으로 인한 乙 회사의 甲 은행에 대한 지분율감소를 방지하는 등 乙 회사 등에게 이득을 취하게 할 목적으로 위 발표를 공모하였다. ① 대법원은 "상장법인 등이 재무구조에 변경을 초래하는 감자 또는 증자에 관한 정보를 스스로 공표하는 경우, 그러한 정보는 주주의 지위 및 증권시장의 주가 변동에 직접적이고 중대한 영향을 미칠 뿐만 아니라 투자자들은 언론이나 투자분석가들이 예측 또는 전망을 한 경우와는 달리 정확성과 신뢰성이 훨씬 높다고 평가하는 것이 일반적이므로, 상장법인 등의 임직원으로서는 그러한 정보의 공표로 인하여 투자자들의 오인·착각을 유발하지 않도록 합리적인 근거에 기초하여 성실하게 정보를 공표하여야 한다. 만일 이와 달리 상장법인 등이 객관적으로 보아 감자 등을 할 법적 또는 경제적 여건을 갖추고 있지 아니하거나 또는 임직원이 감자 등을 진지하고 성실하게 검토·추진하려는 의사를 갖고 있지 않은데도, 감자 등의 검토계획을 공표하면 투자자들이 그 실현가능성이 높은 것으로 판단하여 주식거래에 나설 것이고 이로 인하여 주가의 변동이 초래될 것이라고 인식하면서도 그에 따른 이득을 취할 목적으로 검토계획의 공표에 나아간 경우에는, 이러한 행위는 투자자들의 오인·착각을 이용하여 부당한 이득을 취하려는 기망적인 수단, 계획 내지 기교로서 구 증권거래법 제188조의4 제4항 제1호에서 정한 '위계를 쓰는 행위'에 해당한다"[73]고 보았다. ② 원심은 "이사회 결의나 기자간담회에서의 발표 및 발언에 의하면, 丁 회사의 감

---

[73] 대판 2011.3.10, 2008도6335. 이 판결에 대한 평석으로 권순일, "상장법인의 감자 검토 계획 발표와 사기적 부정거래", *자유와 책임 그리고 동행: 안대희 대법관 재임 기념* (사법발전재단, 2011.3) 참조.

자는 추후에 결정될 것이고 그 가능성이 크다는 것으로서, 구체적인 내용이 확정되었다는 것은 아닌바, 이러한 경우, 丁 회사의 감자에 관하여 구체적인 계획을 가지고 있지 않더라도, 자신의 목표를 달성하기 위하여 그 감자가 필요하거나 유용한 방안이라고 인식하면서 그 실행 가능성을 검토하고 있었다면, 위 기자간담회에서의 발표나 발언이 허위의 사실 유포나 위계에 해당한다고 할 수는 없다고 할 것이다"[74]라고 판시하면서 무죄를 선고하였으나, 대법원은 원심판결을 파기하였다.

(4) **폭행 또는 협박**   풍문의 유포 및 위계의 사용 이외에 '폭행 또는 협박'도 사기적 부정거래죄의 실행행위가 된다. ① 폭행은 타인의 신체에 대하여 물리적 힘(有形力)을 사용하여 상대방의 저항을 깨고 육체적 고통을 주는 행위를 뜻하는 것으로서,[75] 이 조항에서 말하는 폭행도 '타인의 신체에 대한 유형력을 사용하여 고통을 주는 것'을 의미한다. 협박이란 "사람으로 하여금 공포심을 일으킬 수 있을 정도의 해악을 고지하는 것"[76]을 말하는데, 이 조항에서 말하는 협박은 '해악고지를 통해 공포심을 느낄 수 있는 정도'의 협박을 뜻하는 것으로 볼 수 있다. 법정형이 무거운 점을 고려하면 상대방이 실제로 공포심을 느낀 경우이어야 한다. 또한 "해악이란 법익을 침해하는 것을 가리"[77]키고, 이때 어떤 법익에 어떠한 해악을 가할 것인지가 구체적이어야 한다. 피해자의 법적 평온이 해칠 정도의 내용이어야 한다면 그것은 적어도 범죄를 구성하는 것이거나 그에 준하는 정도의 것이어야 할 것이나, 판례는 "고지되는 해악의 내용, 즉 침해하겠다는 법익의 종류나 법익의 향유 주체 등에는 아무런 제한이 없"[78]다고 본

74   서울고등법원 2008.6.24. 선고 2008노518 판결.

75   이상돈, *형법강론* (박영사, 2020), 439쪽.

76   대판 2011.5.26, 2011도2412.

77   대판 2010.7.15, 2010도1017.

78   대판 2010.7.15, 2010도1017.

다. 그리고 해악을 고지하는 방법은 언어, 문서, 거동(태도) 등 어떠한
방법이라도 상관없다.

★ **폭행 또는 협박과 부정거래행위죄의 부정합성**   자본시장법 제178조 제
2항에서 '폭행 또는 협박' 등을 금지하는 문언의 내용을 살펴보면, 이는
일본 금융상품거래법 제157조와 동일하다. 그러나 증권 불공정거래 범
죄와 관련하여 폭행 또는 협박을 구성요건 요소로 하는 것은 체계적으
로 부정합적이다. 이 죄의 보호법익이 자본시장의 공정성 및 유통의 원
활성 확보라는 사회적 법익인데, 폭행, 협박이 침해하는 법익은 '신체의
완전성'과 '개인의 의사결정자유'와 같은 개인적 법익이기 때문이다. 물
론 자본시장법 제178조 제2항의 '폭행, 협박'을 형법상의 '폭행, 협박'에
관한 특별관계의 규정으로 보더라도 형법의 특수폭행죄(제261조), 상습
폭행죄(제264조)나 특수협박죄(제284조), 상습협박죄(제285조)는 본 조항
이 예정하고 있는 폭행 또는 협박의 범위를 벗어나는 것이고,[79] 만일 폭
행·협박의 정도가 강하여 중한 결과가 발생하거나 다른 폭력적인 수단을
사용한 경우(예: 상해, 체포, 감금)에는 본 조항으로 처벌하기 어렵다는
점에서,[80] 위 조항은 사기적 부정거래에 대한 규제의 공백을 효과적으로
보완하여 주지 못한다. 따라서 이 법문언은 조직폭력배들이 증권시장에
개입하여 유형력을 행사하거나 보유주식을 고가에 매수하여 주지 않으면
인수합병(M&A)을 하겠다고 협박하는 기업탈취자(corporate raider)의 경
우 적용될 수 있을 것이다.[81] 이처럼 이 죄의 폭행, 협박은 그 적용범위
가 매우 협소하고, 단독으로 적용된 사례를 찾아보기 어렵다는 점을 고
려하면, '폭행 또는 협박' 규정을 삭제하는 방향의 입법적 조치를 취하는
것이 바람직하다.[82]

---

79 한국증권법학회, *자본시장법(주석서 I)* (박영사, 2015), 1167쪽.

80 김학석, *금융투자상품의 부정거래행위에 관한 연구* (고려대 박사학위논문, 2010),
    210쪽.

81 변제호·홍성기·김종훈·김성진·엄세용·김유석, *자본시장법* (지원출판사, 2015),
    743~744쪽.

82 이런 견해로 "일본에서도 한 번도 처벌한 사례가 없는 점, 자본시장의 공정성과
    투자자의 신뢰를 보호하는 조항에 이질적으로 규정된 점, 실제 적용할 만한 사례

Ⅲ. 사기적 부정거래의 이득액 산정

1. 부정거래 이득액 산정의 어려움

자본시장법 제443조는 "금융투자상품의 매매, 그 밖의 거래와 관련하여 제178조 제1항 각 호의 어느 하나에 해당하는 행위를 한 자(8호)", "제178조 제2항을 위반하여 금융투자상품의 매매, 그 밖의 거래를 할 목적이나 그 시세의 변동을 도모할 목적으로 풍문의 유포, 위계의 사용, 폭행 또는 협박을 한 자(9호)"를 상대로 형사제재를 부과함에 있어 그 법정형을 "위반행위로 얻은 이익 또는 회피한 손실액"과 연동시키고 있다.[83]

자본시장법상 사기적 부정거래의 유형은 다양하고, 행위의 양태는 고도로 전문화되어 있으므로, 사기적 부정거래의 경우에는 개별 사안의 구체적인 사실관계에 따라 이득액을 산정하는 방식의 범위가 상대적으로 넓을 수 있다. 사기적 부정거래는 시장에 대한 사기로서 보편적 법익을 보호법익으로 하고 있으며, 형법전상의 사기죄와 비교하여 불법이 유연화되어 있고 그 성립 요건도 완화되어 있다. 이처럼 사기적 부정거래는 금융투자상품의 거래와 관련된 일체의 부정한 수단·계획·기교와 같은 구성요건의 문언상 일반조항 내지 포괄조항(general provision)으로서 다양한 유형의 행위 태양이 존재하는 한편, '기업의 경영권 획득, 기업 내에서의 지위의 상승' 등의 무형적 이익을 도모하는 경우도 존재한다. 이러한 이유로 사기적 부정거래의 경

가 그다지 없는 점 등에 비추어 보면", 제178조 제2항 중 '폭행 또는 협박' 규정은 "실효성에 의문이 가는 조항으로 그 개정이 필요하다"는 김학석, *금융투자상품의 부정거래행위에 관한 연구* (고려대 박사학위논문, 2010), 210쪽.

83 2014년 12월 개정 자본시장법은 법 제443조 제1항 및 제2항에 따라 징역에 처하는 경우에는 제443조 제1항에 따른 벌금을 반드시 병과하도록 하고 있다(제447조 제1항). 또한 법 제443조 제1항 각 호의 어느 하나에 해당하는 자가 해당 행위를 하여 취득한 재산은 몰수하며, 몰수할 수 없는 경우에는 그 가액을 추징한다(제447조의2).

우 내부자거래 및 시세조종과는 달리 당해 위반행위가 자본시장에 영향을 초래하여 주가에 영향을 미치고 있는지 여부가 분명하지 않은 사례도 발생한다.

2. 내부자거래와 주가조작의 산정방식 준용

이처럼 사기적 부정거래를 유형별로 구분하여 그러한 유형에 적합한 이득액의 산정방식을 정형화하는 것은 매우 불확실하다. 현실적으로는 금융투자상품의 거래의 종류 및 당해 위반행위의 성격이 그러한 금융투자상품의 가격 또는 가치에 영향을 미칠 가능성이 있는 정보의 왜곡에 해당하는 것인지 아니면 금융투자상품의 가격 형성을 위한 수요와 공급에 관한 인위적인 조작의 성격을 가지는지 여부에 따라 내부자거래죄 또는 주가조작죄의 방식을 준용할 수밖에 없다. 사기적 부정거래의 구체적인 유형별 특성을 고려할 때 정보의 누락 내지 정보의 **소극적 이용행위**와 연관되어 있는 경우에는 **내부자거래의 위험 측정방식을 준용**하고, 시세조작 또는 풍문의 유포[84] 등과 같이 정보의 **적극적 이용행위**로 파악할 수 있는 유형의 경우에는 시세조종행위의 **시세관여기간을 기준으로 한 위험 측정방식**을 준용할 수 있다. 가령, '중요사항'[85] 기재 또는 표시 누락행위의 경우[86] 일반 투

---

84 구 증권거래법 제188조의4 제4항 1호는 "허위의 사실 기타 풍설을 유포"하는 행위를 금지하여 '허위의' 요건을 규정하고 있었으나, 자본시장법은 구 증권거래법과는 달리 단순히 '풍문의 유포'를 금지하는 것으로 정하고 있다.

85 부정거래행위 등의 금지에 관한 자본시장법 제178조 제1항 2호의 "중요사항은 투자자의 판단에 영향을 미칠 수 있는 사항을 말하는데, 이 조항에서의 중요사항은 미공개중요정보 이용금지에서와 같은 의미로 해석된다"는 변제호·홍성기·김종훈·김성진·엄세용·김유석, *자본시장법* (지원출판사, 2015), 738쪽.

86 자본시장법 제178조 제1항 2호가 금지하고 있는 행위는 "거짓의 기재 또는 표시" 및 "오해를 유발시키지 아니하기 위하여 필요한 중요사항의 기재 또는 표시가 누락"이다. 이에 대해, "오해를 유발시키지 아니하기 위하여 필요한 중요사항의 기재 또는 표시가 누락"은 "거짓의 기재 또는 표시"보다는 넓은 개념에 해당한다고

자자의 투자판단에 영향을 미치는 것으로서 그러한 사항이 공개됨으로 인해 금융투자상품의 가격이 영향을 받을 수 있고,[87] 행위자는 정보의 비공개로 인한 이익을 누리고자 하는 것이므로 내부자거래행위의 산정방식을 준용하여 구체적인 위험을 측정하는 것이 타당하다. 한편, 자본시장법 제178조 제1항 3호의 "금융투자상품의 매매, 그 밖의 거래를 유인할 목적으로 거짓의 시세를 이용하는 행위"[88]로 인해 발생한 위험의 경우에는 앞서 살핀 시세조종행위의 방식에 준하여 허위의 시세로 인해 초래된 위험을 측정하는 것이 합리적일 것이다. 이는 비록 일반적인 것은 아니지만 주가하락을 위한 부정거래행위에서도 마찬가지이다.[89]

주가조작죄의 산정방식을 준용하면 실현이익 및 미실현이익을 합산하고 제반 거래비용을 공제하는 방식을 이용하게 된다. 이를 산

설명하는 임재연, *자본시장법* (박영사, 2020), 1033쪽.

[87] 자본시장법 제178조 제1항 2호에 규정되어 있는 중요사항의 의미에 대하여 대법원은 "여기서의 중요사항이란 미공개중요정보 이용행위 금지조항인 자본시장법 제174조 제1항에서 정한 미공개정보와 궤를 같이 하는 것으로서, 당해 법인의 재산·경영에 관하여 중대한 영향을 미치거나 특정증권 등의 공정거래와 투자자 보호를 위하여 필요한 사항으로서 투자자의 투자판단에 영향을 미칠 수 있는 사항을 의미한다"고 판시하고 있다(대판 2009.7.9, 2009도1374).

[88] 자본시장법 제178조 제1항 3호는 현실거래에 의한 시세조종에 관한 자본시장법 제176조 제2항의 규정을 적용하기 어려운 '거짓시세 이용'을 규제하기 위한 규정으로 볼 수 있다.

[89] 법원은 주가하락을 위한 부정거래행위의 관련 사안으로 "외환은행과 그 자회사인 외환카드를 합병함에 있어 외환은행의 대주주인 론스타 펀드가 사실과 달리 외환카드에 대한 감자검토발표를 함으로써 외환카드의 주가가 하락한 결과 외환은행은 외환카드의 합병 반대주주들에 대한 주식매수청구권 가격이 낮아진 만큼 합병비용을 절감하는 재산상 이익을 얻었고, 론스타 펀드는 외환카드의 주가하락으로 외환은행이 보다 유리한 합병비율을 적용받게 되었고 그에 따라 외환카드의 주주들에 대해 상대적으로 더 적은 수의 합병신주를 발행하게 됨으로써 외환은행의 최대주주로서 외환은행에 대한 지분율이 상대적으로 덜 희석되는 재산상 이익을 얻었다"는 취지의 판시를 한 바 있다(대판 2011.3.10, 2008도6335 및 파기환송심 서울고등법원 2011.10.6. 선고 2011노806 판결).

식화하면 [(부정거래 이후 매도단가 - 매수단가) × 매매일치수량]으로 실현이익을, [(부정거래행위 종료일 종가 - 매수단가) × 보유수량]으로 미실현이익을 계산할 수 있다.[90] 다만, 실제로 부정거래행위 종료일의 종가를 정하기 어려운 경우가 발생할 가능성을 배제하기 어려우므로, 그러한 경우에는 '부정거래행위 종료일 종가'를 '최종 처분행위시 주가'로 대체하여 미실현이익을 산정할 필요가 있다.[91] 이때 매수단가는 부정거래로 인해 주가를 견인하고 이익을 취득하기 위한 계획에 의해 부정거래행위에 착수하기 전에 주식을 매집한 경우에는 실제의 취득가격을 기준으로 하고, 부정거래행위와 관계없이 미리 보유하고 있는 주식의 가격 상승을 위한 경우에는 부정거래행위의 착수 전날의 종가를 기준으로 산정하는 것이 가능하다.[92] 판례는 "부정거래행위로 인하여 취득한 이익은 부정거래행위로 인하여 상승한 주식의 평가액을 의미하는 것으로 보아야 한다"[93]고 본다. 이는 부정거래로 인한 이득액은 내부자거래 및 시세조종행위와 마찬가지로 해당 위반행위와 인과관계를 인정할 수 있는 범위 내에서 산정되어야 한다는 점을 보다 명확히 한 취지로 해석된다.

3. 사기적 부정거래의 죄수와 이득액 산정

수 개의 불공정거래행위가 실체적 경합범의 관계에 있는 경우에는 각 행위로 인한 이득액을 합산할 것이 아니라 범행별로 이득액을 따로 산정하여야 하고,[94] 이와 달리 포괄일죄의 관계에 있는 경우 이

90　한국증권법학회, *자본시장법(주석서 I)* (박영사, 2015), 1203쪽.

91　김영기, "자본시장 불공정거래범죄의 부당이득 산정기준", *형사법의 신동향* (제59호, 2018.6), 363쪽.

92　한국증권법학회, *자본시장법(주석서 I)* (박영사, 2015), 1203쪽.

93　서울중앙지방법원 2011.9.22. 선고 2011고합268 판결.

94　동일한 취지의 판례로 대판 1989.9.26, 89도1334.

득액을 모두 합산한 금액이 이득액이 된다.[95] 사기적 부정거래의 경우에는 원칙적으로 관련된 **금융투자상품의 수**를 기준으로 위반행위의 수를 확정하되, 시세조종행위와 같이 범죄의사의 단일한 계속성(시퀀스의사) 여부에 따라 일죄와 수죄를 구분할 필요가 있다. 사기적 부정거래에서 행위자의 단일한 계속성은 부정거래행위의 유형 및 방식, 관여자, 부정거래행위 시기 등을 종합적으로 고려하여 판단한다.

---

95 판례는 "17개월 동안에 17회에 걸쳐 정기적으로 동일한 납품업자로부터 같은 명목으로 계속하여 뇌물을 수수한 행위"는 "단일한 범의 아래 계속하여 일정기간 동종행위를 반복한 것이 분명하므로, 뇌물수수의 포괄일죄로 보아 특정범죄가중처벌등에관한법률에 의율하여야 한다"고 판시함으로써, 포괄일죄에서 가중처벌의 기준은 전체의 액수를 합산한 금액이 된다는 입장이다(대판 1990.9.25, 90도1588).

자본시장형법

제4장
증권범죄의 조사와 수사

증권범죄의 조사와 수사

증권범죄에 대한 형법적 통제는 한국거래소, 금융감독기관, 사법기관에 의해서 이루어진다. 한국거래소는 1차적으로 시장감시업무를 통하여 비정상적인 거래양태 등을 보이는 이상거래 혐의종목을 적출하고 심리를 통하여 불공정거래 혐의가 있는 계좌 등의 정보를 증권선물위원회 및 금융감독원에 통보한다.[1] 다음으로 금융감독원은 자체 인지 정보, 한국거래소의 통보사항 등을 기초로 자료제출 요구 및 출석 요구 등을 통하여 증권범죄 관련 객관적 증거를 확보한 후 증권선물위원회의 의결을 거쳐 검찰고발 등의 조치를 취한다.[2] 그리고 검찰은 증권선물위원회의 고발 또는 통보에 따라 강제수사 등을 통해 국가의 형벌권을 행사한다.[3]

---

1 한국증권법학회, *자본시장법(주석서 II)* (박영사, 2018), 1024쪽.
2 한국형사정책연구원, *자본시장법상 형사제재의 한계와 개선방안에 관한 연구* (2011), 160쪽.
3 증권범죄는 친고죄나 반의사불벌죄가 아니므로 검찰고발 등이 없는 경우에도 수사기관에서 인지하여 수사를 하는 것도 가능하다.

❏ 증권범죄 조사·수사 체계 ─────────────────────────────

Ⅰ. 한국거래소의 심리 및 감리 절차

1. 한국거래소의 자율규제

한국거래소(이하 "거래소")는 1차적으로 시장감시시스템[4]을 이용하여 증권 또는 장내파생상품 거래에 대한 시장감시업무를 수행하고, 이를 바탕으로 혐의종목 및 계좌에 대한 추적조사를 진행한다. 시장감시규정에 의하면, 불공정거래에 대한 판단은 증권 또는 장내파생상품의 종목의 거래양태, 가격변동, 거래량규모, 시세·거래관여도 및 풍문 등의 내용을 고려하여 시장감시위원회가 정하는 기준에 따른다 (시장감시규정 제11조 제2항). 시장감시위원회는 자본시장법에 의한 거래소의 내부기구로 증권·선물시장에 대한 자율규제업무를 수행한다. 이처럼 거래소의 불공정거래 규제는 자율규제라는 점에서 금융위원회(증권선물위원회), 금융감독원 등의 공적 규제기관에 의해 행해지는 공적 규제와 구분되는데,[5] 거래소의 이러한 자율규제 권한은 자본시장법에 다음과 같이 명시되어 있다.

───────────────────────

4 한국거래소 시장감시위원회는 새로운 불공정거래에 적극 대응하고 신속하고 정확한 시장감시를 위해 2018.5.부터 인공지능(AI) 기반 차세대 시장감시시스템(EXIGHT)을 가동하고 있다. 한국거래소 보도자료, "인공지능(AI) 기반 차세대 시장감시시스템 (EXIGHT) 가동", 2018.5.3.

5 한국형사정책연구원, *자본시장법상 형사제재의 한계와 개선방안에 관한 연구* (2011), 160~161쪽.

자본시장법 제402조(시장감시위원회) ① 거래소에 다음 각 호의 업무를 수행하기 위하여 시장감시위원회를 둔다.

1. 시장감시, 이상거래의 심리 및 회원에 대한 감리(지정거래소가 제78조 제3항 및 제4항에 따라 행하는 감시, 이상거래의 심리 또는 거래참가자에 대한 감리를 포함한다)

2. 증권시장과 파생상품시장 사이의 연계감시(지정거래소가 제404조 제2항 및 제3항에 따라 행하는 거래소시장과 다른 거래소시장 사이 및 거래소시장과 다자간매매체결회사 사이의 연계감시를 포함한다)

3. 제1호 및 제2호에 따른 이상거래의 심리, 회원에 대한 감리, 연계감시의 결과에 따른 회원 또는 거래참가자에 대한 징계 또는 관련 임직원에 대한 징계요구의 결정

4. 불공정거래의 예방 등을 위한 활동

5. 제377조 제10호에 따른 분쟁의 자율조정에 관한 업무

6. 제403조에 따른 시장감시규정 및 제405조 제1항에 따른 분쟁조정규정의 제정·변경 및 폐지

7. 그 밖에 제1호부터 제6호까지의 업무에 부수하는 업무

제404조(이상거래의 심리 또는 회원의 감리) ① 거래소는 다음 각 호의 어느 하나에 해당하는 경우에는 금융투자업자(증권 또는 장내파생상품을 대상으로 금융투자업을 영위하는 투자매매업자 또는 투자중개업자에 한한다)에게 그 사유를 밝힌 서면으로 관련 자료의 제출을 요청하거나, 회원에 대하여 그와 관련된 업무·재산상황·장부·서류, 그 밖의 물건을 감리할 수 있다.

1. 거래소시장에서 이상거래의 혐의가 있다고 인정되는 해당 증권의 종목 또는 장내파생상품 매매 품목의 거래상황을 파악하기 위한 경우

2. 회원이 거래소의 업무관련규정을 준수하는지를 확인하기 위한 경우

3. 회원이 제178조의2를 위반하는지를 확인하기 위한 경우

② 거래소는 제1항에 따른 심리 또는 감리를 위하여 필요한 경우에는 회원에 대하여 이상거래 또는 업무관련규정 위반혐의와 관련된 보고,

자료의 제출 또는 관계자의 출석·진술을 요청할 수 있고, 지정거래소
는 다른 거래소 또는 다자간매매체결회사에 대하여 이상거래의 심리
및 감리와 관련한 정보의 제공 또는 교환을 요구할 수 있다.

③ 거래소는 제1항 또는 제2항에 따른 요청 또는 요구를 거부하거나
제1항에 따른 감리에 협조하지 아니하는 경우 시장감시규정이 정하
는 바에 따라 회원의 자격을 정지하거나 증권 및 장내파생상품의 매
매거래를 제한할 수 있고, 지정거래소는 다른 거래소 또는 다자간매
매체결회사에 대하여 회원 또는 거래참가자의 자격을 정지하거나 거
래를 제한할 것을 요구할 수 있다.

2. 시장감시·심리 및 감리

거래소는 불공정거래행위를 예방·규제함으로써 건전한 시장질
서를 유지하기 위해 시장감시, 이상거래의 심리 및 회원에 대한 감리
업무를 수행한다.

(1) **시장감시**   '시장감시'란 시장에서의 증권 또는 장내파생
상품의 매매나 그 주문·호가의 상황 또는 이와 관련된 제보·공시·
풍문·보도 등을 감시 및 분석하는 것을 의미한다(시장감시규정 제2조
제2항). 이를 위해 시장감시위원회는 시장감시규정을 제정하고, 이에
따라 업무를 수행하는데(자본시장법 제403조), 시장감시절차는 〈시장감
시 → 이상거래 적출 → 주시 → 심리 또는 감리 → 통보(회원조치) → 사
후관리〉로 이루어진다.[6]

한편, 시장감시위원회는 시장감시의 과정에서 거래상황의 급변
또는 풍문등과 관련하여 투자자보호를 위하여 필요하다고 인정하는
경우에는 해당 시장에 대하여 ① 거래상황 급변과 관련한 공시사항
의 유무 또는 풍문 등의 사실여부에 대한 조회, ② 증권의 매매거래
정지 또는 장내파생상품의 거래정지, ③ 증권의 매매계약체결방법의

---

6 이상복, *자본시장법상 내부자거래* (박영사, 2010), 93쪽.

변경의 조치를 요구할 수 있다(시장감시규정 제12조).

(2) **이상거래의 심리**　　'이상거래'란 증권시장 또는 파생상품시장에서의 증권의 종목 또는 장내파생상품의 매매품목의 가격이나 거래량에 뚜렷한 변동이 있는 거래 등 자본시장법 시행령 제355조의 이상거래를 의미한다(시장감시규정 제2조 제1항). 즉, 이상거래의 심리는 증권시장이나 파생상품시장에서 내부자거래, 시세조종, 사기적 부정거래 등의 금지규정 등을 위반할 염려가 있는 거래 또는 행위로서 ① 매매품목의 가격이나 거래량에 뚜렷한 변동이 있거나 ② 매매품목의 가격 등에 영향을 미칠 수 있는 공시·풍문 또는 보도 등이 있는 경우 ③ 그 밖에 증권시장 또는 파생상품시장에서의 공정한 거래질서를 해칠 염려가 있는 경우와 관련하여 불공정거래 행위에 해당하는지 여부를 확인하는 것이다(자본시장법 시행령 제355조 및 시장감시규정 제2조 제3항 참조).

이처럼 시장감시를 통하여 이상거래의 혐의가 있다고 인정되는 종목을 적출하고 이를 일정기간 주시한 이후 이상거래의 징후가 포착된 경우에는 이상거래혐의종목의 거래나 그 주문 또는 호가 등이 불공정거래 행위에 해당하는지의 혐의 여부를 확인하게 된다.

(3) **회원의 감리**　　회원의 '감리'를 통해 회원이 거래소의 업무관련규정을 준수하는지 등을 확인할 목적으로 회원의 업무·재산상황·장부·서류, 그 밖의 물건을 조사하기도 한다(시장감시규정 제2조 제3항). 자본시장법에 의하면 거래소는 ① 거래소시장에서 이상거래의 혐의가 있다고 인정되는 해당 증권의 종목 또는 장내파생상품 매매 품목의 거래상황을 파악하기 위한 경우 ② 회원이 거래소의 업무관련규정을 준수하는지를 확인하기 위한 경우 등에 해당한다면 금융투자업자에게 그 사유를 밝힌 서면으로 관련 자료의 제출을 요구하거나, 회원에 대하여 그와 관련된 업무·재산상황·장부·서류, 그 밖

의 물건을 감리할 수 있다(자본시장법 제404조 제1항).

　또한 거래소는 심리 또는 감리를 위하여 필요한 경우에는 회원에 대하여 이상거래 또는 업무관련규정 위반혐의와 관련된 보고, 자료의 제출 또는 관계자의 출석·진술을 요청할 수 있고(자본시장법 제404조 제2항), 만약 그러한 요청 또는 요구를 거부하거나 감리에 협조하지 아니하는 경우 거래소는 시장감시규정이 정하는 바에 따라 회원의 자격을 정지하거나 증권 또는 장내파생상품의 매매거래를 제한할 수 있다(자본시장법 제404조 제3항).

　(4) 심리 및 감리결과의 처리　　거래소는 이상거래의 심리 및 회원에 대한 감리결과 자본시장법 또는 그에 따른 명령이나 처분을 위반한 혐의를 알게 된 경우에는 금융위원회에 통보하여야 한다(자본시장법 제426조 제6항). 거래소의 내부기구인 시장감시위원회는 심리 또는 감리의 결과 회원 또는 그 임직원이 내부자거래, 시세조종, 사기적 부정거래 등 증권범죄의 금지규정을 위반한 경우 등에는 회원에 대한 징계조치를 취할 수 있고(시장감시규정 제21조 및 제22조), 회원을 상대로 그 임직원의 징계를 요구할 수 있다(시장감시규정 제23조).

II. 금융감독원·금융위원회의 조사 절차

1. 불공정거래 조사 개요

　불공정거래 조사란 자본시장법 또는 동법에 따른 명령이나 처분을 위반한 사항이 있거나 투자자 보호 또는 건전한 거래질서를 위하여 필요하다고 인정되는 경우에 위반행위의 혐의가 있는 자, 그 밖의 관계자에게 참고가 될 보고 또는 자료의 제출을 명하는 등 관련 사항을 수집·확인하고 필요한 조치를 취하는 등의 조사과정을 의미한다(자본시장법 제426조 제1항).

(1) **불공정거래 조사의 권한**　　증권 불공정거래 범죄에 대하여 이러한 일련의 조사행위를 할 수 있는 권한을 불공정거래의 조사권이라고 할 수 있는데, 자본시장법상 불공정거래의 조사 권한은 증권선물위원회에 있다(자본시장법 제426조). 자본시장법이 열거하고 있는 증권선물위원회의 조사 권한은 내부자거래행위금지(제174조), 시세조종행위 등의 금지(제176조), 사기적 부정거래행위 등의 금지(제178조) 등이 있다. 그런데 증권선물위원회의 권한 중 이러한 불공정거래의 조사업무는 금융감독원장에게 위탁되어 있다(자본시장법 제438조 제4항, 동법 시행령 제387조 제3항).

(2) **불공정거래 조사의 법적 근거**　　자본시장법 제426조는 증권 불공정거래 범죄 등에 대한 임의조사에 관해 정하고 있고, 동법 제427조는 불공정거래 조사를 위한 압수·수색 등의 강제조사에 관한 내용을 규정하고 있다.[7] 이처럼 불공정거래 조사는 원칙적으로 당사자의 동의와 협조를 전제로 한 임의조사의 성격을 지니고 있으나, 증권 불공정거래 범죄를 조사함에 있어서는 압수·수색 등의 강제조사를 할 수 있다는 점에서 특수한 행정권이라고 말할 수 있다.[8] 다만, 원칙적인 임의조사의 경우에도 조사에 불응하는 경우 처벌의 대상이 되므로 간접적으로는 강제조사의 성격을 지니고 있다.[9]

2. 조사의 단서 및 사건의 분류

불공정거래 조사는 일반적으로 금융감독원의 자체인지와 거래소의 통보, 검찰·금융정보분석원의 의뢰로 시작된다.

7　조사업무의 구체적인 처리방법 및 절차 등에 대해서는 임의조사의 경우 「자본시장 조사업무 규정」과 강제조사의 경우 「단기매매차익 반환 및 불공정거래 조사·신고 등에 관한 규정」에서 정하고 있다.

8　금융감독원, *금융감독개론* (2020), 617쪽.

9　한국증권법학회, *자본시장법(주석서 II)* (박영사, 2018), 1024쪽.

(1) **조사의 단서**   금융감독원은 내부 공시·민원인 제보, 검찰 등 행정기관으로부터의 통보, 풍문 등을 통해 불공정거래 사건을 자체인지한다. 한편, 거래소의 시장감시위원회는 이상거래의 심리 또는 회원에 대한 감리 결과 불공정거래 혐의를 포착하면 이를 금융당국에 통보하고 있는데(시장감시규정 제20조 제2항), 이러한 거래소의 혐의 사건 통보는 불공정거래 조사의 중요한 단서가 된다.

❒ 거래소의 유형별 혐의통보 실적[10]

혐의유형	2017년	2018년	2019년
내부자거래 (제174조)	61건	67건	57건
시세조종 (제176조)	30건	22건	20건
사기적 부정거래 (제178조)	16건	19건	28건

(2) **사건의 분류 및 담당**   금융위원회, 법무부, 국세청, 금융감독원, 거래소 등의 불공정거래 관련 전 기관은 2013.4.18. '주가조작 등 불공정거래 근절 종합대책'(이하 "종합대책")을 발표하였다. 이에 따라, 2013년 9월 금융위원회 내에 강제조사를 전담하는 조직인 자본시장조사단(이하 "자조단")을 신설하였는데, 이로 인해 자본시장 조사 업무를 전담하고 있던 금융감독원과의 업무중복 논란이 발생하였다.[11]

---

10 한국거래소 보도자료, "최근 불공정거래 주요 특징 분석", 2020.5.15. 2019년도의 불공정거래 혐의사건은 유형별로 내부자거래 57건(47.5%), 사기적 부정거래 28건 (23.3%), 시세조종 20건(16.7%)의 통보가 이루어졌다.

11 이 점에 관해 "불공정거래조사는 시장에 대한 감독, 감시의 일환으로 이루어지는 기능이므로 금융정책기구인 금융위 자조단을 두는 것은 법리적으로나 이론적으로 적절하지는 않아 보인다"고 지적하는 조두영, *증권범죄의 이론과 실무* (박영사, 2018), 20쪽.

그리하여 기존의 불공정거래 조사·심리기관 협의회(이하 "조심협")를 상설화하여 사건을 일반사건, 중요사건, 긴급·중대사건으로 분류하여 ① 일반사건은 금융감독원이 임의조사를 수행하고, ② 중요사건은 금융위원회 자조단이 담당하며, ③ 중대사건은 패스트트랙(Fast Track)[12] 제도를 이용하여 금융감독원 또는 금융위원회의 사건 조사 없이 증권선물위원회가 바로 검찰에 통보하는 것으로 구분하였다.[13] 따라서 증권 불공정거래 범죄의 조사는 금융감독원이 일반사건을, 금융위원회 자조단이 중요사건을, 검찰이 긴급·중대사건을 담당하는 체계로 이루어져 있다.

(3) **조사업무 관련 부서**   2013년 4월 발표된 종합대책에 따라 같은 해 8월 특별조사국이 신설됨에 따라 조사업무 관련 부서는 자본시장조사1국, 자본시장조사2국 및 특별조사국의 3국 체제가 되었다.[14] 하지만 조사 3개 부서의 업무 중복, 거래소 통보사건 처리 지연 등의 문제점을 개선하기 위하여 2018년 금융감독원의 조직개편을 통해 조사부서간 업무분장을 조정하였다.[15] 먼저 자본시장조사1·2국 및 특별조사국의 부서 명칭을 각각 조사기획국, 자본시장조사국 및 특별조사국으로 변경하였다. 자본시장조사국은 거래소 통보사건을 전담 처리함으로써 조사기획국이 제도 개선과 사건분석, 시장감시 및 기획조사 발굴에 전념토록 하였고, 특별조사국은 테마주 및 복합사건과 외국인이 연루된 사건 등에 대한 조사를 전담하도록 하였다.[16]

---

12 신속한 강제수사가 필요하거나 사회적 파장의 야기로 신속한 처벌이 필요한 긴급·중대사건의 경우 금융감독원, 금융위원회의 사건 조사 없이 증권선물위원회가 바로 검찰에 통보하는 신속처리절차(Fast Track)이다.

13 금융감독원, *자본시장 불공정거래 조사 30년사* (2018), 81~82쪽.

14 금융감독원, "불공정거래 조사업무 처리절차", 2014.6.9.

15 금융감독원 보도자료, "불공정거래 조사업무 혁신방안", 2018.5.10.

16 금융감독원, *자본시장 불공정거래 조사 30년사* (2018), 87쪽.

3. 조사의 행사방식

불공정거래 조사의 행사방식은 임의조사권의 행사와 강제조사권의 행사로 구분하여 살펴볼 수 있다.

(1) 임의조사권의 행사   금융감독원장은 임의조사에 관한 자본시장법 제426조에 의해 포괄적인 조사권을 가지는 금융위원회와 증권 불공정거래 범죄에 대한 한정적인 조사권을 가지는 증권선물위원회로부터 조사업무의 집행 권한을 위탁받아 행사하고 있다(자본시장법 제438조 제4항, 동법 시행령 제387조 제3항 및 별표20 제103호).[17]

(2) 강제조사권의 행사   증권선물위원회는 내부자거래(제174조), 시세조종(제176조) 및 사기적 부정거래(제178조) 등의 금지규정 등을 위반한 행위를 조사하기 위하여 필요하다고 인정되는 경우에는 금융위원회 소속 공무원(조사공무원)에게 위반행위의 혐의가 있는 자를 심문하거나 물건을 압수 또는 사업장 등을 수색하게 할 수 있다(제427조 제1항). 조사공무원이 이러한 위반행위를 조사하기 위하여 압수 또는 수색을 하는 경우에는 검사의 청구에 의하여 법관이 발부한 압수·수색영장이 있어야 하고(제427조 제2항), 조사공무원이 심문·압수·수색을 하는 경우에는 그 권한을 표시하는 증표를 지니고 이를 관계자에게 내보여야 한다(제427조 제3항).

(3) 조사의 방법 및 절차   「자본시장조사 업무규정」(이하 "조사업무규정"이라고도 함)에 따른 조사의 방법과 그 구체적 절차는 다음과 같으며, 이러한 조사에 불응하는 경우에는 3년 이하의 징역 또는 1억원 이하의 벌금에 처한다(자본시장법 제445조 48호).

1) 출석요구, 진술서 및 장부 등의 제출요구   조사원이 불공정

거래 위반행위의 혐의가 있는 자, 그 밖의 관계자에 대하여 진술을
위한 출석을 요구할 때에는 금융위원회가 발부한 출석요구서에 의하
여야 하고, 출석요구서에는 출석요구의 취지를 명백히 기재하여야 한
다(조사업무규정 제9조). 그리고 조사사항에 관한 사실과 상황에 대한
진술서의 제출을 요구할 때에는 금융위원회가 발부한 진술서제출요
구서에 의하여야 할 것이나, 당해 관계자가 출석진술하거나 조사원이
진술을 직접 청취하여 진술서등 조사서류를 작성하는 경우에는 그러
하지 아니하다(조사업무규정 제10조). 또한 관계자에 대하여 장부, 서류
기타 물건의 제출을 요구할 때에는 금융위원회가 발부한 자료제출요
구서에 의하여야 한다(조사업무규정 제11조).

한편, 국경을 초월한 자본의 이전이 증가하고 증권거래가 국제화
되는 경향에 따라 외국인의 증권범죄가 증가하고 있는데, 외국인을
조사함에 있어서는 국제법과 국제조약에 위배되는 일이 없도록 하여
야 한다(조사업무규정 제9조 제3항). 이에 금융감독원과 금융위원회는
증권시장 불공정거래 조사 등에 대한 국제 공조를 위하여 2010년 6월
국제증권감독기구(International Organization of Securities Commissions:
IOSCO)의 다자간 양해각서(MMOU)에 정회원으로 가입하였고, 2018년
12월 기존 MMOU보다 강화된 내용의 EMMOU(Enhanced MMOU) 회원
국으로 가입하였다.[18]

2) 물건 등의 영치   장부·서류·물건을 영치할 때에는 대상
자의 의사를 존중하고 절차의 공정성을 확보하기 위하여 압수·수색
영장이 있는 경우에는 이를 제시하고 증권범죄조사의 집행이라는 뜻
을 알려주고 영치하는 한편, 영장 없이 영치하는 경우에는 증빙물건
의 임의제출에 대한 승낙을 얻어야 한다.[19] 이처럼 조사원이 물건 등

18 금융감독원, *자본시장 불공정거래 조사 30년사* (2018), 79~80쪽.
19 한국증권법학회, *자본시장법(주석서 II)* (박영사, 2018), 1027쪽.

을 영치할 때에는 관계자나 물건 등의 소유자·소지자, 보관자 또는
제출인을 입회인으로 참여시켜야 한다. 조사원이 영치를 완료한 때
에는 영치조서 및 영치목록 2통을 작성하여 입회인과 함께 서명날인
하고 1통은 소유자·소지자 또는 보관자에게 교부하여야 한다. 다만,
입회인 등이 서명날인을 하지 않거나 할 수 없는 때에는 그 뜻을 영
치조서의 하단 "경위"란에 부기하여야 한다. 영치한 물건 등은 즉시
검토하여 조사에 관련이 없고, 후일에 필요할 것으로 예상되지 않는
물건 등은 보관증을 받고 환부하되 필요한 때에는 언제든지 제출할
수 있도록 조치하여야 한다. 영치한 물건 등 중 소유자·소지자·보
관자 또는 제출인의 가환부청구가 있는 때에는 사진촬영 기타 원형
보존의 조치를 취하거나 사본에 "원본대조필"의 확인을 받아 당해
사본을 보관하고 원본은 보관증을 받고 가환부하여야 한다(조사업무
규정 제12조).

3) 현장조사   조사원이 현장조사를 실시하는 때에는 조사명
령서와 증표를 휴대하여 관계자에게 제시하여야 하며 현장조사서를
작성하여야 한다(조사업무규정 제13조). 한편, 강제조사를 하는 경우에
는 증빙물건의 은닉장소 등 구체적인 압수·수색 또는 영치할 장소를
선정하여 현장을 확인하는 내사를 할 수 있다(단기매매차익 반환 및 불
공정거래 조사·신고 등에 관한 규정 제12조 제1항).

4) 금융투자업자 등에 대한 자료제출 요구 및 금융기관에 대한 정보
요구   조사원이 금융투자업자, 금융투자업관계기관 또는 거래소
에 대하여 조사에 필요한 자료를 요구하는 때에는 금융위원회가 발
부한 자료제출요구서에 의하여야 하고, 이러한 자료제출요구서에는
사용목적, 금융투자상품의 종류·종목·거래기간 등을 기재하여야 한
다(조사업무규정 제14조). 그리고 조사원이 「금융실명거래 및 비밀보장
에 관한 법률」 제4조 제1항의 규정에 따라 금융기관에 대한 거래정보

등의 제공을 요구하는 경우에는 금융거래자의 인적사항, 사용목적 및
요구하는 거래정보 등의 내용 등을 기재한 금융거래정보요구서에 의
하여야 한다(조사업무규정 제15조).

4. 조사결과의 처리

조사결과 금융위원회의 처분 사유(자본시장법 별표 15), 즉 자본시
장법 또는 동법에 따른 명령이나 처분을 위반한 사항이 있거나 투자
자 보호 또는 건전한 거래질서를 해할 우려가 있는 경우에는 금융위
원회(증권선물위원회)는 시정명령 기타 시행령으로 정하는 조치를 할
수 있고(자본시장법 제426조 제5항), 시행령에서는 금융투자업자, 거래
소, 금융투자협회 등 금융투자업관계기관, 금융투자관계단체 등 피조
치 대상자별로 관련조항에 따른 조치를 취할 수 있는 것으로 규정하
고 있다(자본시장법 시행령 제376조 제1항).[20]

(1) **조치유형**   이상의 불공정거래 조사결과를 토대로 조사담
당자는 조사착수, 조사의 범위, 조사의 전말, 위법사실 및 처리의견 등
을 기재한 조사결과 보고 및 처리안을 작성한다. 불공정거래 사건에
대한 조치유형에는 검찰 고발 또는 수사기관 통보, 과징금 내지 과태
료의 부과, 시정명령, 단기매매차익 발생사실의 통보, 금융투자업자
등 또는 그 임직원에 대한 조치, 경고·주의, 증권의 발행제한 등이 있
다. 이와 관련하여, 조사결과 불공정거래 등 위법행위로서 형사벌칙의
대상이 되는 행위가 발견된 경우에는 조사업무규정 제34조의 조치기
준에 따라 관계자를 고발 또는 수사기관에 통보하여야 한다(조사업무
규정 제24조). 검찰고발과 수사기관 통보의 효과를 구체적으로 비교하
면, 검찰고발의 경우 검찰은 3개월 내의 신속수사의무를 부담하고 수
사종결처분시 고발인인 증권선물위원회에 대한 통지의무를 부담하며,

---

20 한국증권법학회, *자본시장법(주석서 II)* (박영사, 2018), 1028~1029쪽.

무혐의처분이 내려지는 경우 고발자는 항소 등의 불복이 가능한 반면, 수사기관통보의 경우 수사기관의 자율적 판단에 의하여 수사여부를 결정하고, 증권선물위원회에 대한 통지의무도 없다.[21]

(2) **긴급조치**   한편, 증권선물위원회 위원장은 ① 천재·지변·전시·사변·경제사정의 급격한 변동 그 밖의 이에 준하는 사태로 인하여 상당한 기간 증권선물위원회의 개최가 곤란한 경우 그 처리에 긴급을 요하는 사항, ② 수사당국이 수사중인 사건으로서 즉시 통보가 필요한 사항, ③ 위법행위가 계속되거나 반복되어 투자자보호와 공정거래질서 유지를 위하여 즉시 조치가 필요한 사항, ④ 위법행위 혐의자의 도주·증거 인멸 등이 예상되는 사항, ⑤ 위의 ②부터 ④에 준하는 경우로서 투자자보호와 공정거래질서 유지를 위하여 신속한 조치가 필요하고 증권선물위원회를 개최하여 처리할 경우 그 실효성이 떨어질 것이 명백한 사항에 대하여 신속처리절차(Fast Track)에 의해 자문기구인 자본시장조사심의위원회의 심의절차를 생략하고 검찰에 통보할 수 있다(조사업무규정 제19조 제2항).

(3) **조치예정 사전통지**   금융위원회는 불공정거래 조사 결과 조사업무규정에 따라 조치를 할 경우에는 조치예정일 10일전까지 당사자등에게 조치의 제목, 조치 원인사실과 조치내용 및 법적근거, 의견 제출에 관한 사항 등을 통지한다. 다만, 조사한 사항을 고발 또는 수사기관에 통보하거나 공공의 안전 또는 복리를 위하여 긴급히 조치할 필요가 있는 경우, 해당 조치의 성질상 의견청취가 곤란하거나 불필요하다고 인정될 만한 상당한 이유가 있는 경우에는 사전통지를 아니할 수 있다(조사업무규정 제36조).

---

21 한국형사정책연구원, *자본시장법상 형사제재의 한계와 개선방안에 관한 연구* (2011), 172쪽.

5. 자본시장조사심의위원회 및 증권선물위원회 절차

이상의 불공정거래 조사 절차에 따라 작성된 조사결과 보고 및 처리안은 증권선물위원회의 자문기구인 자본시장조사심의위원회의 심의를 거쳐 증권선물위원회에 부의하여 그 의결을 통해 확정된다.

(1) **자본시장조사심의위원회 심의**　　　　자본시장조사심의위원회 (이하 "자조심")[22]는 증권선물위원회의 자문기구로서 조사업무규정에 따라 작성된 조사결과 보고 및 처리안을 심의한다. 자조심은 조사업무규정에 의하여 조사한 결과에 대한 처리사항과 이의신청사항 및 직권재심사항을 심의한다(조사업무규정 제21조 제2항). 자조심 위원은 ① 증권선물위원회 상임위원, ② 금융위원회 자본시장국장 또는 금융위원회 3급이상 공무원 중에서 금융위원회 위원장이 지명하는 1명, ③ 금융위원회 법률자문관, ④ 금융감독원 공시·조사 담당 부원장보, ⑤ 금융관련법령에 전문지식이 있거나 증권·선물에 관한 학식과 경험이 있는 변호사, 교수 등 전문가 중에서 증권선물위원회 위원장이 위촉하는 6인, ⑥ 금융위원회 자본시장조사단 조사담당관으로 구성한다(조사업무규정 제22조).

자조심은 의장이 필요하다고 인정하는 때에 회일을 정하여 그 2일전까지 회의의 일시·장소 및 부의사항을 각 위원에게 서면으로 통지하여 소집한다. 자조심 회의는 재적위원 3분의 2이상의 출석으로 성립하고 출석위원 과반수 이상의 찬성으로 의결한다. 다만, 가부동수인 경우에는 의장이 이를 결정하며, 필요시 서면에 의하여 동일한 기준에 따라 의결할 수 있다. 금융위원회 담당 책임자 또는 금융감독

22　자본시장조사심의위원회와 비교되는 기구로는 금융감독원 제재심의위원회가 있는데 이는 제재 관련 금감원장 자문기구로서 금융회사 검사결과 제재를 심의·자문하는 기능을 한다. 금융감독원 제재심의위원회의 운영 내용에 대하여 자세히는 금융감독원 보도자료, "금융감독원 제재심의위원회 운영 내용 및 해외사례", 2020.3.27. 참조.

원 사건담당부서 책임자는 자조심에 출석하여 위원의 질문에 답변할 수 있으며, 자조심이 필요하다고 인정하는 때에는 조사담당자 기타 참고인을 출석시켜 의견을 진술하게 할 수 있다(조사업무규정 제23조).

(2) 증권선물위원회 의결   자조심 심의 후에 증권선물위원회에 안건을 송부하고, 증권선물위원회는 이를 의결하여 처리안을 확정한다. 증권선물위원회는 위원장 1명을 포함한 5명의 위원으로 구성하며, 회의는 위원 3명 이상의 찬성으로 의결한다(증권선물위원회 운영규칙 제2조 및 제5조). 이러한 자조심, 증권선물위원회의 논의과정에서 당사자 등의 이해관계자는 서면·구술 또는 정보통신망을 이용하여 의견을 제출할 수 있다(조사업무규정 제37조).

6. 의결내용 및 불복절차

의결의 내용으로는 검찰고발 또는 수사기관 통보 등의 형사조치와 과징금·과태료의 부과, 시정명령, 단기매매차익통보, 경고·주의, 증권발행제한 등의 행정조치가 있다(자본시장법 제426조 및 동법 시행령 제376조). 이러한 조치에 대해 이의가 있는 피조치자는 그 조치를 고지 받은 날로부터 30일 이내에 금융위원회에 이의신청을 할 수 있고,[23] 금융위원회는 이의신청에 대하여 접수한 날부터 60일 이내에 결정하여야 하되 부득이한 사정으로 그 기간내에 결정할 수 없을 경우에는 30일의 범위 안에서 기간을 연장할 수 있다(조사업무규정 제39조).

---

23 처분성 조치에 대하여는 조치있음을 안 날로부터 90일 이내에 행정소송이 가능하다.

◻ 조치유형별 처리현황[24]

구분	2014년	2015년	2016년	2017년	2018년
검찰고발	51	24	58	35	38
수사기관통보	84	65	46	42	51
과징금	4	–	2	5	–
단기매매차익통보	8	10	8	7	5
경고 등	48	73	58	50	57
합계	195	172	172	139	151

Ⅲ. 자본시장 불공정거래 특별사법경찰

특별사법경찰(이하 "특사경")이란 일반사법경찰의 권한이 미치기 곤란한 특정 지역이나 고도로 전문화된 특수업무에 한하여 전문성을 갖춘 행정공무원 등에게 사법경찰권을 부여함으로써 수사활동을 수행할 수 있도록 하는 제도이다.[25]

1. 금융감독원 직원 등의 특별사법경찰관리 지명근거

2015.8.11. 「사법경찰관리의 직무를 수행할 자와 그 직무범위에 관한 법률」(이하 "사법경찰직무법")이 일부 개정되어 금융위원회 공무원과 금융감독원 직원이 자본시장법에 규정된 범죄에 관하여 사법경찰관의 직무를 수행할 수 있는 특사경에 지명될 수 있는 근거가 마련되었다. 금융감독원 직원이 특사경으로 지명되더라도 공무원 신분으로 전환되는 것은 아니지만, 불공정거래 등 자본시장법상 규정된 범죄를 수사하는 경우에는 압수·수색, 체포·구속 등 일반사법경찰과

24　금융감독원, *자본시장 불공정거래 조사 30년사* (2018), 340쪽.
25　신현기, "금융감독원 특별사법경찰제도 운용 방안", *금융감독연구* (제6권 제1호, 2019.4), 102~103쪽.

동일한 수준의 수사권한을 행사할 수 있다.[26]

> 사법경찰직무법 제5조(검사장의 지명에 의한 사법경찰관리) 다음 각 호
> 에 규정된 자로서 그 소속 관서의 장의 제청에 의하여 그 근무지를
> 관할하는 지방검찰청검사장이 지명한 자 중 7급 이상의 국가공무원
> 또는 지방공무원 및 소방위 이상의 소방공무원은 사법경찰관의 직무
> 를, 8급·9급의 국가공무원 또는 지방공무원 및 소방장 이하의 소방공
> 무원은 사법경찰리의 직무를 수행한다.
>   49. 금융위원회에 근무하며 자본시장 불공정거래 조사·단속 등에
>   관한 사무에 종사하는 4급부터 9급까지의 국가공무원
> 제7조의3(금융감독원 직원) ① 금융감독원 또는 그 지원이나 출장소에
> 근무하는 직원으로서 금융위원회 위원장의 추천에 의하여 그 근무지
> 를 관할하는 지방검찰청 검사장이 지명한 사람 중 다음 각 호의 직원
> 은 관할 구역에서 발생하는「자본시장과 금융투자업에 관한 법률」에
> 규정된 범죄에 관하여 사법경찰관의 직무를 수행하고, 그 밖의 직원
> 은 그 범죄에 관하여 사법경찰리의 직무를 수행한다.
>   1. 4급 이상의 직원
>   2. 금융위원회 위원장이 사법경찰관의 직무를 수행하는 것이 적절
>   하다고 인정하여 사법경찰관으로 추천한 5급 직원
> ② 금융위원회 위원장은 제1항에 따른 추천을 할 때에는 금융감독원
> 원장의 의견을 들어야 한다.

2. 자본시장 특별사법경찰의 운영

사법경찰직무법에 의하면, 금융위원회 위원장이 금융감독원 원
장의 의견을 들어 금융감독원 직원을 특사경으로 추천하면 관할 지
방검찰청 검사장이 특사경을 지명하게 된다(사법경찰직무법 제7조의3).

(1) 특사경 지명　　　이에 의거하여 2019.7.17. 서울남부지방검찰
청 검사장이 금융위원회 공무원 1명과 금융감독원 직원 15명을 자본

시장 증권범죄의 수사를 위한 특사경에 지명함에 따라,[27] 2019.7.18. '자본시장특별사법경찰'이 공식 출범하였다.

　(2) 조직 및 담당업무　　금융감독원 본원에 설치하는 특사경은 금융감독원 소속 직원 10명으로 구성되고,[28] 자본시장담당 부원장 직속으로 자본시장특별사법경찰 전담부서를 설치·운영한다. 자본시장특별사법경찰은 "증권선물위원회 위원장이 패스트 트랙(Fast Track) 사건으로 선정하여 검찰청에 이첩한 자본시장 불공정거래 사건 중 서울남부지검이 지휘한 사건"[29]을 처리한다.

　(3) 강제수사　　금융감독원장은 2019.6.26. 금융감독원 특사경의 업무수행 절차를 규정한 「금융감독원 특별사법경찰관리 집무규칙」(이하 "집무규칙")을 제정하였는데, 이에 따르면 자본시장특별사법경찰은 수사와 관련하여 검사의 수사지휘를 받아 자본시장법에 규정된 범죄에 관하여 수사를 개시·진행하여야 한다(집무규칙 제9조 및 제22조). 앞서 살핀 바와 같이 금융감독원은 자본시장법상 임의조사권을 위탁받아 임의조사만이 가능하였으나, 특사경의 출범으로 강제수사가 가능하게 되었다. 즉, 자본시장특별사법경찰은 자본시장 불공정거래 사건에 대하여 체포·구속, 압수·수색, 통신조회 등의 강제수단을 활용하여 수사하고 그에 따른 결과를 검찰에 송치한다.[30]

27　금융감독원 보도자료, "자본시장 불공정거래 특별사법경찰 출범", 2019.7.18.
28　금융감독원 본원 소속은 금융감독원 직원 10명이고, 그 외 금융위원회 공무원 1명과 금융감독원 직원 5명은 서울남부지방검찰청에서 파견 근무한다. 서울남부지방검찰청에서 파견 근무하는 6명의 특별사법경찰은 남부지검 관할 자본시장법 위반 사건을 처리한다.
29　금융감독원 보도자료, "자본시장 불공정거래 특별사법경찰 운영방안 주요내용", 2019.7.18.
30　금융감독원, *금융감독개론* (2020), 620쪽.

Ⅳ. 검찰 수사 등

불공정거래 조사를 마친 혐의사건은 증권선물위원회 등 일정한
절차에 따라 수사기관에 고발 또는 통보 조치되는데,[31] 수사 및 재판
절차는 일반 형사사건과 동일하다. 검찰은 증권선물위원회의 고발 또
는 통보에 따라 강제수사권의 행사를 통해 국가형벌권을 집행하기도
하지만, 수사과정에서 증권 불공정거래 범죄혐의가 포착되는 경우 금
융감독원에 조사를 요청하기도 한다.[32]

검찰 등 수사기관에 고발되거나 수사참고사항, 수사기관 정보사
항 등이 이첩되면, 피고발자는 형사소송법상 피의자의 지위에서 조사
를 받으나 수사참고사항 등의 대상자의 경우 피내자사의 지위에서
조사를 받는다.[33] 이 경우 참고사항이더라도 범죄혐의가 인정되어 입
건되는 경우에는 일반적인 형사사건의 처리절차와 동일하다.[34]

Ⅴ. 금융감독원 직원의 특별사법경찰관리 권한제한 고시의 문제

1. 문제상황

2019.5.3. 금융위원회는 고시인 자본시장조사 업무규정을 개정하여
자본시장 불공정거래 조사업무와 수사업무를 구분하는 전제(제2조의2)
하에 제45조에서 증권선물위원회 위원장(「금융위원회의 설치 등에 관한
법률」(이하 "금융위원회법") 제20조 제2항에 의하여 금융위 부위원장이 겸임)

---

31 한국형사정책연구원, *자본시장법상 형사제재의 한계와 개선방안에 관한 연구* (2011),
    176쪽.
32 금융감독원, *금융감독개론* (2020), 620쪽.
33 조두영, *증권범죄의 이론과 실무* (박영사, 2018), 30쪽.
34 이 점에서 수사기관의 입장에서는 "고발사건에 비해 이첩된 수사참고사항이 혐의가
    경미하거나 가볍게 처벌한다는 것을 의미하지는 않는다"고 말하는 조두영, *증권
    범죄의 이론과 실무* (박영사, 2018), 30~31쪽.

이 공동조사 및 기관간 사건 이첩 대상을 선정하도록 하는 등 사실상 금융감독원 직원의 특사경 직무권한을 금융위원회의 영향으로 제한하도록 하였는바, 이 고시 개정의 타당성에 대해 의문이 제기될 수 있다.

(1) 관련법령   이 문제와 관련한 법령은 다음과 같다.

조사업무규정 제45조(조사·심리기관간 역할분담) ① 심리기관의 심리중 또는 심리결과, 조사기관의 조사 중에 다음 각 호의 어느 하나에 해당하는 사건이 있을 경우 협의회의 협의를 거쳐 증선위원장이 「단기매매차익 반환 및 불공정거래 조사·신고 등에 관한 규정」에 따른 조사 대상 또는 공동조사 대상으로 선정할 수 있다. 〈개정 2015.7.14.〉

1. 다수의 자가 조직적으로 다수종목의 시세를 변동시켜 증권·파생상품시장의 질서를 현저히 교란하는 경우
2. 혐의자 다수가 불공정거래 전력자인 경우
3. 불공정거래가 파생상품시장과 그 기초자산시장간, 국내시장과 국외시장간 기타 복수의 시장사이에 연계되어 있는 경우
4. 불공정거래가 사회적 물의를 야기하거나 금융투자업계의 공신력을 현저하게 저해한다고 인정되는 경우

형사소송법 제245조의10(특별사법경찰관리) ③ 특별사법경찰관은 범죄의 혐의가 있다고 인식하는 때에는 범인, 범죄사실과 증거에 관하여 수사를 개시·진행하여야 한다. 〈본조신설 2020.2.4.〉[35]

사법경찰직무법 제6조(직무범위와 수사 관할) 제4조와 제5조에 따라 사법경찰관리의 직무를 수행할 자의 직무범위와 수사 관할은 다음 각 호에 규정된 범죄로 한정한다.

46. 제5조 제49호에 규정된 사람의 경우에는 「자본시장과 금융투자업에 관한 법률」에 규정된 범죄

---

35 개정 형사소송법(2020.2.4. 일부개정 법률 제16924호(2021.1.1. 시행))은 검사의 경찰에 대한 수사지휘를 폐지하였으나, 제245조의10을 신설하여 특별사법경찰에 대한 검사의 수사지휘는 유지하였으므로 특별사법경찰이 수사하는 사건은 종전과 동일한 절차에 의해 진행된다.

(2) **전제사항**   이 문제는 앞서 살핀 바와 같이 실제로는 자본
시장특별사법경찰관리의 수사를 금융위원회 증선위원장이 선정한 사
건에 국한하는 실무의 위법논란에 대한 것이다. 그러나 현재 증선위
원장이 자본시장특별사법경찰관리의 '수사'를 제한하는 명문규정은
없고, 확장해석을 통해 그런 실무의 근거조항이 될 수 있는 규정은
바로 금융위원회의 자본시장조사 업무규정 제45조이다.

          법률해석방법으로서도 이 제45조의 개념인 "조사"가 "수사"를 포
함하고 있는 것으로 해석할 수 있다. 그런 확장해석의 근거로는 ①
자본시장법 제427조가 '조사'공무원의 압수·수색이라는 강제수사를
인정하고 있는 점, ② 조사업무규정 제45조의 개정이 자본시장특별사
법경찰제도의 도입과정에서 이루어졌다는 점, 그리고 ③ 조사업무규
정 제2조의2도 수사에 대해서도 (비록 자본시장특별사법경찰관리의 조
직, 사무공간, 전산설비를 조사의 그것들과 분리하여야 한다는 소극적인 내
용에 한정된 것이긴 하지만) 규정하고 있다는 점 등을 들 수 있다.

          다만 이런 확장해석을 법해석의 한계를 넘어선 것으로 본다면,
이 글에서 논의하는 조사업무규정 제45조를 '금융위원회와 금융감독
원, 법무부 등 관계부처 간의 협의를 통해, 그리고 금융위원회의 금
감원 지도·감독권을 근거로 증선위원장이 선정한 사건들에 대해서만
자본시장특별경찰관리가 수사를 하도록 하는 실무'로 대체하여 이 글
을 이해할 수 있다.

2. 조사업무규정 제45조의 법규성

          조사업무규정이 위임입법 및 법규인지 여부는 이 조사업무규정
의 위법 여부(아래 3.)와 타당성 여부(아래 4.), 다른 법령과의 충돌문
제(아래 5.)를 검토하는데 선결되어야 할 문제이다. 이 조사업무규정
이 (행정)법규가 되기 위해서는 주체, 내용, 형식과 절차 등에서 법규
의 성격을 갖고 있어야 한다.

(1) **중앙행정기관성**　　　먼저 조사업무규정이 법규가 되기 위해서는 이 규정을 제정한 금융위원회가 행정기관이어야 한다. 금융위원회는 "국무총리 소속"(금융위원회법 제3조 제1항)이며, "「정부조직법」제2조(중앙행정기관의 설치와 조직 등)에 따라 설치된 중앙행정기관으로서 그 권한에 속하는 사무를 독립적으로 수행"(제3조 제2항)한다. 「정부조직법」[36] 제2조 제2항에 의하면, 중앙행정기관은 "이 법에 따라 설립된 부·처·청"과 "「금융위원회 설치 등에 관한 법률」제3조에 따른 금융위원회"(4호)를 포함한 각 호의 행정기관으로 한다는 점에서, 금융위원회는 자본시장조사에 관련해서 법무부와 동등한 위치의 중앙행정기관이라고 할 수 있다.

　　이 금융위원회는 자본시장의 관리·감독 및 감시 등에 관한 사항도 소관 사무로 삼고 있다(금융위원회법 제17조 4호). 금융위원회에 설치된 증권선물위원회는 "자본시장의 불공정거래 조사"(제19조 1호), 자본시장의 관리·감독 및 감시 등 주요사항의 사전심의(제19조 3호)와 자본시장의 관리·감독 및 감시 등을 위하여 금융위원회로부터 위임받은 업무(제19조 4호)를 수행한다.

(2) **위임입법 여부**　　　그런데 자본시장조사 업무규정은 자본시장특별사법경찰이 출범하기 이전부터 법률의 수권에 의해 제정된 것이다. 자본시장법 제426조 제5항 및 제427조의2 제2항은 불공정거래에 대한 조사와 그 절차, 조치기준 및 조사권남용방지와 조사절차의 적법성 보장을 위한 구체적 기준을 고시로 정하게 하고 있다. 고시라는 발령형식의 문제는 별론으로 하고, 자본시장법은 자본시장조사 업무규정과 같은 위임입법의 수권규정을 두고 있는 셈이다.

　　다만 조사업무규정 제45조가 자본시장특별사법경찰의 직무활동을 실질적으로 제한하는 기능을 한다고 해석하는 한, 그 규정은 행정

36　2020.6.9. 일부개정 법률 제17384호(2020.12.10. 시행).

제재를 위한 조사에 관한 위임입법의 성격을 넘어서 형사소송법규범의 성격을 띠게 된다. 물론 자본시장법에 규정된 "불공정거래 조사"와 관련한 고시제정권만으로는 자본시장특별사법경찰의 직무를 제한하는 수권규정으로는 충분하지 않다고 볼 수 있다. 행정제재를 위한 불공정거래의 조사는 영장주의가 적용되지 않으며(예: 영장 없이 사업장에 출입하여 장부·서류 등을 조사함), 따라서 사법경찰작용에 속하지 않기 때문이다.

그러나 자본시장법 제427조는 증권선물위원회가 필요하다고 인정하는 경우에는 불공정거래 조사에서도 영장주의(제427조 제2항)의 전제 아래 압수·수색이라는 강제수사(강제처분)를 할 수 있게 하고, 이 강제수사가 제426조 제5항 및 제427조의2 제2항의 고시제정권이 인정되는 불공정거래의 조사와 인적으로 또는 정보사용 등에서 분리되어 있지 않다는 점에서, 자본시장조사 업무규정 제45조가 실질적으로 형사절차인 수사를 실질적으로 제한하는 기능을 한다고 해석하더라도, 그 규정은 여전히 자본시장법 제426조 제5항 및 제427조의2 제2항에 근거한 위임입법이라고 볼 수 있다. 다시 말해 제427조가 가령 자본시장특별사법경찰관에 의한 압수·수색이 아니라 '조사공무원에 의한 압수·수색'을 정하고 있는 한, 동 조항에 근거한 금융위원회의 고시제정권은 자본시장특별사법경찰관의 수사를 실질적으로 제한하는 위임입법을 포함한다고 해석할 수 있다는 것이다. 또한 자본시장조사 업무규정이 제2조의2를 신설하여 자본시장조사 업무규정이 자본시장특별사법경찰관리의 "수사업무와 조사부서 업무간 부당한 정보교류를 차단하기 위하여 업무 및 조직의 분리, 사무공간 및 전산설비 분리 등의 조치를 하여야 한다"고 정한 것은 이러한 해석을 뒷받침해준다.

그 밖에도 자본시장조사 업무규정의 수권규정은 금융위원회법에서도 찾을 수 있다. 이 법률 제16조는 "이 법과 다른 법령에 규정된 것 외에 금융위원회의 운영 등에 필요한 사항은 금융위원회의 규칙으로 정한다"고 규정하고 있고, 제22조는 "증권선물위원회의 조직에 관하여 필요한 사항"(제1항)과 금융위원회의 승인을 받아(제3항) "증권선물위원회의 운영 등에 필요한 사항은 규칙으로 정한다"(제2항)고 규정한다. 금융위원회법은 자본시장조사에 관한 개별적인 위임규정을 두고 있지 않다. 그러나 금융위원회와 증권선물위원회의 "운영 등에 필요한 사항"(제16조, 제22조 제2항)을 규칙으로 정한다고 규정하는데, 이때 "운영"이란 위원회 조직의 구성과 운영[37]뿐만 아니라 소관업무의 수행을 포함한다고 해석할 수 있다. 이러한 해석에 따르면 금융위원회법은 자본시장조사에 관한 위임입법으로 규칙을 제정하는 수권규정도 두고 있다고 볼 수 있다.

　금융위원회의 이와 같은 위임입법으로서 규칙제정권은 동 법률 제39조가 "금융위원회나 증권선물위원회의 지도·감독을 받아 금융기관에 대한 검사·감독 업무 등을 수행"(제24조 제1항)하는 금융감독원의 원장에게 조직의 구성과 운영에 관해서 뿐만 아니라 "금융감독원의 업무 수행과 관련하여 필요한 경우에는 규칙을 제정할 수"(제39조 제1항) 있는 규칙제정권을 부여하고 있다는 점에서도 간접적으로 인정할 수 있다. 특히 실무에서는 금융감독원장이 규칙을 제정한 후 금융위원회에 대한 '즉시 보고의무'(제39조 제2항)와 금융위원회의 그 규칙의 위법·부당에 대한 시정명령(제39조 제3항) 규정을 이유로 금융감독원장의 규칙제정권은 단지 그 내용의 실질적 형성권으로만 보고,

---

37 이 위임규정에 따라 제정된 현행 '금융위원회 운영규칙'(금융위원회고시 제2020-37호)과 '증권선물위원회 운영규칙'(금융위원회고시 제2017-44호)은 각 위원회의 구성과 회의의 운영 및 위원회의 권한·업무의 위임 등을 규정하고 있다. 권한업무의 위임 규정들은 넓은 의미에서는 조직체계와 업무분장 등에 속하는 사항이므로 소관업무의 수행과 관련된 것이긴 하지만, 자본시장조사 등과 같이 소관업무의 수행에 직접 관련된 것은 아니다.

그 규칙의 제정은 마치 금융위원회가 의결을 통해 하는 것으로 이해하는 경향마저도 있다. 가령 금융감독원(장)은 '금융감독원 특별사법경찰관리 집무규칙'의 실질적인 내용을 형성하였어도, 그 금융감독원 홈피의 정보제공에서 금융위원회의 의결일(2019.06.25)을 적시하고 있다. 이런 이해에 의하면 더욱 더 금융위원회는 규칙의 형식으로 위임입법을 할 권한을 갖고 있다고 볼 수 있다.

물론 이 위임은 헌법이 예시하고 있는 위임입법(제64조 제1항[국회규칙], 제76조[대통령령], 제95조[총리령과 부령], 제108조[대법원규칙], 제113조 제2항[헌법재판소규칙], 제114조 제6항[중앙선거관리위원회규칙])에 직접 해당하지는 않는다. 그러나 금융위원회가 국무총리 소속의 중앙행정기관으로서 정부조직법상 "부"에 준하는 지위가 있다는 점에서 헌법 제95조("국무총리 또는 행정각부의 장은 소관사무에 관하여 법률이나 대통령령의 위임 또는 직권으로 총리령 또는 부령을 발할 수 있다.")의 확장해석에 의해 부령에 준하는 위임입법을 할 수 있다고 볼 수 있다. 아울러 자본시장법 제426조 제5항 및 제427조의2 제2항 그리고 금융위원회법 제16조와 제22조 제2항의 (규칙제정) 수권조항은 자본시장조사와 관련하여 포괄적 위임입법금지 원칙에 위배되지 않는다고 볼 수 있다. 따라서 자본시장조사 업무규정은 최종적으로 헌법에도 근거를 두고 있는 위임입법의 하나로 볼 수 있다.

(3) 국민의 권리·의무에 관한 규율   이처럼 금융위원회가 헌법 제95조의 확장해석에 근거하고, 자본시장법 제426조 제5항 및 제427조의2 제2항 또는 금융위원회법 제16조의 위임을 받아 제정한 것으로 해석할 수 있는 자본시장조사 업무규정이 법규가 되기 위해서는 국민의 권리·의무를 규율하는 내용이어야 한다. 만일 이 조사업무규정이 법률의 수권을 필요로 하지도 않는 행정기관 내부의 사무에 관한 규율(예: 업무의 분배, 행정기관의 내부조직규정, 특별권력관계의 규율)을 정한 것이라면 법규가 아니라 단지 행정규칙(Verwaltungsvorschrift)에 머무르

게 된다. 이에 반해 이 조사업무규정이 국민의 권리·의무에 관련한 규율을 정하고 있다면 이 조사업무규정은 (앞에서 검토한 위임규정과 같은) 법률의 수권을 필요로 하는 법규 또는 법규명령(Rechtsverorednung)이 된다.

이 업무규정 제1조는 "법, 법에 의한 명령, 금융위·증선위의 규정 또는 명령에 위반되는 위법행위(이하 "위법행위"라 한다)를 조사 및 조치함에 있어 필요한 사항을 정함으로써 조사업무의 원활과 공정을 기함을 목적으로 한다"고 규정함으로써 얼핏 중앙행정기관인 금융위원회의 업무에 관한 내부규율을 내용으로 하는 듯한 인상을 주기도 한다.

그러나 가령 제1장(총칙)의 제2조(비밀의 엄수)는 피조사자나 다른 사람의 명예권 보호에 관한 규정이며, 제2장(조사의 절차 및 방법 등)의 제9조(출석요구)는 피혐의자나 그 밖의 관계자가 출석요구의 취지를 명백히 한 출석요구서에 의해 출석요구를 받을 권리를 규정한다. 같은 장 제12조(물건 등의 영치)도 장부·서류·물건(이하 "물건 등"이라 한다)을 영치할 때에는 그 관계자나 물건 등의 소유자·소지자, 보관자 또는 제출인의 입회권을 보장하고 있다. 이렇듯 이 업무규정은 단지 금융위원회 내부의 사무를 규율함을 넘어서 국민과 때로는 외국인(제9조 제3항)을 포함한 시민의 권리와 의무의 내용을 정하고 있다.

(4) 발령의 형식과 공포의 문제점 이상의 검토에서 볼 때 자본시장조사 업무규정은 실질적인 행정입법으로 법규가 된다. 다만 이 업무규정의 법규성을 회의하게 만드는 요소로 이 업무규정의 발령형식이 고시(금융위원회고시 제2020-4호, 2020.1.16., 일부개정)로 되어 있다는 점을 검토할 필요가 있다. 고시는 행정기관의 처분 등 결정사항을 공식적으로 일반에게 널리 알리는 것(공시公示)으로서 원칙적으로 법규성이 없기 때문이다.

그러나 고시의 형태를 취하고 있어도 그 내용이 국민의 권리·의무를 규율하고, 그 형식이 법조문의 형태를 취하는 등 일정한 경우에는 현대사회에서는 비록 법률의 수권이 없어도 법규로서 성격, 특히 보충적인 집행규범의 성격을 인정받고 있다. 가령 공무원이 아닌 공공기관의 임직원 등의 공무원 의제규정(공공기관의 운영에 관한 법률 제53조)의 적용에서 공공기관 지정의 일부 요건이 대통령령에 위임되어 있고, 법률과 법시행령의 내용이 일부분을 다시 실질적으로 기획재정부장관의 고시에 의하도록 한 경우에 그 고시는 "죄형법정주의에 위배되거나 위임입법의 한계를 일탈한 것으로 볼 수 없다"[38]는 대법원의 입장은 고시에 대해서도 사실상 법규성을 인정한 셈이다. 따라서 자본시장조사 업무규정의 발령형식이 금융위원회의 고시라는 형식을 띠고 있다고 해서 그 규정이 법규가 될 수 없는 것은 아니다. 물론 자본시장조사 업무규정은 금융위원회규칙의 형식으로 발령되는 것이 더 적절하다.

자본시장조사 업무규정이 부령과 같은 효력을 갖는 법령이라면 「법령 등 공포에 관한 법률」이 정한 법령공포의 요건을 충족하여야 한다. 따라서 이 조사업무규정의 공포는 "그 일자를 명기하고, 해당 부(部)의 장관이 서명한 후 그 장관인(長官印)을 찍"고(동법 제9조 제2항), "그 번호를 붙여서"(제10조 제1항), (종이 또는 전자의) "관보에 게재"(제11조 제1항 및 제4항)하는 방식에 의하여 한다. 그러나 고시의 발령형식을 띤 자본시장조사 업무규정이 이 공포의 방식을 모두 엄격하게 충족하기는 어렵다.

그럼에도 불구하고 법제처 홈페이지 "공포법령"의 폴더를 클릭하면 링크되어 있는 국가법령정보센터에서 자본시장조사 업무규정이 검색가능하다는 점에서 법령공포의 요건도 실질적으로 충족했다고 볼 수 있다. 물론 이 조사업무규정은 법령(의 폴더가) 아니라 행정규칙(의 폴더)으로 검색되고 있고, 공포번호가 아니라 발령번호가 기재

---

38 대판 2013.6.13, 2013도1685.

되어 있다는 점에서 여전히 법령으로서의 결함이 남아 있다. 그러나 법제처의 분류는 법령공포제도의 운용에서 법령을 헌법에 명시된 법률, 대통령령, 국무총리령, 부령, 대법원규칙 등에 한정한 데서 비롯되는 결과이다. 법령공포제도의 역사적 발전과 그 취지가 법령에 대한 국민의 정보화를 효과적으로 달성하는 데에 있다는 점을 고려하면 이 조사업무규정의 공포형태가 법령공포제도의 취지에 어긋난다고 보기 어렵고, 설령 일부 결함이 인정된다고 하여도 그 법령의 효력에는 영향이 없다고 보아야 한다.

3. 조사업무규정 제45조의 위법 여부

앞의 2. 단락에서 금융위원회가 제정한 자본시장조사 업무규정이 법령의 성격을 띠는 행정입법이라고 본다면, 자본시장조사 업무규정 제45조가 법규명령으로서 "명령·규칙 또는 처분이 헌법이나 법률에 위반되는 여부"(헌법 제107조 제2항)가 검토되어야 한다.

(1) 법률위반의 문제제기　　특히 이 조사업무규정 제45조가 증권선물위원회 위원장(금융위원회 부위원장 겸임)이 불공정거래조사·심리기관협의회의 협의를 거쳐 조사대상 또는 공동조사 대상으로 선정할 수 있다고 규정함으로써 금융감독원 특별사법경찰관의 직무(수사)를 실질적으로 제한할 가능성이 있다는 의문과 비판이 제기된다. 물론 이러한 문제제기는 조사업무규정 제45조의 "조사"가 행정제재를 위한 불공정거래의 조사에 국한되지 않고, 자본시장특별사법경찰관리의 '수사'를 포함한다는 확장해석을 전제로 함은 이미 언급한 바 있다. 그런 해석을 전제로 하고, 또한 금융위원회와 증권선물위원회가 실제로도 그런 해석에 따라 자본시장특별사법경찰관리인 금융위원회 소속 국가공무원과 금융감독원 직원의 업무를 지도·감독하게 된다면, 제45조는 다음과 같은 법률에 위배되는지가 문제될 수 있다.

형사소송법 제245조의10(특별사법경찰관리) ③ 특별사법경찰관은 범죄
의 혐의가 있다고 인식하는 때에는 범인, 범죄사실과 증거에 관하여
수사를 개시·진행하여야 한다.〈본조신설 2020.2.4.〉
사법경찰직무법 제6조(직무범위와 수사 관할) 제4조와 제5조에 따라 사
법경찰관리의 직무를 수행할 자의 직무범위와 수사 관할은 다음 각
호에 규정된 범죄로 한정한다.
　46. 제5조 제49호에 규정된 사람의 경우에는「자본시장과 금융투자
　　　업에 관한 법률」에 규정된 범죄
제7조의3(금융감독원 직원) ① 금융감독원 또는 그 지원이나 출장소에
근무하는 직원으로서 금융위원회 위원장의 추천에 의하여 그 근무지
를 관할하는 지방검찰청 검사장이 지명한 사람 중 다음 각 호의 직원
은 관할 구역에서 발생하는「자본시장과 금융투자업에 관한 법률」에
규정된 범죄에 관하여 사법경찰관의 직무를 수행하고, 그 밖의 직원
은 그 범죄에 관하여 사법경찰리의 직무를 수행한다.
　1. 4급 이상의 직원
　2. 금융위원회 위원장이 사법경찰관의 직무를 수행하는 것이 적절
　　　하다고 인정하여 사법경찰관으로 추천한 5급 직원

　　이 형사소송법[39]과 사법경찰직무법의 규정들을 종합해보면, ①
‘자본시장과 금융투자업에 관한 법률’에 규정된 범죄(사법경찰직무법
제6조 제46호 및 제7조의3 제1항 본문)에 관하여는 ② 금융위원회 위원
장의 제청·추천으로 관할 지방검찰청 검사장이 사법경찰직무법 제5
조 제49호와 제7조의3 제1항에 의거하여 지명한 금융위원회 소속 4
급부터 7급까지의 국가공무원과 금융감독원의 4급 이상 직원과 (금융
위원장 추천이 있는 경우) 5급 직원은 사법경찰관으로, 금융위원회 소
속 8급, 9급의 국가공무원과 금융감독원의 그 밖의 직원은 사법경찰
리로서(사법경찰직무법 제7조의3 제1항) 직무를 수행하는데, ③ 이때
“특별사법경찰관은 범죄의 혐의가 있다고 인식하는 때에는 범인, 범

39　2020.2.4. 일부개정 법률 제16924호(2021.1.1. 시행).

죄사실과 증거에 관하여 수사를 개시·진행하여야 한다"(형사소송법 제245조의10 제3항)는 결론이 나온다.

여기서 ①(사법경찰직무법 제6조 46호)은 금융감독원 직원이 특별사법경찰관리로서 행하는 직무범위와 수사관할을 정한 것이고, ②(사법경찰직무법 제5조 49호 및 제7조의3 제1항)는 자본시장특별사법경찰관과 자본시장특별사법경찰리가 되기 위한 금융위원회 소속 국가공무원과 금융감독원 직원들의 직급상 자격요건을 정한 것이며, ③(형사소송법 제245조의10 제3항)은 형사소송법상의 모든 범죄에 인정되는 원칙적인 수사개시·진행의무를 자본시장특별사법경찰관의 수사에도 적용한 결론이다.

첫째, 자본시장조사 업무규정 제45조가 이러한 형사소송법 제245조의10 제3항에 위배되는 지의 문제는 그 제45조에 의한 수사대상의 제한이 사법경찰직무법 제6조 46호를 전제로 할 때 형사소송법 제245조의10 제3항의 "수사를 개시·진행하여야 한다"는 법문언에 반하는(contra legem) 해석인지의 문제가 된다.

둘째, 이에 반해 조사업무규정 제45조가 사법경찰직무법 제5조 49호 또는 제7조의3 제1항에 위배되는가 하는 법률위반의 문제는 등장하지 않는다. 왜냐하면 사법경찰칙무법 제5조 49호와 제7조의3 제1항은 각각 금융위원회 소속 국가공무원이나 금융감독원 직원이 자본시장특별사법경찰관리가 되기 위한 신분적, 절차적 요건과 형사사법체계 내에서 다른 (특별)사법경찰관리들과의 관계 속에서 이들이 행하는 직무범위, 즉 수사관할을 정하는 규정일 뿐이기 때문이다. 이러한 일종의 신분(요건)규정과 (수사)관할규정은 — 형사소송법 제245조의10 제3항과 사법경찰직무법 제6조 46호의 종합적인 결론과는 달리 — 범죄혐의를 인지하는 모든 사건에 대해 자본시장특별사법경찰관리에게 수사개시·진행의 의무를 부과하는 조항이 아니다. 따라서 사법경찰직무법 제5조 49호와 제7조의3 제1항은 그 성격상 수사의 활동(개시·

진행)을 실질적으로 제한한다고 해석되는 자본시장조사 업무규정 제
45조와는 직접 충돌할 수 없다.

(2) 법률문언 "〜하여야 한다"의 의미   자본시장조사 업무규정
제45조와 관련 법령을 위와 같이 해석하여 자본시장특별사법경찰관
이 자본시장법에 정한 모든 범죄에 대해 수사를 개시하지 않고, 증선
위원장이 선정한 사건에 한정하여 수사를 개시하는 것은 ① 자본시
장의 정의(공정성, 소액투자자보호의 정의)를 해치는 것이며, ② 형사소
송법 제245조의10 제3항의 "수사를 개시·진행하여야 한다"는 법문언
에 반한다는 비판을 받을 수 있다. 여기서 ①의 문제는 수사개시·진
행 제한의 자본시장체계에 대한 위험성 또는 합리성 평가에 따라 다
르게 대답될 문제로서 아래 4.에서 자세히 논하기로 한다. 제45조의
법률위반 여부라는 법적 문제는 바로 ②의 문제를 가리키는 것이며,
이는 법률해석(예: 문법해석, 목적론적 해석) 방법론의 문제이다.

　　많은 법률가들도 종종 법률문언이 형사소송법 제245조의10 제3
항처럼 "〜하여야 한다"라고 되어 있으면 반드시 그래야만 하는 것으
로 해석하기도 한다. 그런데 이 문법해석은 한국어의 '할 수 있다'와
'하여야 한다' 그리고 '〜한다'를 세밀하게 구분하지 못하는 오류에서
비롯된다. 한국어 법률텍스트에서 이 세 가지 조동사들은 독일어나
영어의 조동사들과 다음의 표처럼 대응시켜 보아야 한다.

	독일어 (영어)	한국어	법적 성격
의무	müssen (must)	〜 한다	재량불허규정
	sollen (ought to)	〜 하여야 한다	기속재량규정
가능	können (can)	〜 할 수 있다	자유재량규정

가령 자본시장특별사법경찰관리의 자격규정인 사법경찰직무법 제7조의3 제1항은 " ⋯ 사법경찰관의 직무를 수행하고, 그 밖의 직원 은 그 범죄에 관하여 사법경찰리의 직무를 수행한다"고 규정하고 있 다. 여기서 "~한다"라는 조동사는 금융위원회 위원장이 동 조항이 정 한 자격에 미달하는 직원(예: 금융감독원 6급 이하 직원)을 특별사법경 찰관으로 추천하는 것 그리고 근무지 관할 지방검찰청 검사장이 그 런 직원을 사법경찰관으로 지명하는 것은 절대적으로 금지된다. 그 금지에 위반한 추천과 지명은 모두 무효이고, 그런 추천과 지명에 따 라 금감원 6급 직원이 사법경찰관으로 행한 수사는 위법한 수사가 된 다. 이처럼 "~한다"는 재량불허규정에 해당한다.

이에 비해 형사소송법 제245조의10 제3항의 "수사를 개시·진행 하여야 한다"는 범죄혐의를 인지한 경우에는 원칙적으로 수사를 개 시·진행할 의무가 있으나, 합리적인 경우에는 그 예외를 인정하는 법 문언이다. 이러한 법문언은 종래 법무부령인 특별사법경찰관리 집무 규칙[40] 제22조 제1항("범죄에 관한 신문·방송 그 밖의 보도매체의 기사, 익명의 신고 또는 풍문이 있는 경우에는 특히 출처에 주의하여 진상을 내사 한 후 범죄의 혐의가 있다고 인정되는 때에는 즉시 수사에 착수하여야 한 다")에도 이어진 바 있다. 이런 법문언은 기속재량규정이라고 부를 수 있다.

(3) 제245조의10 제3항의 문언에 가능한 조사업무규정 제45조

제245조의10 제3항은 특별사법경찰관이 범죄혐의를 인지한 경우에도 예외 없이 수사를 개시·진행하게 하는 것이 아니다. 이는 형사소송법 학에서 '범죄인지권'이라는 개념[41]으로 통용되고 있다. 물론 이러한

---

40 2021.1.1. 특별사법경찰관리 집무규칙이 폐지되고(법무부령 제995호, 2021.1.1. 타 법폐지), 「특별사법경찰관리에 대한 검사의 수사지휘 및 특별사법경찰관리의 수 사준칙에 관한 규칙」이 시행되었다.

41 이 개념을 처음 체계화한 백형구, *현대수사법의 기본문제* (1985), 103~104쪽; 이

수사개시의무의 예외는 수사의 비례성(필요성과 상당성), '사소법익침
해원칙'과 같은 법원칙 등에 의해 합리적으로 근거지을 수 있을 때
인정된다. 범죄혐의를 인지한 경우에 무조건적으로 수시를 개시하는
것은 오히려 범죄인지권의 남용이라고 보아, 위법한 수사가 될 수 있
다. 이는 피내사자, 피의자의 인권을 보호하기 위한 법리이라고 평가
할 수 있다.

또한 형사소송법 제245조의10 제3항의 문언(기속재량규정)이 허용
하는 이와 같은 의미론적 공간(semantische Spielräume)을 메워버리는
것, 다시 말해 범죄혐의를 인지한 경우 무조건적으로 수사를 개시·진
행한다는 것은 적법절차(헌법 제12조 제1항 및 제3항)에도 위배된다. 헌
법상 적법절차는 단지 형식적 의미의 형사소송관련 법률을 따르는
것을 넘어서 형사절차가 '적법한 절차'일 것을 요구하며, 이에는 개별
사안의 고유성을 고려하는 개별사안 정의의 실현, 실질적 정의의 요
구, 다양한 사회적 하부문화의 승인, 더 나아가 자본시장체계와 같은
사회체계(social subsystem)의 기능효율성에 대한 고려도 포함된다. 그
렇기에 적법절차는 제245조의10 제3항의 수사개시·진행의무의 예외
에 대한 인정을 요구한다.

이상의 논의에서 자본시장조사 업무규정 제45조가 자본시장특별
사법경찰관의 수사개시·진행을 실질적으로 제한하는 기능을 갖는다
고 해석하더라도 제45조는 형사소송법 제245조의10 제3항의 법문언
에 반하는 위임입법이라고 볼 수 없다. 다시 말해 제45조는 제245조
의10 제3항의 법문언의 '가능한 의미'를 벗어난 것이 아니다.

다만 제45조가 자본시장특별사법경찰관의 수사개시·진행에 대
한 제한의 (미래적) 현실이 예외적인 경우가 아니라 오히려 원칙적인

상돈, *정영과 형법* (법문사, 2011), 577쪽; 최근의 논의로 조광훈, "범죄인지권의
남용의 원인과 대책", *형사정책연구소식* (101호, 2007.5/6월호), 20~30쪽 참조.

경우라고 볼 만큼 지나치게 광범위하게 이루어진다면, 요컨대 원칙과 예외가 지나치게 뒤집힌 상태라면, 제245조의10 제3항의 기속재량규정을 빈 껍데기로 만들 우려가 등장한다. 이 우려는 근본적으로는 법률 차원의 입법을 통해서 해소되어야 한다.

4. 조사업무규정 제45조의 타당성 여부

자본시장조사 업무규정 제45조가 비록 형사소송법 제245조의10 제3항의 법문언에 반하지는 않지만, 수사개시·전개의무의 예외를 인정하는 합리적 근거가 충분하지 않다면, 그 조항은 금융위원회의 하자 있는 재량행위(고시)로서 기속재량규정인 형사소송법 제245조의10 제3항에 실질적으로 위반하는 것이 될 수 있다. 아래서는 이 점에 대한 논의를 한다.

(1) **합법성과 조화를 이루는 합목적성의 요청**   금융위원회가 자본시장에서 불공정거래를 조사 또는 수사하여 행정제재하거나 검찰에 이첩하여 형사처벌을 하게 하는 통제행위는 절도, 강도, 횡령 등과 같은 형법상 재산범죄에 대한 통제처럼 단지 도덕적 가치를 실현하는 행위인 것이 아니라 자본시장체제라는 사회하부체계(social subsystem)의 기능을 유지·발전시키는 목적을 달성하는 행위이기도 하다. 이 점을 금융위원회법 제1조(목적)은 "금융산업의 선진화와 금융시장의 안정", "건전한 신용질서와 공정한 금융거래 관행慣行"의 확립, 그리고 "금융 수요자를 보호함" 등으로 표현하고 있고, 자본시장법 제1조(목적)는 "자본시장의 공정성·신뢰성 및 효율성"으로 표현하고 있다. 따라서 자본시장 불공정거래의 조사는 도덕규범이나 도덕적 가치를 제도화한 형법(예: 절도죄, 횡령죄)의 굴절 없는 실현을 통해 정의를 실현하라는 요청, 즉 합법성(Legalität, legality)의 요청과 자본시장의 효율성, 즉 자본시장체계의 유지·발전이라는 목적을 효율적으로 달성하라는

요청, 즉 합목적성(Zweckmäßigkeit, expediency)의 요청 아래 동시에 놓
인다. 그런데 이 합목적성에 대한 판단은 고도의 ① 전문성 ② 정책
성 ③ 기술성이 요구되는 판단임에 주목하여야 한다.

첫째, 이 합목적성에 대한 판단은 고도의 전문성, 즉 자본시장의
특성과 현실, 불공정거래 사건의 사건별 특성이나 유형성 및 그 사건
에 대한 제재의 비례성 및 그 부수효과 등에 대한 매우 전문적인 지
식과 경험을 필요로 한다. 가령 주가조작은 조종행위(예: 기관투자자의
대량거래, 주가부양 대량매입, 자기주식의 취득과 소각 등)와 같이 인위적
인 가격형성행위와 그 외관의 유사성 때문에 구분하기가 쉽지 않다.
이 판단은 자명한 도덕적 판단과 달리 매우 불확실한 판단이다. 그럼
에도 불구하고 이 둘을 구분하기 위해서는 때에 따라 주가조작의 혐
의를 받는 행위가 투자정보권의 침해를 넘어 투자유발효과가 있는지
를 검토해야 하고, 이는 불공정거래행위 전후의 주식거래의 양과 횟
수, 시세의 변동폭과 속도 등에 대한 면밀한 통계학적 분석을 필요로
한다. 특히 반도덕적 행위양태를 포함하고 있지 않은 불공정거래행위
(예: 현실거래에 의한 주가조작죄(자본시장법 제176조 제2항, 제443조 제1항
5호))의 경우에 인위적인 시세변동의 차원을 넘어서[42] 주식의 본질가
치(fundamental value)로부터 벗어난 가격을 형성할 정도로[43] 자본시장
의 가격결정기능을 왜곡하는 것이어야 하는데, 이 점에 대한 판단은
기업의 재정건정성(예: 매출액, 주가수익비율[Price Earnings Ratio: PER],
부채율 등)이나 발전전망, 불공정거래로 상승된 기간 중 동종업종의
평균주가상승률 대비 현저한 상승과 같은 화폐경제적 펀더멘틀가치
에 대한 평가까지 고려해야 한다.

---

42 이 점을 주가조작죄의 요건으로 삼는 Tiedemann, Wirtschaftsstrafrecht und
     Wirtschaftskriminalität, 2, BT, 1976, 140쪽.
43 이 점을 현실거래에 의한 주가조작죄의 요건으로 삼는 Hennings/Marsh/Coffe/
     Seligman, Securities Regulation: case and materials, 8th ed., 1998, 4쪽 참조.

또한 불공정거래혐의행위에 대한 통제행위가 합목적성이 있는지에 대한 판단은 고도의 정책성, 즉 자본시장의 기능적 효율성을 유지·향상시키기 위한 고도의 (금융)정책적 결정의 성격을 띠기도 한다. 가령 앞서 설명한 현실거래에 의한 주가조작죄의 성립을 위해서는 판례가 요구하는 "시세를 변동시킬 가능성"[44]이라는 요건의 충족여부를 판단할 때 주식의 본질가치를 '어느 정도로' 벗어난 가격형성이 필요하다고 결정할 것인지는 고도의 정책적 결정사항이 된다. 이 결정은 자본시장의 안정과 성장에도 중요한 변수가 된다. 가령 자본시장에서 불공정거래의 추상적 혐의(예: 풍문, 추측성기사)를 내사하여 구체적 혐의가 인지되면 수사에 착수하는 형사절차의 작용이 물 샐 틈 없이 지속적이고, 강할수록 자본시장의 질서는 안정될 수 있지만, 그에 반비례하여 투자자들의 자본시장 참여는 위축되기 쉽고, 자본시장과 금융산업의 성장은 위축되기 쉽다.

이와 같은 점들을 고려하면 조사·심리 단계에 있는 수많은 '추상적인' 불공정거래혐의의 사건에 대해 자본시장특별사법경찰관이 곧바로 수사에 착수함으로써 자본시장의 효율성을 심각하게 저해시키는 위험을 차단할 필요가 있다. 이 점에서 자본시장조사 업무규정이 제2조의2를 신설하여 자본시장특별사법경찰관리의 "수사업무와 조사부서 업무 간 부당한 정보교류를 차단하기 위하여 업무 및 조직의 분리, 사무공간 및 전산설비 분리 등의 조치"하게 한 것은 매우 타당한 위임입법이다.[45]

셋째, 불공정거래혐의행위에 대한 통제행위의 합목적성에 대한

---

44   대판 2006.5.11, 2003도4320.

45   금융위가 국회 법사위에 2019.4.1. 보고한 바에 따르면 이 차단규정을 통해 ① 조사부서 직원의 특사경 포렌식 장비 무단 사용, ② 조사부서 담당 임원 등 상급직원이 특사경 수사에 대해 지시, ③ 특사경이 영장 없이 조사부서 직원에게 혐의자 계좌 조회 요청 등의 부작용을 방지할 것으로 기대된다.

판단은 고도의 기술성을 띤다. 불공정거래혐의행위에 대한 조사나 수사가 고도로 전문성을 갖고 아울러 합리적인 자본시장정책 속에서 이루어져도, 구체적인 사건에 대한 판단은 주관적으로 상당한 차이를 보일 수 있다. 이는 고도의 법전문가인 법관이 같은 죄질 같은 유형의 범죄자를 두고도 양형에서 상당한 차이를 보이는 것과 마찬가지이다. 이 양형상의 주관적 차이를 줄이기 위해 대법원 양형규칙이 운영되는 것처럼, 불공정거래혐의행위에 대한 조사에 따라 위법행위가 밝혀져도 구체적으로 어떤 종류와 어떤 강도의 제재 조치를 취할 것인지에 관한 기술적 규범 성격의 규칙이 필요하다.

　　가령 자본시장조사 업무규정 [별표 제3호]는 위법행위의 동기를 세 유형(고의, 중과실, 과실)으로 나누고, 법규위반의 결과도 세 유형(사회적 물의야기, 중대, 경미)으로 나누며, 이 둘을 메트릭스시켜 9유형(중과실을 2분하면 12유형)으로 세분화하여 판단하기도 하고, 각 유형에 대한 중요성 평가를 하여 조치기준을 A(고발), B(수사기관통보), C(과징금), D(경고), E(주의)로 나누기도 하며, 과징금의 제재가 적절한 위반행위에 대해서도 [별표 제2호]는 그 위반행위의 중요도를 판단할 때 매우 계량적인 기준뿐만 아니라 주가변동률 등 매우 다양한 비계량적인 기준들을 사용한다. 이러한 기준들은 양형규칙과 같이 매우 고도의 기술적 차원을 보여준다. 사회적 물의를 일으킨 재벌회장의 변호를 맡은 대형로펌에서 대법원양형규칙을 수임사건에 적용하여 예상 형량을 시뮬레이션하고, 가장 유리한 형량을 받아낼 수 있도록 수임사건을 법률적으로 구성하는 작업은 전문적이면서도 기술적인 작업이다. 바로 그런 작업처럼 자본시장 불공정거래행위의 위법이 밝혀져도, 그 위법에 대해 어떤 종류와 어떤 강도의 행정제재 또는 형사처벌이 적정한 것인지를 판단하는 것은 고도의 기술적 성격을 갖는 것이다.

(2) 자본시장범죄에 대한 범죄인지권의 합리성과 남용방지   이
상과 같이 불공정거래혐의행위에 대한 통제가 자본거래행위의 반도
덕적 행태에 대한 진압의 목적(합법성 요청)뿐만 아니라 자본시장의
효율성이라는 목적의 달성도 함께 추구해야 하는 것(합목적성 요청)이
라면, 자본시장범죄의 추상적 혐의에 대한 내사와 구체적 혐의 인지
에 따른 수사의 개시·진행도 이 두 가지 목적을 달성할 수 있는 방향
으로 이루어져야 한다. 사법경찰직무법 제5조 49호 및 제7조의3과 자
본시장조사 업무규정 제2조의2 및 제45조 등은 이런 두 가지 목적을
달성하기 위한 법적 장치라고 볼 수 있다.

첫째, 자본시장 불공정거래에 내사와 수사를 맡는 사법경찰관리,
다시 말해 자본시장범죄에 대한 범죄인지권을 행사하는 사법경찰관
리는 자본시장범죄의 혐의판단에서 요구되는 고도의 전문성, 정책성
및 기술성을 갖춘 자이어야 한다. 따라서 ① 금융위원회 위원장의 제
청·추천으로 관할 지방검찰청 검사장이 지명한 일정한 직급 이상의
금융위원회 소속 국가공무원과 금융감독원 직원이 자본시장특별사법
경찰관리의 직무를 맡게 하는 것이다. 사법경찰직무법 제5조 49호 및
제7조의3의 합리성은 바로 이 점에 있다. ② 하지만 특별사법경찰관
리에 임명되는 금융위원회의 국가공무원 또는 금융감독원 직원은 특
별사법경찰관리에 지명이 된 후에도 일정기간만 그 직무를 수행하고
다른 공무원 또는 직원으로 교체되는 순환보직으로 운영되어야 한다.
금융위원회와 금융감독원의 본래 직무에서 오래 벗어나 있을수록 그
실무경험과 지식이 부족하고 뒤떨어지게 되기 때문이다.

둘째, 자본시장범죄의 혐의판단에서 요구되는 고도의 전문성, 정
책성 및 기술성은 자본시장특별사법경찰관리로 지명된 (현재 16명의)
금융위원회 소속 국가공무원이나 금융감독원 직원의 개인적인 능력
에 의해 충분하게 실현될 수가 없다. 다시 말해 금융위원회의 조사와
심리가 갖는 불공정거래혐의행위에 대한 합리적(전문적, 정책적, 기술

적) 통제의 기능이 (현재 16명의) 금융위원회 소속 공무원과 금감원 직원들의 수사기능에 의해 완전히 대체될 수가 없다는 것이다. 그런데 "자본시장과 금융투자업에 관한 법률에 규정된 범죄"(사법경찰직무법 제6조 제46호)에는 자본시장법에 위반하는 모든 불공정거래행위가 해당할 수 있고, 그런 행위에는 형벌이 아니라 다양한 종류와 강도의 행정제재가 더 비례성 있는 제재가 되는 행위들도 포함될 수 있다. 그렇기 때문에 문자적인 의미에서 "자본시장과 금융투자업에 관한 법률에 규정된 범죄"를 모두 수사한다는 것은 행정제재가 더 적절한 불공정거래행위에 대해서까지 형사절차를 개시하는 것을 의미할 수 있고, 이는 범죄인지권의 남용이라는 또 다른 위법을 초래하게 된다. 그러므로 자본시장의 공정성과 효율성을 동시에 관리해야 하는 금융위원회(증권선물위원회)가 수사에는 직접 개입하지 않으면서도 자본시장특별사법경찰관의 범죄인지권이 그와 같은 방향으로 남용되지 않도록 제어·유도하는(channelize) 역할을 할 필요가 있다.

자본시장조사 업무규정 제45조는 — 동조항의 "조사"가 "수사"를 포함한다는 확장해석을 전제로 할 때 — 자본시장범죄의 범죄인지권 남용을 방지하는 제어·유도역할을 증선위원장에게 맡긴다고 볼 수 있다. 증선위원장은 ① 제45조 제1항 각호(1. 다수의 자가 조직적으로 다수종목의 시세를 변동시켜 증권·파생상품시장의 질서를 현저히 교란하는 경우, 2. 혐의자 다수가 불공정거래 전력자인 경우, 3. 불공정거래가 파생상품시장과 그 기초자산시장간, 국내시장과 국외시장간 기타 복수의 시장사이에 연계되어 있는 경우, 4. 불공정거래가 사회적 물의를 야기하거나 금융투자업계의 공신력을 현저하게 저해한다고 인정되는 경우)에 해당하고, ② 불공정거래조사·심리기관협의회의 협의를 거쳐 조사 대상 또는 공동조사의 대상을 선정한다.

현재 지명된 16명의 자본시장특별사법경찰관리의 인적 자원과 기타 물적 자원, 그리고 조사정보로부터 차단 등을 고려할 때 이 정도의 중대성 있는 사건에 대해서 그리고 증선위원장의 선정을 전제로 하여, 자본시장특별사법경찰관리의 수사를 개시하게 하는 것은 범죄인지권의 남용을 막는 매우 합리적인 제어·유도장치라고 평가할 수 있다. 반면 조사업무규정 제45조가 이처럼 자본시장특별사법경찰관의 범죄인지권 남용을 제어·유도하는 규정으로 확장해석 될 수 없다면, 현행 자본시장특별사법경찰제도는 입법의 흠결을 갖고 있는 것이라고 볼 수 있다.

이상의 검토에서 보면 조사업무규정 제45조는 자본시장범죄에 대한 수사가 달성하여야 하는 자본시장법의 두 가지 목적, 자본시장의 공정성(및 반도덕적인 자본시장교란행위의 진압)과 자본시장의 효율성(및 금융투자업의 육성)을 의무에 적합한 방식을 비교·형량하는 타당한 위임입법으로서 기속재량규정으로 해석되는 형사소송법 제245조의10 제3항에 위배되지 않는다.

5. 기타 법령과의 충돌문제

조사업무규정 제45조 또는 증선위원장의 수사대상 선정과 관련하여 부수적으로 검토할 위임입법들이 있다.

(1) **법무부령과의 충돌문제**　먼저 법무부령인 다음과 같은 특별사법경찰관리에 대한 검사의 수사지휘 및 특별사법경찰관리의 수사준칙에 관한 규칙(이하 "특사경준칙"이라고도 함) 제17조 제1항이다. 이 규칙은 법무부령으로 제정된 사법경찰직무법의 시행규칙이다. 이 규칙 제17조 제1항은 "진상을 내사하고, 내사 결과 범죄의 혐의가 있다고 인정할 때에는 즉시 수사를 개시해야 한다"고 규정한다. 이 규정이 금융위원회의 자본시장조사 업무규정 제45조와 충돌하는지가 문제될 수 있다.

특별사법경찰관리에 대한 검사의 수사지휘 및 특별사법경찰관리의 수사준칙에 관한 규칙 제17조(내사) ① 특별사법경찰관은 직무범위에 속하는 범죄에 관한 신문·방송이나 그 밖의 보도매체의 기사, 익명의 신고 또는 풍문이 있는 경우에는 특히 출처에 주의하여 진상을 내사하고, 내사 결과 범죄의 혐의가 있다고 인정할 때에는 즉시 수사를 개시해야 한다.

첫째, 그런 충돌은 문언의 형식과 외관에서만 일어나는 것이고, 실제로는 존재하지 않을 수 있다. 먼저 이 규정의 "수사를 개시해야 한다"는 법문언은 형사소송법 제245조의10 제3항의 법문언과 마찬가지로 기속재량규정이다. 따라서 조사업무규정 제45조의 취지대로 자본시장사법경찰의 직무가 수행된다고 하여도 앞에서 제45조의 합리적 타당성을 인정하는 이상, 그런 실무는 특사경준칙 제17조 제1항에 위배되는 바와 같은 '규범의 충돌'(Normenkollision)은 발생하지 않는다.

둘째, 제17조 제1항의 "수사를 개시해야 한다"를 "수사에 개시한다"라는 법문언으로 간주하더라도 이로 인해 조사업무규정 제45조가 위법하게 되지는 않는다. 그 이유는 이 특사경준칙은 법무부령이라는 위임입법이고, 금융위원회의 조사업무규정도 중앙행정기관의 (부령과 동등한) 위임입법이라는 점에서 볼 때 특사경준칙 제17조 제1항이 조사업무규정 제45조에 효력상 우선하지 않는다. 또한 그와 같은 동등한 효력의 규범의 충돌이 발생할 경우에 그 충돌을 조정하는 법원칙으로 특별법우선원칙이 고려되어야 한다. 즉, 법무부령인 특사경준칙은 자본시장에 한정되지 않고, 모든 특별사법경찰관리의 수사준칙 등에 관한 것인 반면, 조사업무규정 제45조는 자본시장에 한정된 조사와 수사에 한정된 규범이기 때문에, 법원칙상 조사업무규정 제45조가 특사경준칙 제17조 제1항보다 우선하다고 보아야 한다.

(2) 금융감독원 집무규칙과의 충돌문제   금융감독원이 제정하

고 금융위원회가 승인한 금융감독원 특별사법경찰관리 집무규칙 제
22조 제1항도 조사업무규정 제45조와 충돌할 수 있는지도 문제이다.

> **금융감독원 특별사법경찰관리 집무규칙 제22조(수사의 개시)** ① 특별사
> 법경찰관은 자본시장법에 규정된 범죄 중 검사의 수사지휘를 받은
> 사건에 관하여 수사를 개시·진행하여야 한다.
> ② 특별사법경찰관은 수사 중 그 직무범위에 속하지 아니하는 범죄
> 나 이에 대한 증거자료를 발견한 경우에는 즉시 검사에게 보고하여
> 야 한다.

이 집무규칙 제22조 제1항에 의하면 증선위원장이 선정한 사건
이 아니더라도 검사가 수사개시지시를 하면 금융감독원 특별사법경
찰관은 수사를 진행하여야 하며, 따라서 조사업무규정 제45조와 충돌
할 수 있다는 우려가 생길 수 있다.

첫째, 그러나 이 규정에서도 "수사를 진행·개시하여야 한다"는
법문언은 "수사를 진행·개시한다"는 법문언과 다른 것이기 때문에
증선위원장이 선정한 사건에 한하여 그리고 검사의 수사지휘를 받아
수사를 하여도 이 규정에 위반하지 않는다고 해석할 수 있다.

둘째, 설령 이 규정과 조사업무규정 제45조가 충돌한다고 보더라
도, 금융감독원의 규칙제정은 금융위원회법에 근거를 두고 있는 것이
고, 그 법률에 의하면 금융위원회는 금융감독원의 지도감독 관청이기
때문에 금융감독원의 규칙이 금융위원회의 규칙보다 우선하는 규범
이 될 수는 없다.

셋째, 증선위원장이 선정한 사건에 대하여 금융감독원 직원인 특
별사법경찰관리가 수사하는 경우에 그 수사 자체에는 증선위원장이
개입할 수 없고, 그 수사가 형사절차인 한 검사의 지휘 아래서 하게
된다. 따라서 이 집무규칙 제22조 제1항의 "검사의 수사지휘를 받은
사건"이란 증선위원장이 선정한 사건으로서 검사의 수사지휘를 받

아[46] 금융감독원 특별사법경찰관은 수사를 개시·진행함을 의미한다
고 해석할 수 있다.

---

46 이를 통해서 비법률전문가일 수도 있는 특별사법경찰관리의 수사상 인권침해를
    차단하는 효과도 기대할 수 있다.

판례색인

사항색인

저자 약력

■ 이 상 돈

고려대학교 법과대학 졸업
고려대학교 일반대학원 법학과 졸업
독일 프랑크푸르트 대학교 대학원 졸업(Dr.jur.)
현재 고려대학교 법학전문대학원 교수

대표저서

법의 깊이(법문사, 2018)
형법강론(박영사, 2020)
경영과 형법(법문사, 2011)

■ 조 영 석

고려대학교 법과대학 졸업
고려대학교 법학전문대학원 졸업
고려대학교 일반대학원 법학과 졸업(법학박사)
현재 법무법인(유) 세종 변호사

자본시장형법

초판발행	2021년 6월 1일
지은이	이상돈·조영석
펴낸이	안종만·안상준
편 집	이승현
기획/마케팅	조성호
표지디자인	이미연
제 작	고철민·조영환
펴낸곳	㈜ **박영사**
	서울특별시 금천구 가산디지털2로 53, 210호
	(가산동, 한라시그마밸리)
	등록 1959. 3. 11. 제300-1959-1호(倫)
전 화	02)733-6771
f a x	02)736-4818
e-mail	pys@pybook.co.kr
homepage	www.pybook.co.kr
ISBN	979-11-303-3926-9 93360

* 파본은 구입하신 곳에서 교환해 드립니다. 본서의 무단복제행위를 금합니다.

정 가   20,000원